O imaginário

Dados Internacionais de Catalogação na Publicação (CIP)
(Câmara Brasileira do Livro, SP, Brasil)

Sartre, Jean-Paul, 1905-1980
   O imaginário : psicologia fenomenológica da imaginação / Jean-Paul Sartre ; edição revista e apresentada por Arlette Elkaïm-Sartre ; tradução de Monica Stahel. – Petrópolis, RJ : Vozes, 2019. – (Textos Filosóficos)

   Título original: L'Imaginaire : psychologie, phénoménologique de l'imagination
   Bibliografia.
   ISBN 978-85-326-6237-8

   1. Imaginação 2. Imaginário (Filosofia) 3. Psicologia fenomenológica I. Elkaïm-Sartre, Arlette. II. Título. III. Série.

19-28266   CDD-153.3

Índices para catálogo sistemático:
1. Imaginário : Filosofia e psicologia   153.3

Maria Paula C. Riyuzo – Bibliotecária – CRB-8/7639

Jean-Paul Sartre

O imaginário
Psicologia fenomenológica da imaginação

Edição revista e apresentada por Arlette Elkaïm-Sartre

Tradução de Monica Stahel

Petrópolis

© Éditions Gallimard, 1940, 1986 para a presente edição e 2005 para a apresentação.

Título do original em francês: *L'imaginaire – Psychologie, phénoménologique de l'imagination*
Édition revue et présentée par Arlette Elkaïm-Sartre

Direitos de publicação em língua portuguesa – Brasil:
2019, Editora Vozes Ltda.
Rua Frei Luís, 100
25689-900 Petrópolis, RJ
www.vozes.com.br
Brasil

Todos os direitos reservados. Nenhuma parte desta obra poderá ser reproduzida ou transmitida por qualquer forma e/ou quaisquer meios (eletrônico ou mecânico, incluindo fotocópia e gravação) ou arquivada em qualquer sistema ou banco de dados sem permissão escrita da editora.

CONSELHO EDITORIAL

Diretor
Gilberto Gonçalves Garcia

Editores
Aline dos Santos Carneiro
Edrian Josué Pasini
Marilac Loraine Oleniki
Welder Lancieri Marchini

Conselheiros
Francisco Morás
Ludovico Garmus
Teobaldo Heidemann
Volney J. Berkenbrock

Secretário executivo
João Batista Kreuch

Editoração: Elaine Mayworm
Diagramação: Mania de criar
Revisão gráfica: Nilton Braz da Rocha
Capa: Editora Vozes

ISBN 978-85-326-6237-8 (Brasil)
ISBN 978-2-07-032374-6 (França)

Editado conforme o novo acordo ortográfico.

Este livro foi composto e impresso pela Editora Vozes Ltda.

Nascido em Paris, em 21 de junho de 1905, Jean-Paul Sartre, com seus condiscípulos da *École Normale Supérieure*, desde muito jovem critica os valores e as tradições de sua classe social, a burguesia. Durante um tempo dá aulas no Liceu de Le Havre, depois prossegue sua formação filosófica no *Institut Français* de Berlim. Já em seus primeiros textos filosóficos, *L'imagination* (1936), *Esquisse d'une théorie des émotions* (1939), *L'imaginaire* (1940), aparece a originalidade de um pensamento que o conduz ao existencialismo, cujas teses são desenvolvidas em *L'être et le néant* (1943) e em *L'existencialiosme est un humanisme* (1946).

Sartre tornou-se conhecido do grande público principalmente por suas narrativas, novelas e romances – *La nausée* (1938), *Le mur* (1939), *Les chemins de la liberté* (1943-1949) – e por seus textos de crítica literária e política – *Réflexions sur la question juive* (1946), *Baudelaire* (1946), *Saint Genet, comédien et martyr* (1952), *Situations* (1947-1976), *L'idiot de la famille* (1972). Seu teatro tem um público ainda maior: *Les mouches* (1943), *Huis clos* (1945), *La putain respectueuse* (1946), *Les mains sales* (1948), *Le diable et le bon dieu* (1951). Nele pôde desenvolver suas ideias impregnando-as em seus personagens. Preocupado em abordar os problemas de sua época, Sartre manteve até o fim da vida uma intensa atividade política (participação no Tribunal Russell, recusa do Prêmio Nobel de Literatura em 1964, direção do jornal *La cause du peuple* e, depois, do *Libération*). Morreu em Paris em 15 de abril de 1980.

Para Albert Morel.

Sumário

Apresentação, 9
   Arlette Elkaïm-Sartre

Primeira parte – O certo, 19

Estrutura intencional da imagem, 21

1 Descrição, 23

2 A família da imagem, 42

Segunda parte – O provável, 99

Natureza do *analogon* na imagem mental, 101

Terceira parte – O papel da imagem na vida psíquica, 155

Quarta parte – A vida imaginária, 195

Conclusão, 275

Índice dos nomes citados, 299

Apresentação

Sartre era um jovem professor no Liceu de Le Havre quando se dispôs a escrever uma obra sobre a imaginação, em 1934[1]. Então preparava seus alunos para o *baccalauréat*. Na época, e por muito tempo ainda, os alunos de liceu na França eram introduzidos aos quatro campos clássicos da filosofia: Psicologia geral (mais tarde denominada "teórica"), Metafísica, Moral e Lógica. A imaginação fazia parte dos temas de psicologia que Sartre expunha aos alunos, assim como a percepção, a memória, a associação de ideias, a atenção, as emoções etc. A psicologia era definida como "ciência positiva dos fatos psíquicos e de suas leis" e descartava expressamente "todo ponto de vista imediatamente prático ou estético, toda preocupação lógica ou normativa"[2]. *L'imagination* [*A imaginação*], pequena obra publicada em 1936[3], e *L'imaginaire* [*O imaginário*], escrita a seguir mas publicada quatro anos depois e que poderia ter sido a tese de doutorado do autor[4], não se afastam dos objetivos da psicologia assim definida – pelo menos formalmente – a não ser nas conclusões deste último escrito.

---

1. O assunto já lhe interessava quando era estudante, pois o havia escolhido como tema de sua tese de finalização de estudos superiores, em 1927 ("L'image dans la vie psychologique").

2. Cuvillier. *Manuel de philosophie.* Tome I. Librairie A. Colin, 1935.

3. Inventário crítico das teorias da imagem a partir de Descartes (PUF). Cf. tb. uma crítica mais global dos próprios objetos da psicologia tradicional na "Introduction" de *Esquisse d'une théorie des émotions* [*Esboço de uma teoria das emoções*]. Hermann, 1939.

4. As circunstâncias decidiram diferentemente. Cf. *Carnets de la drôle de guerre, sep./1939-mars/1940* [*Diário de uma guerra estranha*]. Gallimard, 1995.

Mas o leitor logo perceberá que os fatos, tais como Sartre os entende aqui, e por conseguinte as leis, não terão o mesmo sentido que para o manual oficial da psicologia.

Já no início de *O imaginário*, Sartre manifesta a decisão de voltar as costas para as teorias que lhe foram ensinadas e que, por sua vez, ele precisa inculcar nos alunos, teorias cujos argumentos baseados em certos fatos ele sabe de cor, assim como as objeções a esses argumentos com ajuda de outros fatos, mais ou menos recusados por outras teorias: o sensualismo de Condillac, para quem todas as faculdades do ser humano podem ser deduzidas do conjunto de sensações elementares; as teorias associacionistas, desde Hume, Stuart Mill, Taine etc., e todos os matizes que as separam quanto à maneira de conceber a relação entre impressões sensoriais e "estados de consciência", assim como as leis que os governam; as teorias racionalistas que recusam o associacionismo mas, segundo Sartre, mantêm seu espírito... E bem se vê, de fato – percorrendo o grande manual dos estudantes da época ou mesmo tratados de psicologia mais detalhados, como o de Georges Dumas[5], então incontestável –, que seus redatores, em parte aceitando as teorias do associacionismo sem questionar a natureza das associações, têm dificuldade em refutar de modo eficaz o automatismo dos fatos psíquicos conjugados a essa teoria, mesmo pretendendo mostrar a atividade sintética da consciência.

"Seria preciso que, ao nascer, cada homem, para compreender o mundo, tivesse que refazer um novo e solitário esforço", escrevia Sartre, candidamente, num caderno de juventude. Ele manteve a ambição de construir uma filosofia nova e concreta, e é do concreto que pretende partir aqui[6]. Não significa que, em sua exploração da vida imaginária, ele dará primazia à matéria, e menos ainda à matéria estu-

---

5. *Nouveau traité de psychologie*. PUF, 1932.

6. Decerto, ele desconfiava de sua tendência às construções abstratas que os amigos lhe reprovavam. Cf. S. de Beauvoir. *La force de l'âge*. Gallimard, 1960.

Apresentação

dada pela ciência. Está convencido, por exemplo, de que as "localizações cerebrais", tão precisas e complexas quanto permitir determinar o progresso dos instrumentos técnicos, não poderão explicar nada além das condições necessárias para que as funções psíquicas existam; elas nunca darão conta do fato de que sou uma consciência que percebe, lembra, imagina, projeta-se no futuro.

Cabe lembrar que outro filósofo iniciara, quarenta anos antes, um estudo da vida psíquica valendo-se da experiência concreta e da intuição. Trata-se de Henri Bergson (1859-1941), cujo *Essai sur les donnés immédiates de la conscience* [*Ensaios sobre os dados imediatos da consciência*] (1889) propiciara a Sartre o gosto pela filosofia. Embora tenha publicado seus primeiros livros marcantes, entre os quais *Matière et mémoire* [*Matéria e memória*] (1897) no final do século XIX, a originalidade de sua filosofia ainda era plenamente sentida na França nos anos de 1930, tanto entre os psicólogos como entre os metafísicos. No manual de Cuvillier, edição de 1935, verifica-se que suas concepções contrastam nitidamente com as teorias anteriores, mas com muitas reservas. Sartre aprovava-o ao citá-lo em seus *Écrits de jeunesse* [*Escritos de juventude*]. Se o lembramos aqui, é porque o autor de *La nausée* [*A náusea*] frequentemente tem o bergsonismo "na cabeça" ao escrever *O imaginário*, seja para refutá-lo, seja para apoiar-se em algum de seus conceitos, como o de duração na vida psíquica. É impossível, no âmbito desta introdução, dar uma ideia, ainda que vaga, do conjunto das teorias de Bergson, em que psicologia e metafísica estão imbricadas: apenas esboçamos o escopo intelectual do trabalho de Sartre nesta obra. Limitemo-nos a indicar que o autor de *Matéria e memória* pretendia refutar o associativismo; como Sartre, ele afirma que a imagem mental não é uma percepção enfraquecida, uma revivescência mais ou menos automática, mas que, por sua própria natureza, ela difere da percepção e, mais geralmente, que a questão metafísica da liberdade humana e a do ser da consciência estão intimamente ligadas. Em *A imaginação*, Sartre faz uma análise detalhada das contradições que vê na posição, sobre esses temas, do filósofo "vitalista", para quem "a evolução da vida, desde suas origens até o homem, evoca a imagem de uma corrente de consciência que se introduz na matéria como que para nela abrir para si uma passagem subterrânea".

Entretanto, o concreto que Sartre busca está longe da intuição bergsoniana, que ele julga por demais subjetiva – aliás, ela levará o filósofo a um devaneio cósmico cada vez menos argumentado, estranho às preocupações de Sartre. Por "concreto" ele entende os pontos de apoio que permitirão que os dados da experiência adquiram sentido. O concreto mais indubitável é, para ele, o cogito de Descartes. "Penso logo existo" é a afirmação de que uma consciência reflexiva é possível e é um sólido trampolim para a busca de outras verdades: para Descartes, se posso me enganar quanto à própria existência do mundo na medida em que não demonstrei que há um Deus que é seu garante, posso pelo menos ter certeza de que existo, uma vez que penso; assim também, para Sartre, "o homem que, num ato de reflexão, toma consciência de ter uma imagem não pode enganar-se". É preciso então, num primeiro momento, explorar tudo o que uma consciência reflexiva pode revelar sobre as características próprias da minha imagem, sobre o que acontece para mim quando tenho uma imagem.

Mas por que *O imaginário* tem como subtítulo "psicologia fenomenológica da imaginação"? Lembremos em primeiro lugar a etimologia grega: o fenômeno é o que se mostra, o que aparece com evidência e que é, portanto, suscetível de ser descrito, de levar, como diria Descartes, a "ideias claras e distintas". Há uma verdade da aparência, disso Sartre se convenceu ao ler Husserl (1859-1938). Em 1933, ele havia iniciado o estudo do filósofo alemão – ainda pouco conhecido na França – pela leitura da obra que será publicada mais tarde com o título de *Idées directrices pour une phénoménologie*[7] [*Ideias norteadoras para uma fenomenologia*]. Esse estudo decerto prosseguiu enquanto ele

---

7. Gallimard, 1950.

Apresentação 13

escreva *O imaginário*. "Para mim", escreve Sartre em fevereiro de 1940[8], "esgotar um filósofo é refletir dentro de suas perspectivas, formar minhas ideias pessoais à sua custa até eu cair num beco sem saída. Precisei de quatro anos para esgotar Husserl"[9].

O procedimento do filósofo que detém essencialmente o interesse de Sartre – procedimento que lhe parece tão radicalmente fundador quanto a suspensão do juízo, em Descartes, que permite o *cogito* – é a "colocação entre parênteses da posição natural do mundo".

O filósofo Paul Ricoeur, tradutor de *Idées directrices pour une phénoménologie*, fará em seu prefácio um comentário próximo do que Sartre apreendera:

> De início estou esquecido e perdido no mundo, perdido nas coisas, perdido nas ideias, nas plantas e nos animais, perdido no outro [...] Compreende-se que o naturalismo seja o mais baixo grau da altitude natural e como que o nível a que o leva sua própria queda; pois, se me perco no mundo, já estou pronto *a me tratar como coisa do* mundo[10].

Tratar a consciência como "coisa do mundo" é o que faz mais ou menos toda psicologia em curso. Mas, se colocamos "entre parênteses" as questões controversas da relação dos dados sensíveis – o que Sartre chama de "matéria" da imagem – com a consciência, o certo é, como diz Husserl, que "toda consciência é consciência de alguma coisa". Longe de ser uma tautologia, essa afirmação significa que toda consciência tem uma estrutura intencional; quer se trate de percepção, de imagem mental, de pensamento, a consciên-

---

8. Cf. *Carnets de la drôle de guerre. Op. cit.*
9. "[...] formar ideias às suas custas" é o que muitos husserlianos reprovaram em Sartre, e também o censuraram por ter deformado o pensamento desse filósofo. Em *A imaginação*, Sartre dedica algumas páginas a esboçar o que apreendera então dessa filosofia e o que tinha intenção de emprestar dela.
10. Destaque nosso.

cia, longe de ser um receptáculo, visa algo fora dela mesma. Uma nova orientação se oferece à psicologia: diferenciar os modos de intencionalidade de acordo com as situações em que a consciência esteja atuando – pois a consciência é um ato – e tratar os dados sensíveis e do saber em relação com a intencionalidade. Esse será o empenho de Sartre, no que diz respeito à "consciência imaginante", nas duas primeiras partes de sua obra.

Na primeira parte de *O imaginário*, intitulada "O certo", ele esboça uma descrição fenomenológica da imagem mental. Trata-se de inventariar e de enunciar, utilizando sua experiência própria, tudo o que uma reflexão imediata pode revelar sobre o fato (ou, antes, o acontecimento) de ter uma imagem, sendo que a posição de Hume sobre o assunto lhe serve de exemplo, ao contrário da "atitude natural" que Husserl o convida a abandonar. Isso não significa que desprezará o que outros escreveram ou as experiências que coletaram antes dele sobre a imagem, nem que renunciará definitivamente a formular hipóteses, mas, sim, que deixará provisoriamente em suspenso todo o seu saber filosófico.

Ora, o campo do imaginário é amplo; ele não se reduz à imagem mental, evocação subjetiva de um objeto ausente, a mais difícil de descrever, particularmente porque surge sem suporte sensível evidente. Parece-lhe necessário fazer um desvio por outros casos da "família da imagem", mais fáceis de circunscrever uma vez que a matéria sensível está presente neles. Questionará então o papel da consciência imaginante quando depara com o retrato, a caricatura, a imitação, os desenhos esquemáticos etc., e tentará discernir, em cada caso, por quais combinações entre o real (o percebido) e o irreal a consciência visará seu objeto.

É voltando à imagem mental propriamente dita que Sartre abordará "o provável". No primeiro momento de sua descrição fenomenológica, o mais imediato, a questão era: O que é, para mim, ter uma imagem? Trata-se agora de determinar o que é uma imagem, o que a consciência visa realmente e o que a consciência deve ser estruturalmente para

Apresentação 15

que seja possível imaginar. Ora, a imagem mental é quase inacessível à reflexão: enquanto "tenho uma imagem", nada posso dizer dela sem que ela se evapore, uma vez que a intencionalidade torna-se outra: quando ela deixa de existir, não posso me dar conta dela em todos os detalhes; por outro lado, quando evoco em imagem, por exemplo, um amigo ausente ou a melodia de uma canção, não sou guiado por nenhuma impressão sensorial presente – visual, auditiva ou outra. Tanto que para alguns psicólogos a imagem mental não existe.

Para Sartre, existe um conteúdo sensível, embora nada deva a uma percepção atual, como no caso em que a consciência se faz imaginante diante da imitação, por um artista, de um personagem famoso, por exemplo. Para apoiar sua hipótese ele recorre à introspecção, não apenas à dele, mas à introspecção dirigida tal como a praticava com certo rigor a psicologia experimental: a escola alemã de Würzburg, os trabalhos de psiquiatras franceses como o Doutor Alfred Binet[11] e vários outros. Veremos que, nessa segunda parte, Sartre tenta mostrar de que maneira saber, afetividade, movimentos internos do corpo entram em jogo para criar a matéria sensível da imagem mental, ou seja, o representante analógico do que é objeto real da intenção imaginante e em que aspecto objeto visado e *analogon* podem entrar em conflito. Contrariamente à concepção de Bergson, por exemplo, para quem "todas [as] imagens agem e reagem umas sobre as outras em todas as suas partes elementares de acordo com leis constantes, que chamo de leis da natureza" – o que dá a entender que a espontaneidade dos dados sensíveis é a de um automatismo –, Sartre afirma que o sujeito da imagem mental se mobiliza inteiro, espontaneamente, para fazê-la nascer: o ato pelo qual a consciência torna presente para ela um objeto ausente é comparável, em seu objetivo, ao encantamento de um médium que pre-

---

11. Que foi colaborador de J.-M. Charcot, cuja influência sobre o jovem Freud é bem conhecida.

16 O imaginário

tende, pela concentração de sua energia, fazer chegar a ele o espírito de um morto.

Sendo a imagem, segundo a maioria dos psicólogos clássicos, um traço material, portanto, afetado por uma certa inércia, ao passo que para Sartre, como vimos, é produto de um ato da consciência, sua concepção da relação entre imagem e pensamento só pode ser diferente. Não se tratará de indagar como as imagens "se combinam entre si" para que o pensamento seja possível: a imagem mental já está do lado do pensamento. Na terceira parte da obra, ele analisa com sutileza os diferentes níveis de pensamento e a implicação da imagem segundo esses níveis, desde a imagem-ilustração que pode paralisar ou retardar o esforço de raciocínio – ou simplesmente marcar uma pausa – até os mais evanescentes esquemas simbólicos que participam desse esforço, possibilitando, "como um exterior fugaz", a elaboração de um conceito. A quarta parte trata principalmente da irrealidade do espaço e do tempo na vida imaginária. É mais particularmente no sonho e nas patologias da imagem, como a alucinação, que a consciência parece dar-se, não um mundo, pelo menos uma "atmosfera de mundo", com seu espaço e seu tempo. Sartre leu *A interpretação dos sonhos* [*Traumdeutung*] de Freud sem se preocupar muito com as teorias que fundamentam a obra, buscando seu próprio caminho, interessado sobretudo por aquilo que lhe pode ser fornecido pelo rico material introspectivo representado pela narração dos próprios sonhos; também leu as descrições clínicas do filósofo e psiquiatra Pierre Janet, por vezes verdadeiras pequenas biografias de doentes[12]. Trata-se de indivíduos que o clínico acompanhou durante anos em contexto hospitalar. Embora questione suas concepções teóricas gerais, Sartre leva em conta suas observações concretas, principalmente sobre as particularidades da crença

---

12. Da mesma geração de Freud, Pierre Janet, que vislumbrou o papel da sexualidade na etiologia das neuroses, foi por um tempo o rival do pai da psicanálise. Cf., entre outros, *L'automatisme psychologique* (1889) e *De l'angoisse à l'extase* (1926).

Apresentação 17

dos doentes em seus delírios e suas alucinações, sobre as contradições entre a realidade de sua relação cotidiana, muitas vezes íntima, com seu psiquiatra, e o mundo irreal em que sua patologia os mergulha. Entretanto, a imagem alucinatória intrigou por muito tempo o autor de *O imaginário*: É possível falar de intencionalidade a propósito da alucinação, uma vez que o doente parece subjugado por ela, sofrer com ela e temê-la? Sartre debateu a questão com o psiquiatra Daniel Lagache, seu antigo condiscípulo na École Normale, que acabava de escrever *Les hallucinations verbales et la parole*[13] [*As alucinações verbais e a palavra*]. Depois resolveu tornar-se ele mesmo sujeito da experiência: sob controle de Lagache, fez com que lhe aplicassem uma injeção de mescalina, substância alucinógena, fiel à determinação de se manter o mais próximo possível do concreto.

É evidente que a conclusão em duas partes de *O imaginário* é uma dupla escapada para fora do campo da psicologia. A segunda, seguindo a linha de sua reflexão sobre o imaginário, diz respeito à atividade da consciência diante da obra de arte, essa irrealidade. É de supor que a primeira, "Consciência e imaginação", tenha sido escrita por último; parece contemporânea de uma leitura de *O ser e o tempo*, de Heidegger, que ocorreu em abril de 1939[14]. Alguns psicólogos contemporâneos de Sartre tinham a preocupação de separar uma unidade da psicologia através da fragmentação de seus temas de estudo. Desde havia cerca de quarenta anos acreditava-se que ela fosse uma ciência igual à física e, às cegas, passou-se a fazer todos os tipos de experiências de psicofisiologia e de testes (medida dos limiares de sensação, testes de inteligência etc.); mas "o que há de mais diferente, por exemplo, do que o estudo da ilusão estroboscópica e o do complexo de inferioridade?"[15] Em outras palavras, que compreensão global do psiquismo humano e de sua

---

13. Akan, 1934.
14. Cf. *Carnets de la drôle de guerre. Op. cit.*
15. Sartre. "Introduction". *Esquisse d'une théorie des émotions. Op. cit.*

relação com o mundo a psicologia nos oferece? Um objetivo despontou para Sartre no desfecho de *O imaginário*: "Colocar [...] a condição humana enquanto unidade indivisível como objeto de nossa indagação"[16]. Ser sem substância que nada mais é do que o exterior de si mesma, que pode criar imagens na ausência do objeto visado, a consciência se faz negação do real. Nada, ausência, negação: o leitor de *L'être et le néant* [*O ser e o nada*] julgará sem dificuldade que o estudo da imaginação terá sido uma etapa importante do estabelecimento do drama ontológico entre a consciência (ou para-si), o Nada que ela gera, e o Ser-em-si.

Arlette Elkaïm-Sartre

Fevereiro de 2005

---

16. Cf. *Carnets de la drôle de guerre*. Op. cit.

Primeira parte

O certo

Estrutura intencional da imagem

Esta obra tem como objetivo descrever a grande função "irrealizante" da consciência ou "imaginação" e de seu correlato noemático, o imaginário.

Permitimo-nos empregar a palavra "consciência" num sentido um pouco diferente do adotado comumente. A expressão "estado de consciência" implica, com respeito às estruturas psíquicas, uma espécie de inércia, de passividade que nos parece incompatível com os dados da reflexão. Utilizaremos o termo "consciência" não para designar a mônada e o conjunto de suas estruturas psíquicas, mas para nomear cada uma dessas estruturas em sua particularidade concreta. Falaremos, então, de consciência de imagem, consciência perceptiva etc., inspirando-nos em um dos sentidos alemães da palavra *Bewusstsein*.

1
Descrição

I – O método

Apesar de alguns preconceitos aos quais logo voltaremos, é certo que, quando produzo em mim a imagem de Pierre, o objeto da minha consciência atual é Pierre. Enquanto essa consciência permanecer inalterada, poderei dar uma descrição do objeto tal como ele me aparece em imagem, mas não da imagem como tal. Para determinar as características próprias da imagem como imagem, é preciso recorrer a um novo ato de consciência: é preciso *refletir*. Assim, a imagem como imagem só é descritível por um ato de segundo grau pelo qual o olhar se desvia do objeto para se dirigir à maneira como esse objeto é dado. É esse ato de reflexão que permite o juízo "tenho uma imagem".

É necessário repetir aqui o que se sabe desde Descartes: uma consciência reflexiva nos fornece dados absolutamente certos; um homem que, num ato de reflexão, toma consciência de "ter uma imagem" não pode estar enganado. Sem dúvida há psicólogos que afirmam que, no limite, não podemos distinguir uma imagem intensa de uma percepção fraca. Titchener até invoca certas experiências que apoiam essa tese. No entanto, veremos adiante que essas afirmações baseiam-se num erro. De fato, a confusão é impossível: o que conviemos chamar de "imagem" dá-se imediatamente como tal à reflexão. Mas não se trata aqui de uma revelação metafísica e inefável. Se essas consciências se distinguem imediatamente de todas as outras, é porque se apresentam à reflexão com certas marcas, certas características que determinam de imediato o juízo "tenho uma imagem". O ato de reflexão tem, portanto, um conteúdo imediatamente certo que chamaremos *essência* da imagem. Essa essência é a mesma para todos os homens; a primeira tarefa do psicólogo é explicitá-la, descrevê-la, fixá-la.

De onde vem então, pergunta-se, a extrema diversidade das doutrinas? Os psicólogos deveriam entrar em acordo, por menos que se refiram a esse saber imediato. Respondemos que a maioria dos psicólogos não lhe faz referência, de início. Eles mantêm o saber no estado implícito e preferem construir hipóteses explicativas quanto à natureza da imagem[17]. Estas, como todas as hipóteses científicas, nunca terão mais do que uma certa probabilidade: os dados da reflexão são certos. Todo novo estudo dedicado às imagens deve, portanto, começar por uma distinção radical: uma coisa é a *descrição* da imagem, outra coisa são as *induções* quanto à sua natureza. Passando de uma às outras vai-se do certo ao provável. O primeiro dever do psicólogo é, evidentemente, fixar em conceitos o saber imediato e certo.

Deixaremos de lado as teorias. Não queremos saber da imagem nada além do que a reflexão nos informa sobre ela. Mais tarde tentaremos, como os outros psicólogos, classificar a consciência de imagem entre as outras consciências, encontrar uma "família" para ela, e construiremos hipóteses sobre sua natureza íntima. Por enquanto, queremos apenas tentar uma "fenomenologia" da imagem. O método é simples: produzir imagens em nós, refletir sobre essas imagens, descrevê-las, isto é, tentar determinar e classificar suas características distintivas.

II – Primeira característica: A imagem é uma consciência

Já de início, ao abordar a reflexão, vamos perceber que até aqui cometíamos um duplo erro. Pensávamos, sem nem

---

17. Cf. nosso estudo crítico *L'imagination*. Alcan, 1936.

sequer nos dar conta, que a imagem estivesse *na* consciência e que o objeto da imagem estivesse *na* imagem. Víamos a consciência como um lugar povoado de pequenos simulacros, e esses simulacros eram as imagens. Sem dúvida alguma, a origem dessa ilusão deve ser buscada no nosso hábito de pensar no espaço e em termos de espaço. Nós a chamaremos *ilusão de imanência*. Em Hume ela encontra sua mais clara expressão.

Hume distingue as impressões e as ideias:

> As percepções que penetram com mais força e violência podemos chamar de *impressões* [...] por *ideias* entendo as fracas imagens das primeiras no pensamento e no raciocínio [...][18].

Essas ideias são justamente o que chamamos de *imagens*. Algumas páginas adiante ele acrescenta[19]:

> [...] Formar a ideia de um objeto e formar uma ideia, simplesmente, é a mesma coisa; sendo que o fato de se referir a um objeto é, para a ideia, uma denominação extrínseca, da qual ela não traz, em si mesma, marca alguma nem característica alguma. Ora, como é impossível formar a ideia de um objeto que seja dotado de quantidade e de qualidade e que, no entanto, não o seja de nenhum grau preciso de uma nem da outra, segue-se que é igualmente impossível formar uma ideia que não seja limitada e restringida nestes dois pontos.

Assim, minha ideia atual de cadeira só se refere exteriormente a uma cadeira existente. Não é a cadeira do mundo exterior, a cadeira que percebi há pouco; não é aquela cadeira de palha ou de madeira que permitirá distinguir minha ideia das ideias de mesa ou de tinteiro. Contudo, minha ideia atual é mesmo uma ideia *de cadeira*. Isso quer dizer que, para Hume,

---

18. Hume. *Traité de la Nature humaine* [*Um tratado da natureza humana*], p. 9 [Trad. fr. Maxime David].
19. Ibid., p. 33.

a ideia de cadeira e a cadeira como ideia são uma única e mesma coisa. Ter uma ideia de cadeira é ter uma cadeira na consciência. Prova-o que o que vale para o objeto vale para a ideia. Se o objeto deve ter uma quantidade e uma qualidade determinadas, a ideia também deve ter essas determinações. A maioria dos psicólogos e dos filósofos adotou esse ponto de vista. É também o do senso comum. Quando digo que "tenho uma imagem" de Pierre, eles acham que tenho agora um determinado retrato de Pierre na consciência. O objeto da minha consciência atual seria exatamente esse retrato, e Pierre, o homem de carne e osso, só seria alcançado muito indiretamente, de maneira "extrínseca", pelo simples fato de ser aquele que o retrato representa. Do mesmo modo, numa exposição, posso contemplar longamente um retrato por ele mesmo, sem ver que embaixo do quadro está escrito: "Retrato de Pierre Z..." Em outras palavras, uma imagem é implicitamente assimilada ao objeto material que representa.

O que pode surpreender é que nunca se tenha sentido a heterogeneidade radical da consciência e da imagem assim concebida. Sem dúvida, é porque a ilusão de imanência sempre se manteve no estado implícito. Caso contrário, ter-se-ia compreendido que é impossível transferir esses retratos materiais para uma estrutura sintética consciente sem a destruir, romper os contatos, interromper a corrente, quebrar a continuidade. A consciência deixaria de ser transparente para si mesma; em toda parte sua unidade seria rompida pelas telas opacas, inassimiláveis. Inutilmente trabalhos como os de Spaier, de Bühler, de Flach flexibilizaram a própria noção de imagem, mostrando-a muito viva, impregnada de afetividade e saber; a imagem, passando para a condição de organismo, nem por isso deixa de ser um produto inassimilável para a consciência. Por essa razão alguns espíritos lógicos, como F. Moutier[20], acredita-

---

20. F. Moutier. *L'Aphasie de Broca*. Thèse de Paris, Steinheil, 1908. Cf. p. 244: "Nous rejelons fonnellement l'existence d'images" ["Rejeitamos formalmente a existência de imagens"].

Primeira parte – O certo

ram ser necessário negar a existência das imagens mentais para salvar a integridade da síntese psíquica. Essa solução radical é contraditada pelos dados da introspecção. Posso, quando quero, pensar em imagem um cavalo, uma árvore, uma casa. No entanto, se aceitamos a ilusão de imanência, somos necessariamente levados a constituir o mundo do espírito com objetos inteiramente semelhantes aos do mundo exterior e que, simplesmente, obedeçam a outras leis.

Deixemos de lado essas teorias e, para nos livrarmos da ilusão de imanência, vejamos o que a reflexão nos ensina.

Quando percebo uma cadeira, seria absurdo dizer que a cadeira está *na* minha percepção. Minha percepção, segundo a terminologia que adotamos, é uma certa consciência e a cadeira é o objeto *dessa* consciência. Agora, fecho os olhos e produzo a imagem da cadeira que acabei de perceber. A cadeira, dando-se agora como imagem, não pode, mais do que antes, entrar *na* consciência. Uma imagem de cadeira não é, não pode ser uma cadeira. Na realidade, quer eu perceba ou imagine esta cadeira de palha em que estou sentado, ela continua fora da consciência. Nos dois casos ela está aqui, *no* espaço, neste aposento, diante da escrivaninha. Ora – antes de tudo é isso que a reflexão nos ensina –, quer eu perceba ou imagine esta cadeira, o objeto de minha percepção e o da minha imagem são idênticos: é esta cadeira de palha em que estou sentado. Simplesmente a consciência se *relaciona* com essa mesma cadeira de duas maneiras diferentes. Nos dois casos ela visa a cadeira em sua individualidade concreta, em sua corporeidade. Só que, em um dos casos, a cadeira é "encontrada" pela consciência; no outro, ela não é. Mas a cadeira não está na consciência. Nem mesmo em imagem. Não se trata de um simulacro de cadeira que penetrou de repente na consciência e que só tem uma relação "extrínseca" com a cadeira existente; trata-se de um certo tipo de consciência, ou seja, de uma organização sintética imediatamente relacionada com a cadeira existente e cuja essência íntima é justamente relacionar-se desta ou daquela maneira com a cadeira existente.

E o que é exatamente a imagem? Evidentemente não é a cadeira: de modo geral, o objeto da imagem não é imagem. Diremos que a imagem é a organização sintética total, a consciência? Mas essa consciência é uma natureza atual e concreta, que existe em si, para si e poderá sempre se dar, sem intermediário, à reflexão. A palavra imagem só pode designar, então, a relação da consciência com o objeto; em outras palavras, é uma certa maneira que o objeto tem de aparecer para a consciência, ou, se preferirmos, uma certa maneira que a consciência tem de se dar um objeto. Na verdade, a expressão imagem mental dá ensejo à confusão. Seria melhor dizer "consciência de Pierre-em-imagem" ou "consciência imaginante de Pierre". Como a palavra "imagem" tem a seu favor uma longa lista de serviços prestados, não podemos rejeitá-la completamente. Mas, para evitar qualquer ambiguidade, lembramos aqui que uma imagem nada mais é do que uma relação. A consciência imaginante que tenho de Pierre não é consciência da imagem de Pierre: Pierre é diretamente alcançado, minha atenção não se dirige a uma imagem, mas a um objeto[21].

Assim, na trama dos atos sintéticos da Consciência aparecem, em alguns momentos, certas estruturas que chamaremos de consciências imaginantes. Elas nascem, se desenvolvem e desaparecem segundo leis que lhes são próprias e que tentaremos determinar. E seria um grave erro confundir essa vida da consciência imaginante, que dura, se organiza, se desagrega, com a de um objeto dessa consciência, que, durante esse tempo, pode muito bem permanecer imutável.

III – Segunda característica: O fenômeno de quase-observação

Quando começamos este estudo, pensávamos que lidaríamos com *imagens*, isto é, elementos de consciência. Vemos

---

21. É possível que haja a tentação de me opor a casos em que experimento a imagem de um objeto que não tem existência real fora de mim. Mas justamente a Quimera não existe "em imagem". Não existe nem dessa maneira nem de outra.

Primeira parte – O certo

agora que estamos lidando com consciências completas, ou seja, com estruturas complexas que "intencionam" certos objetos. Vejamos se a reflexão pode nos ensinar mais sobre essas consciências. O mais simples será considerar a imagem em relação ao conceito e à percepção. Perceber, conceber, imaginar, estes são, de fato, os três tipos de consciências pelas quais um mesmo objeto nos pode ser dado.

Na percepção, eu *observo* os objetos. Deve-se entender por isso que o objeto, embora entre inteiro na minha percepção, sempre me é dado apenas de um lado a cada vez. Conhecemos o exemplo do cubo: não poderei saber que é um cubo enquanto não tiver apreendido suas seis faces; a rigor, posso ver três de uma vez, porém nunca mais do que isso. É preciso, portanto, que eu as apreenda sucessivamente. E, quando passo, por exemplo, da apreensão das faces ABC à das faces BCD, resta sempre uma possibilidade de que a face A tenha sumido com minha mudança de posição. A existência do cubo, então, continuará duvidosa. Ao mesmo tempo, devemos observar que, quando vejo três faces do cubo ao mesmo tempo, essas faces nunca se apresentam a mim como quadrados: suas linhas se rebaixam, seus ângulos tornam-se obtusos, e preciso reconstituir sua natureza de quadrados a partir das aparências de minha percepção. Tudo isso foi dito cem vezes: é próprio da percepção que o objeto só lhe apareça numa série de perfis, de projeções. O cubo está presente para mim, posso tocá-lo, vê-lo; mas nunca o vejo a não ser de uma determinada maneira que ao mesmo tempo invoca e exclui uma infinidade de outros pontos de vista. Devem-se *aprender* os objetos, ou seja, multiplicar os pontos de vista possíveis sobre eles. O próprio objeto é a síntese de todas essas visões. A percepção de um objeto é, portanto, um fenômeno com uma infinidade de faces. O que isso significa para nós? A necessidade de *dar a volta* aos objetos, de esperar, como diz Bergson, que o "açúcar derreta".

Quando, por outro lado, *penso* no cubo por meio de um conceito concreto[22], penso seus seis lados e seus oito ângulos ao mesmo tempo; penso que seus ângulos são retos, seus lados, quadrados. Estou no centro da minha ideia, eu a capto inteira de uma só vez. Isso não significa, naturalmente, que minha ideia não tenha necessidade de se completar por um progresso infinito. Mas posso pensar as essências concretas em um só ato de consciência; não tenho que restabelecer aparências, não tenho aprendizagem a ser feita. Essa é, sem dúvida, a diferença mais nítida entre o pensamento e a percepção. Essa é a razão pela qual nunca poderemos perceber um pensamento nem pensar uma percepção. Trata-se de fenômenos radicalmente distintos: um, saber consciente de si mesmo, que se coloca de vez no centro do objeto; o outro, unidade sintética de uma multiplicidade de aparências, que faz lentamente sua aprendizagem.

O que diremos da imagem? É aprendizagem ou saber? Observemos antes de tudo que ela parece "do lado" da percepção. Tanto em uma como na outra, o objeto se dá por perfis, por projeções, pelo que os alemães designam pelo termo oportuno "Abschattungen". Só que já não é necessário dar a volta nele: o cubo como imagem se dá imediatamente pelo que é. Quando digo: "o objeto que percebo é um cubo", estou formulando uma hipótese que o curso posterior de minhas percepções pode me obrigar a abandonar. Quando digo "o objeto cuja imagem tenho neste momento é um cubo", estou fazendo um juízo de evidência: é absolutamente certo que o objeto de minha imagem é um cubo. O que isso quer dizer? Na percepção, um saber se forma lentamente; na imagem, o saber é imediato. Vemos então que a imagem é um ato sintético que une a elementos mais propriamente representativos um saber concreto, não imaginado. Uma imagem não se aprende: ela é organizada exatamente como os objetos que se aprendem, mas, de fato, dá-se inteira pelo que

---

22. Por vezes, a existência desses conceitos foi negada. No entanto, a percepção e a imagem pressupõem um saber concreto sem imagem e sem palavras.

Primeira parte – O certo

é, já em seu surgimento. Se nos divertirmos fazendo girar, em pensamento, um cubo-imagem, se fingirmos que ele nos apresenta suas diversas faces, no fim da operação não teremos avançado mais: não teremos aprendido nada.

Não é só isso. Consideremos uma folha de papel, colocada sobre a mesa. Quanto mais a olhamos, mais ela revela sobre suas particularidades.

Cada nova orientação de minha atenção, de minha análise, me revela um novo detalhe: a borda superior da folha está levemente empenada; na terceira linha o traço contínuo termina em pontilhado... etc. Ora, posso manter uma imagem sob minha visão pelo tempo que quiser: sempre encontrarei apenas o que coloquei nela. Essa observação é de importância fundamental para distinguir a imagem da percepção. No mundo da percepção, não pode aparecer nenhuma "coisa" sem que ela mantenha uma infinidade de relações com as outras coisas. Mais ainda, é essa infinidade de relações – ao mesmo tempo em que a infinidade de relações que seus elementos mantêm entre eles – que constitui a própria essência de uma coisa. Daí algo *excedente* no mundo das "coisas": a cada instante, há sempre infinitamente *mais* do que podemos ver; para esgotar as riquezas de minha percepção atual, seria necessário um tempo infinito. Não nos iludamos: essa maneira de "exceder" é constitutiva da própria natureza dos objetos. É isso que se entende quando se diz que um objeto não pode existir sem uma individualidade definida; compreenda-se "sem manter uma infinidade de relações determinadas com a infinidade dos outros objetos".

Ora, na imagem, ao contrário, há uma espécie de pobreza essencial. Os diferentes elementos de uma imagem não mantêm nenhuma relação com o resto do mundo e, entre eles, mantêm duas ou três relações, como, por exemplo, as que pude constatar ou as que importa reter agora. Não cabe dizer que as outras relações existem em surdina, que estão à espera de que um facho luminoso se lance sobre elas. Não: elas absolutamente não existem. Duas cores, por exemplo, que mantenham na realidade uma certa relação de discordância, podem coexistir em imagem sem que tenham entre si nenhum tipo de relação. Os objetos só existem na medida em que os pensamos. Isso seria incompreensível para todos aqueles que consideram a imagem uma percepção renascente. É que, de fato, não se trata em absoluto de uma diferença de intensidade: mas os objetos do mundo das imagens não podem de modo algum existir no mundo da percepção, pois não preenchem as condições necessárias[23].

Em suma, o objeto da percepção constantemente transborda a consciência; o objeto da imagem nunca é nada mais do que a consciência que se tem dele; ele se define por essa consciência; não se pode aprender sobre uma imagem nada que já não se saiba. Certamente, pode acontecer que uma imagem-lembrança se apresente imprevisivelmente, que nos dê um rosto, um lugar inesperado. Porém, mesmo nesse caso, ela se dá em bloco à intuição, mostra de uma vez o que é. Quando percebo um pedaço de gramado, tenho que estudá-lo por muito tempo para saber de onde vem. No caso da imagem, sei imediatamente: é o gramado de tal campina, de tal lugar. E essa origem deixa-se decifrar *na* imagem: no próprio ato que me dá o objeto em imagem encontra-se incluído o conhecimento do que ele é. Na verdade, pode-se apresentar como objeção o caso bastante raro em que uma imagem-lembrança mantém o anonimato; de repente, revejo um jardim triste, sob um céu cinzento e me é impossível saber onde e quando vi esse jardim. Mas é simplesmente uma determinação que falta na imagem, e nenhuma observação, por mais prolongada que seja, pode me dar o conhecimento que me falta. Se um pouco depois encontro o nome do jardim, é por meio de procedimentos que nada têm a ver com a observação pura e simples: a imagem deu em bloco tudo o que possuía[24].

---

23. Isso foi muito bem-entendido por Jaensch, que, levando a termo a teoria das percepções revivescentes, considerava a imagem eidética um objeto suscetível de ser observado e aprendido.

24. O que pode levar a engano aqui é:
a) O uso que se faz da imagem no pensamento matemático. Muitos acreditam que percebemos *na* imagem relações novas entre as figuras.

Assim o objeto, na imagem, apresenta-se como devendo ser apreendido em uma multiplicidade de atos sintéticos. Por isso e porque seu conteúdo mantém como que um fantasma da opacidade sensível, porque não se trata nem de essências nem de leis geradoras, mas de qualidade irracional, ele parece ser objeto de observação: desse ponto de vista a imagem estaria mais próxima da percepção do que do conceito. Mas, por outro lado, a imagem não ensina nada, nunca dá a impressão de novo, nunca revela uma face do objeto. Ela o fornece em bloco. Não há risco, não há expectativa: uma certeza. Minha percepção pode me enganar, mas não minha imagem. Nossa atitude em relação ao objeto da imagem poderia se chamar *quase-observação*. Estamos, de fato, colocados em atitude de observação, mas é uma observação que não informa nada. Se me dou como imagem a página de um livro, estou em atitude de leitor, *olho* as linhas impressas. Mas não leio. E, no fundo, nem mesmo olho, pois já *sei* o que está escrito.

Sem abandonar o âmbito da pura descrição, pode-se tentar explicar essa propriedade característica da imagem. Na imagem, de fato, uma determinada consciência se dá um determinado objeto. O objeto é, portanto, correlato de um determinado ato sintético, que compreende, entre suas estruturas, um determinado saber e uma determinada "intenção". A intenção está no centro da consciência: é ela que visa o objeto, ou seja, que o constitui pelo que ele é. O saber, indissoluvelmente ligado à intenção, estabelece que o objeto é este ou aquele, acrescenta determinações sinteticamente. Constituir em si uma determinada consciência da mesa como imagem é, ao mesmo tempo, constituir a mesa como objeto de uma consciência imaginante. O objeto como imagem é, portanto, contemporâneo da consciência que tomo dele e ele é exatamente determinado por essa consciência; não contém nada mais do que aquilo de que tenho consciência; mas, inversamente, tudo o que constitui minha consciência encontra seu correlato no

---

b) Os casos em que a imagem comporta uma espécie de ensinamentos afetivos. Abordaremos esses diferentes casos adiante.

objeto. Meu saber não é senão um saber *do* objeto, um saber *que diz respeito* ao objeto. No ato de consciência, o elemento representativo e o elemento de saber estão ligados em um ato sintético. O objeto correlato desse ato constitui-se então ao mesmo tempo como objeto concreto, sensível, e como objeto de saber. Daí resulta a consequência paradoxal de que o objeto está presente ao mesmo tempo por fora e por dentro. Por fora, uma vez que o observamos; por dentro, porque é *nele* que percebemos o que ele é. Por isso imagens extremamente pobres e truncadas, reduzidas a algumas determinações do espaço, podem ter, para mim, um sentido rico e profundo. E esse sentido está ali, imediato, *naquelas* linhas, dá-se sem que seja preciso decifrá-lo. Por isso, também, o mundo das imagens é um mundo onde nada *acontece*. Posso, a meu bel-prazer, fazer um ou outro objeto evoluir como imagem, fazer um cubo girar, fazer uma planta crescer, um cavalo correr; nunca se produzirá a menor defasagem entre o objeto e a consciência. Não haverá um instante de surpresa: o objeto que se move não está vivo, *ele nunca precede a intenção*. No entanto, também não está inerte, passivo, "acionado" de fora, como uma marionete: a consciência nunca precede o objeto, a intenção revela-se por si mesma ao mesmo tempo em que se realiza, em e por sua realização[25].

IV – Terceira característica: A consciência imaginante coloca seu objeto como um nada

Toda consciência é consciência *de* alguma coisa. A consciência irrefletida visa objetos heterogêneos à consciência: por exemplo, a consciência imaginante de árvore visa uma

---

25. Há, na fronteira entre a vigília e o sono, alguns casos bastante estranhos que poderiam ser considerados resistência de imagens. Por exemplo, acontece-me ver um objeto indeterminado girar sobre si mesmo no sentido dos ponteiros do relógio *e* não conseguir pará-lo nem fazê-lo girar em sentido inverso. Diremos algumas palavras sobre esse fenômeno quando estudarmos as imagens hipnagógicas com as quais ele se parece.

árvore, ou seja, um corpo que por natureza é exterior à consciência; ela sai de si mesma, se transcende.

Se quisermos descrever essa consciência, precisaremos, como vimos, produzir uma nova consciência chamada "refletida". Pois a primeira é inteiramente consciência de árvore. Todavia, é preciso ter cuidado: toda consciência é consciência de ponta a ponta. Se a consciência imaginante de árvore, por exemplo, só fosse consciente a título de objeto de reflexão, o resultado é que ela seria, em estado irrefletido, inconsciente de si mesma, o que é uma contradição. Ela deve, portanto, tendo como único objeto a árvore como imagem e sendo ela mesma objeto apenas para a reflexão, encerrar uma certa consciência de si mesma. Diremos que ela tem de si mesma uma consciência imanente e não-tética. Não nos cabe descrever essa consciência não-tética. Mas é evidente que nossa descrição da consciência imaginante seria muito incompleta se não tentássemos saber:

1º) como a consciência irrefletida *coloca* seu objeto;

2º) como essa consciência aparece para si mesma na consciência não-tética que acompanha a posição de objeto.

A consciência transcendente de árvore como imagem coloca a árvore. Mas ela a coloca *como imagem*, ou seja, de uma determinada maneira que não é a da consciência perceptiva.

Com frequência, procedeu-se como se a imagem fosse primeiro constituída sobre o tipo da percepção e como se alguma coisa (redutores, saber etc.) interferisse em seguida para recolocá-la em sua posição de imagem. O objeto como imagem seria, portanto, constituído primeiro no mundo das coisas, para, *posteriormente*, ser excluído desse mundo. Mas essa tese não se ajusta aos dados da descrição fenomenológica; além disso, pudemos ver numa outra obra que, se percepção e imagem não são distintas por natureza, se seus objetos não se dão à consciência como *sui generis*, não nos resta nenhum meio para distinguir essas duas maneiras de se darem os objetos; em suma, constatamos a insuficiência dos critérios externos da imagem. É preciso então – já que podemos falar de imagens, já que esse próprio termo tem um sentido para nós – que a imagem, tomada em si mesma, encerre em sua natureza íntima um elemento de distinção radical. Uma investigação reflexiva nos fará encontrar esse elemento no ato posicional da consciência imaginante.

Toda consciência coloca seu objeto, mas cada uma à sua maneira. A percepção, por exemplo, coloca seu objeto como existente. A imagem encerra, também ela, um ato de crença ou ato posicional. Esse ato pode tomar quatro formas, e apenas quatro: pode colocar o objeto como inexistente, ou como ausente, ou como existente em outro lugar; também pode se "neutralizar", ou seja, não colocar seu objeto como existente[26]. Dois desses atos são negações: o quarto corresponde a uma suspensão ou neutralização da tese. O terceiro, que é positivo, supõe uma negação implícita da existência natural e presente do objeto. Esses atos posicionais – esta observação é fundamental – não se acrescentam à imagem uma vez que está constituída: o ato posicional é constitutivo da consciência de imagem. Qualquer outra teoria, de fato, além de ser contrária aos dados da reflexão, nos faria cair novamente na ilusão de imanência.

Essa posição de ausência ou de inexistência só pode encontrar-se no plano da *quase-observação*. Por um lado, de fato, a percepção coloca a existência de seu objeto; por outro lado, os conceitos, o saber, colocam a existência de *naturezas* (essências universais) constituídas por relações e indiferentes à existência "em carne e osso" dos objetos. Pensar o conceito "homem", por exemplo, é não colocar nada além de uma essência, uma vez que, como diz Spinoza:

> A verdadeira definição de cada coisa não contém nem exprime mais do que a natureza da coisa definida, donde a observação seguinte, ou seja, a de

---

26. Essa suspensão da crença continua sendo um ato posicional.

que nenhuma definição contém nem exprime um número determinado de indivíduos [...][27].

Pensar Pierre por meio de um conceito concreto é ainda pensar um conjunto de relações. Entre essas relações é possível encontrar determinações de lugar (Pierre está em viagem, em Berlim – ele é advogado em Rabat... etc.). Mas essas determinações acrescentam um elemento positivo à natureza concreta "Pierre"; elas nunca têm o caráter privativo, negativo, dos atos posicionais da imagem. É apenas no terreno da intuição sensível que as expressões "ausente", "longe de mim", podem ter um sentido, no terreno de uma intuição sensível que se dá como não podendo ocorrer. Por exemplo, se a imagem de um morto que eu amava me aparece bruscamente, não há necessidade de uma "redução" para que eu sinta um choque desagradável no peito: esse choque faz parte da imagem, é a consequência direta de a imagem dar seu objeto como um nada de ser.

Sem dúvida, há juízos de percepção que implicam um ato posicional neutralizado. É o que acontece quando vejo um homem vindo na minha direção e digo "é possível que esse homem seja Pierre". Mas justamente essa suspensão de crença, essa abstenção concerne ao *homem que está vindo*. Desse homem, duvido que seja Pierre; portanto, não duvido que seja homem. Em suma, minha dúvida implica necessariamente uma posição de existência do tipo: um homem está vindo na minha direção. Ao contrário, dizer "tenho uma imagem de Pierre" equivale a dizer não apenas "não estou vendo Pierre", mas também "não estou vendo absolutamente nada". O objeto intencional da consciência imaginante tem de particular não estar presente e ser colocado como tal, ou não existir e ser colocado como inexistente, ou não ser colocado de modo algum.

Produzir em mim a consciência imaginante de Pierre é fazer uma síntese intencional que reúna uma multidão de momentos passados, que afirme a identidade de Pierre através de suas

---

27. *Éthique* [*Ética*], I, prop. VIII, sc. II [trad. fr. Boulainvilliers].

diversas aparições e que se dê esse objeto idêntico sob determinado aspecto (de perfil, de três quartos, em pé, meio-corpo... etc.). Esse aspecto é forçosamente intuitivo: o que minha intenção atual visa é Pierre em sua corporeidade, o Pierre que posso ver, tocar, ouvir, na medida em que posso vê-lo, ouvi-lo, tocá-lo. É um corpo que está necessariamente a determinada distância do meu, que tem necessariamente uma determinada posição no tocante a mim. No entanto: esse Pierre que posso tocar, eu o coloco ao mesmo tempo em que não o toco. Minha imagem dele é uma certa maneira de não o tocar, de não o ver, uma maneira que ele tem de *não estar* a determinada distância, em determinada posição. Na imagem, a crença coloca a intuição mas não coloca Pierre. A característica de Pierre não é ser não-intuitivo, como seríamos tentados a crer, mas ser "intuitivo-ausente", dado ausente à intuição. Nesse sentido, pode-se dizer que a imagem envolve um determinado nada. Seu objeto não é um simples retrato, ele se afirma: mas, ao se afirmar, ele se destrói. Por mais viva, por mais tocante, por mais forte que seja uma imagem, ela dá seu objeto como não sendo. Isso não impede que em seguida possamos reagir a essa imagem como se seu objeto estivesse presente, estivesse diante de nós: veremos que pode acontecer de tentarmos, com todo o nosso ser, reagir a uma imagem como se ela fosse uma percepção. Mas o estado ambíguo e falso a que chegamos desse modo apenas realça o que acaba de ser dito: em vão buscamos por nossa *conduta* para com o objeto fazer nascer em nós a crença de que ele existe realmente; podemos mascarar por um instante, mas não podemos destruir a consciência imediata de seu nada.

V – Quarta característica: A espontaneidade

A consciência imaginante do objeto envolve, como indicamos acima, uma consciência não-tética de si mesma. Essa consciência, que poderíamos chamar de transversal, não tem objeto. Ela não coloca nada, não informa nada sobre nada, não é um conhecimento: é uma luz difusa que a consciência emana por si mesma, ou, deixando de lado as comparações, é uma qualidade indefinível ligada a cada consciência. Uma consciência perceptiva aparece como passividade. Ao contrário, uma consciência imaginante se dá a si mesma como consciência imaginante, ou seja, como uma espontaneidade que produz e conserva o objeto como imagem. É uma espécie de contrapartida indefinível do fato de o objeto se dar como um nada. A consciência aparece como criadora, mas sem colocar como objeto esse caráter criador. É graças a essa qualidade vaga e fugaz que a consciência de imagem não se dá como um pedaço de madeira que flutua no mar, mas como uma onda entre as ondas. Sente-se consciência de ponta a ponta e homogênea às outras consciências que a precederam e às quais está sinteticamente ligada.

Conclusão

Podemos ainda adquirir, sobre as imagens, muitos outros conhecimentos certos. Mas para isso será preciso repor a imagem mental no meio de fenômenos que têm uma estrutura análoga e tentar uma descrição comparativa. A simples reflexão, parece-nos, revelou tudo o que podia. Informou-nos sobre o que poderíamos chamar de estática da imagem, sobre a imagem considerada como fenômeno isolado.

Não podemos ignorar a importância dessas informações. Se tentarmos agrupá-las e ordená-las, aparecerá primeiro que a imagem não é um estado, um resíduo sólido e opaco, mas é uma consciência. Os psicólogos, em sua maioria, pensam encontrar a imagem fazendo um corte transversal na corrente da consciência. Para eles, a imagem é um elemento numa síntese instantânea, e cada consciência contém ou pode conter uma ou várias imagens; estudar o papel da imagem no pensamento é procurar repor a imagem em sua posição, entre a coleção de objetos que constituem a consciência presente; é nesse sentido que eles podem falar de um pensamento que se *apoia* em imagens. Sabemos agora que é preciso renunciar a essas metáforas espaciais. A imagem é uma consciência *sui generis* que não pode de modo algum *fazer parte* de uma consciência mais ampla. Não há imagem *em* uma consciência que encerre, além do pensamento, signos, sentimentos, sensações. Mas a consciência de imagem é uma forma sintética que aparece como um determinado momento de uma síntese temporal e se organiza com outras formas de consciência, que a precedem e se seguem a ela, para formar uma unidade melódica. É tão absurdo dizer que um objeto é dado ao mesmo tempo como imagem e como conceito quanto seria falar de um corpo que fosse ao mesmo tempo sólido e gasoso.

Pode-se dizer que essa consciência imaginante é representativa no sentido de que vai buscar seu objeto no terreno da percepção e visa os elementos sensíveis que o constituem. Ao mesmo tempo, ela se orienta em referência a esse objeto como a consciência perceptiva em relação ao objeto percebido. Por outro lado, é espontânea e criadora; por meio de uma criação contínua ela sustenta, mantém as qualidades sensíveis de seu objeto. Na percepção, o elemento propriamente representativo corresponde a uma passividade da consciência. Na imagem, esse elemento, no que tem de primeiro e de incomunicável, é produto de uma atividade consciente, é atravessado de ponta a ponta por uma corrente de vontade criadora. Segue-se necessariamente que o objeto em imagem nunca é nada mais que a consciência que se tem dele. É o que chamamos de fenômeno de quase-observação. Ter vagamente consciência de uma imagem é ter consciência de uma imagem vaga. Estamos, pois, bem longe de Berkeley e de Hume, que declaram impossíveis as imagens gerais, as imagens indeterminadas. Mas estamos plenamente de acordo com os sujeitos de Watt e de Messer.

"Eu via", diz o sujeito I, "algo semelhante a uma asa." O sujeito II vê um rosto que ele não sabe se é de homem ou de mulher. O sujeito I teve "uma imagem aproximada de um rosto humano; uma imagem típica, não individual"[28].

---

28. Messer (cit. por Burloud). *La Pensée d'après les recherches expérimentales de Watt, de Messer et de Bühler*, p. 69.

Primeira parte – O certo

O erro de Berkeley foi prescrever à imagem condições que valem somente para a percepção. Uma lebre vagamente percebida é em si uma lebre determinada. Mas uma lebre objeto de uma imagem vaga é uma lebre indeterminada. A última consequência do que precede é que a *carne* do objeto não é a mesma na imagem e na percepção. Entendo por "carne" a contextura íntima. Os autores clássicos nos dão a imagem como uma percepção menos viva, menos clara, mas muito semelhante às outras quanto à sua carne. Sabemos agora que é um erro. O objeto da percepção é constituído por uma multiplicidade infinita de determinações e de relações possíveis. Ao contrário, a mais bem determinada só tem em si um número finito de determinações, precisamente aquelas de que temos consciência. Essas determinações poderão, aliás, continuar não tendo relações entre elas, se não tivermos consciência de que mantêm relações entre elas. Daí, no objeto da imagem, uma descontinuidade no mais profundo de sua natureza, algo abalroado, qualidades que se lançam para a existência e se detêm no meio do caminho, uma pobreza essencial.

Resta-nos muito a aprender. A relação entre a imagem e seu objeto, por exemplo, continua muito obscura. Dissemos que a imagem era consciência de um objeto. O objeto da imagem de Pierre, dissemos, é Pierre de carne e osso, que se encontra atualmente em Berlim. Mas, por outro lado, a imagem que tenho agora de Pierre mostra-o em sua casa, em seu quarto de Paris, sentado numa poltrona que conheço. Então, poderíamos perguntar, o objeto da imagem é Pierre que atualmente mora em Berlim, é Pierre que no ano passado morava em Paris? E, se persistirmos em afirmar que é o Pierre que mora em Berlim, teremos que explicar o paradoxo: Por que e como a consciência imaginada visa o Pierre de Berlim através daquele que no ano passado morava em Paris?

Mas só conhecemos até agora a estática da imagem; não podemos fazer de imediato a teoria da relação da imagem com seu objeto: é preciso antes descrever a imagem como atitude funcional.

2
A família da imagem

Descrevemos determinadas formas de consciência que chamamos de imagens. Mas não sabemos onde começa nem onde termina a classe das imagens. Por exemplo, há no mundo exterior objetos que também chamamos de imagens (retratos, reflexos no espelho, imitações etc.). Trata-se de simples homonímia ou a atitude de nossa consciência diante desses objetos é assimilável à que ela assume no fenômeno "imagem mental"? Nesta última hipótese seria preciso ampliar consideravelmente a noção de imagem, a fim de introduzir nela uma quantidade de consciências de que não nos ocupamos até aqui.

I – Imagem, retrato, caricatura

Quero me lembrar do rosto do meu amigo Pierre. Faço um esforço e produzo uma determinada consciência imaginada de Pierre. O objeto é alcançado muito imperfeitamente: faltam determinados detalhes, outros são suspeitos, o todo é muito fluido. Há um certo sentimento de simpatia e de concordância que eu queria ressuscitar diante daquele rosto e que não ressurgiu. Não renuncio a meu projeto, me levanto e pego uma fotografia numa gaveta. É um retrato excelente de Pierre, reencontro nele todos os detalhes de seu rosto, alguns que até me tinham escapado. Mas falta vida à fotografia: ela dá, perfeitamente, as características exteriores do rosto de Pierre; ela não reproduz sua expressão. Felizmente tenho uma caricatura que um hábil desenhista fez dele. Nela

Primeira parte – O certo

a relação entre as partes do rosto é deliberadamente falseada, o nariz é excessivamente comprido, os pômulos são salientes demais etc. Entretanto, algo que faltava à fotografia, a vida, a expressão, manifesta-se claramente no desenho: eu "reencontro" Pierre.

Representação mental, fotografia, caricatura: essas três realidades tão diferentes aparecem, em nosso exemplo, como três estágios de um mesmo processo, três momentos de um único ato. Do começo ao fim, o alvo visado é idêntico: trata-se de tornar presente para mim o rosto de Pierre, que não está ali. No entanto, é apenas à representação subjetiva que se reserva, em psicologia, o nome de imagem. Está correto?

Examinemos nosso exemplo mais profundamente. Empregamos três procedimentos para nos dar o rosto de Pierre. Nos três casos encontramos uma "intenção", e essa intenção visa, nos três casos, o mesmo objeto. Esse objeto não é nem a representação, nem a foto, nem a caricatura: é meu amigo Pierre. Além disso, nos três casos viso o objeto da mesma maneira: quero fazer aparecer o rosto de Pierre no terreno da percepção, quero "torná-lo presente" para mim. E, como não posso fazer surgir sua percepção diretamente, sirvo-me de uma determinada maneira que age como um *analogon*, como um equivalente da percepção.

Nos dois primeiros casos, pelo menos, a matéria pode ser percebida por si mesma: não faz parte de sua natureza própria que ela deva funcionar como matéria de imagem. A foto, tomada em si mesma, é uma *coisa*: posso tentar determinar, com base em sua cor, seu tempo de exposição, o produto que a revelou e fixou etc.; a caricatura é uma *coisa*, posso me deleitar com o estudo das linhas e das cores, sem pensar que aquelas linhas e cores têm a função de representar alguma coisa.

A matéria da imagem mental é mais difícil de determinar. Poderá ela pelo menos existir fora da intenção? É um problema que abordaremos adiante. Mas, em todo caso, é evidente que também neste aspecto deve-se encontrar uma matéria e que essa matéria só adquire sentido pela intenção que a anima. Para que eu o entenda, basta comparar, com minha imagem mental de Pierre, minha intenção vã do início. De início, eu quis em vão me representar Pierre, e então surgiu algo que veio preencher minha intenção. Os três casos são, portanto, rigorosamente paralelos. São três situações que têm a mesma forma, nas quais, porém, a matéria varia. Dessas variações da matéria decorrem naturalmente diferenças internas que teremos que descrever e que, decerto, estendem-se à estrutura da intenção. Mas originalmente estamos lidando com intenções da mesma classe, do mesmo tipo e com matérias que são funcionalmente idênticas.

Podem nos acusar de nos favorecermos escolhendo como exemplo de imagem mental uma representação produzida a propósito. Os casos mais numerosos são, decerto, aqueles em que a imagem provém de uma espontaneidade profunda que não se pode identificar com a vontade. Ao que parece, a imagem involuntária aparece para a consciência como meu amigo Pierre pode aparecer para mim numa esquina.

De fato, também aqui somos vítimas da ilusão de imanência. É verdade que, no caso impropriamente chamado de "evocação involuntária", a imagem se constitui fora da consciência para em seguida lhe aparecer já constituída. Mas a imagem involuntária e a imagem voluntária representam dois tipos de consciência muito próximos, dos quais um é produzido por uma espontaneidade voluntária e o outro por uma espontaneidade sem vontade. De todo modo, não se devem confundir *intenção*, no sentido em que tomamos, e vontade. Dizer que pode haver imagem sem vontade não implica absolutamente que possa haver imagem sem intenção. A nosso ver, não é apenas a imagem mental que precisa de uma intenção para se constituir: um objeto exterior que funciona como imagem não pode exercer essa função sem uma intenção que o interprete como tal. Se me mostrarem repentinamente uma foto de Pierre, funcionalmente é o mesmo caso de quando uma imagem aparece na minha consciência repentinamente e sem que haja querer. Ora, essa fotografia, se simplesmente percebida, aparece para mim como um retângulo de papel de qualidade e cor especiais, com sombras e manchas claras distribuídas de determinada maneira. Se percebo a fotografia como "foto de um homem em pé no degrau", o fenômeno mental já é, forçosamente, de outra estrutura: outra intenção o anima. E, se a foto me aparece como a foto "de Pierre", se por trás dela, de algum modo, vejo Pierre, é necessário que determinada participação minha venha animar esse pedaço de papelão, conferir-lhe o sentido que ainda não tinha. Se percebo Pierre na foto, *é porque o coloco nela*. E como poderia colocá-lo na foto a não ser por uma intenção particular? E, se essa intenção é necessária, o que importa que a imagem seja apresentada inesperadamente ou buscada voluntariamente? No máximo podemos, no primeiro caso, supor uma leve defasagem entre a apresentação da foto e sua apreensão sob forma de imagem. Podem-se imaginar três estados sucessivos da apreensão: foto, foto de um homem em pé no degrau, foto de Pierre. Mas também acontece de os três estados se aproximarem até se tornarem um só; acontece de a foto não funcionar como objeto e se dar imediatamente como imagem.

Poderíamos repetir essa demonstração a respeito da imagem mental. Ela pode aparecer sem que seja desejada: nem por isso deixa de requerer uma certa intenção, justamente a que a constitui como imagem. Todavia devemos mencionar uma diferença fundamental: uma foto funciona primeiro como objeto (pelo menos teoricamente). Uma imagem mental é fornecida imediatamente como imagem. É que a existência de um fenômeno psíquico e o sentido que ele tem para a consciência são uma só coisa[29]. Imagens mentais, caricaturas, são espécies do mesmo gênero, e podemos agora tentar determinar o que há de comum entre elas.

Nesses diferentes casos, trata-se sempre de "tornar presente" um objeto. Esse objeto não está ali e sabemos que

---

29. Não ignoramos que essas constatações nos obrigam a rejeitar inteiramente a existência de um inconsciente. Não cabe falar nisso aqui.

não está ali. Encontramos, portanto, em primeiro lugar, uma intenção dirigida para um objeto ausente. Mas essa intenção não é vazia: dirige-se para um conteúdo, que não é um qualquer mas que, em si mesmo, deve apresentar alguma analogia com o objeto em questão. Por exemplo, se quero representar para mim o rosto de Pierre, preciso dirigir minha intenção para objetos determinados, e não para minha caneta ou um torrão de açúcar. A apreensão desses objetos se faz sob formas de imagens, ou seja, eles perdem seu sentido próprio para adquirir outro sentido. Em vez de existir "por si", em estado livre[30], são integrados a uma forma nova. A intenção serve-se deles apenas como meios de evocar seu objeto, como nos servimos das mesas giratórias para evocar os espíritos. Servem como *representantes* do objeto ausente, sem chegar, no entanto, a suspender a característica dos objetos de uma consciência imaginante: a ausência.

Na descrição precedente, supusemos que o objeto não estivesse presente e que colocássemos sua ausência. Pode-se também colocar sua inexistência. Por trás de seu representante físico, que é a gravura de Dürer, para mim o Cavaleiro e a Morte são objetos. Mas são objetos dos quais, agora, não coloco a ausência, mas a inexistência. Essa nova classe de objetos, aos quais reservaremos o nome de ficções, inclui classes paralelas às que acabamos de abordar: a gravura, a caricatura, a imagem mental.

Diremos, por conseguinte, que a imagem é um ato que visa em sua corporeidade um objeto ausente ou inexistente, através de um conteúdo físico que não se dá propriamente mas como "*representante* analógico" do objeto visado. As especificações se farão a partir da matéria, uma vez que a intenção informadora se mantém idêntica. Distinguiremos, portanto, as imagens cuja matéria é emprestada do mundo das coisas (imagens de ilustração, fotos, caricaturas, imitações de atores etc.) e aquelas cuja matéria é emprestada do

---

30. Veremos adiante o que significa "existir em estado livre" para o conteúdo material da imagem mental.

Primeira parte – O certo

mundo mental (consciência de movimentos, sentimentos etc.). Há tipos intermediários que nos apresentam sínteses de elementos exteriores e de elementos psíquicos, como quando vemos um rosto entre chamas, nos arabescos de um papel de parede, ou no caso das imagens hipnagógicas, construídas, como veremos, com base em lampejos entópticos.

Não se pode estudar à parte a imagem mental. Não há um mundo das imagens e um mundo dos objetos. Mas todo objeto, quer seja apresentado pela percepção exterior ou apareça no sentido íntimo, é suscetível de funcionar como realidade presente ou como imagem, conforme o centro de referência escolhido. Os dois mundos, o imaginário e o real, são constituídos pelos mesmos objetos; só variam o agrupamento e a interpretação desses objetos. O que define o mundo imaginário como universo real é uma atitude da consciência. Vamos então estudar sucessivamente as seguintes consciências: olhar um retrato de Pierre, um desenho esquemático, um cantor de *music-hall* imitando Maurice Chevalier, ver um rosto entre chamas, "ter" uma imagem hipnagógica, "ter" uma imagem mental. Elevando-nos assim da imagem que vai extrair sua matéria da percepção à que vai buscá-la entre os objetos do sentido íntimo, poderemos descrever e fixar, através de suas variações, uma das duas grandes funções da consciência: a função "imagem" ou imaginação.

II – O signo e o retrato

Olho o retrato de Pierre. Através da foto, vejo Pierre em sua individualidade física. A foto já não é o objeto concreto que a percepção me fornece: ela serve como matéria para a imagem.

Mas eis, ao que parece, um fenômeno de mesma natureza: eu me aproximo de um daqueles grandes traços pretos impressos numa placa pregada sobre uma porta da estação. De repente os traços pretos deixam de ter dimensões próprias, uma cor, um lugar: constituem as palavras "Escritório do subchefe". *Leio* as palavras na placa e agora sei que devo entrar ali para fazer minha reclamação: diz-se que compreendi, "decifrei" as palavras. Não está certo de modo algum: seria melhor dizer que as criei a partir daqueles traços pretos. Os traços já não me importam, já não os percebo: na realidade, tomei determinada atitude de consciência que, através deles, visa outro objeto. Esse objeto é o escritório que me interessa. Não está ali, mas, graças à inscrição da placa, ele não me escapa totalmente: localizo-o, tenho um saber que lhe concerne. A matéria para a qual se dirigiu minha intenção, transformada por essa intenção, agora faz parte integrante de minha atitude atual; é a matéria de meu ato, é um *signo*. Tanto no caso do signo como no da imagem temos uma intenção que visa um objeto, uma matéria que ela transforma, um objeto visado que não está presente. Cabe observar, aliás, que a psicologia clássica com frequência confunde signo e imagem. Quando Hume nos diz que a relação entre a imagem e seu objeto é extrínseca, ele faz da imagem um signo[31]. Porém, reciprocamente, quando se faz da palavra tal como aparece na linguagem interior uma imagem mental, reduz-se a função de signo à de imagem. Veremos adiante que uma palavra da endofasia não é, como uma psicologia baseada em introspecções apressadas chegou a crer, a imagem mental de uma palavra impressa, mas é, em si mesma e diretamente, um signo. Por enquanto, só estudaremos as relações do signo e da imagem física. Pertencerão à mesma classe?

1º) A matéria do signo é totalmente indiferente ao objeto significado. Não há nenhuma relação entre o "Escritório" traços pretos sobre papel branco e o "escritório" objeto que não é apenas físico, mas social. A origem da ligação é a convenção; em seguida ela é reforçada pelo hábito. Sem o hábito, que uma vez que a palavra é percebida motiva determinada

---

31. M.I. Meyerson, em seu cap. "Les Images". Dumas, em *Nouveau Traité* (tomo II), faz uma confusão constante (cf. principalmente p. 574 e 581) entre signo, imagem e símbolo.

Primeira parte – O certo

atitude da consciência, jamais a palavra "escritório" evocaria seu objeto.

Entre a matéria da imagem física e seu objeto há uma relação completamente diferente: elas se *assemelham*. O que se deve entender por isso?

A matéria de nossa imagem, quando olhamos uma fotografia, não é apenas o emaranhado de linhas e de cores que dizíamos há pouco para maior simplificação. É, na realidade, uma *quase-pessoa*, com um *quase-rosto* etc. No Museu de Rouen, desembocando de repente numa sala desconhecida, aconteceu-me tomar por homens as personagens de um quadro imenso. A ilusão durou muito pouco – talvez um quarto de segundo –, o que não impediu que eu tivesse, naquele ínfimo lapso de tempo, não uma consciência imaginada, mas, ao contrário, uma consciência perceptiva. Sem dúvida a síntese foi malfeita e a percepção falsa, mas essa percepção falsa não deixou de ser uma percepção. É que, no quadro, há uma aparência de homem. Se me aproximo, a ilusão desaparece, mas a causa da ilusão persiste: o quadro, feito à semelhança de uma pessoa humana, age em mim como o faria um homem, seja qual for, por outro lado, a atitude de consciência que eu tenha tomado diante dele; aquelas sobrancelhas franzidas, na tela, me comovem diretamente, porque a síntese "sobrancelha", sabiamente preparada, efetua-se por si mesma, antes até que eu faça daquelas sobrancelhas "sobrancelhas em imagem" ou sobrancelhas reais; a calma daquela figura me comove diretamente, seja qual for a interpretação que eu lhe possa dar. Enfim, esses elementos em si mesmos são neutros; podem entrar numa síntese ou da imaginação ou da percepção. Mas, embora neutros, eles são expressivos. Se resolvo me ater à percepção, se me coloco diante do quadro no simples ponto de vista estético, se considero as relações de cor, de forma, a pincelada, se estudo os procedimentos puramente técnicos do pintor, o valor expressivo não desaparece por isso; o personagem do quadro me solicita lentamente que o tome por um homem. Igualmente, se conheço o original do retrato, vai haver no retrato, antes de qualquer interpretação, uma força real, uma semelhança.

O erro, aqui, seria acreditar que essa semelhança faz renascer em meu espírito a imagem mental de Pierre. Seria cair sob a objeção que James faz aos associacionistas. A semelhança entre A e B, diz ele, não pode agir como uma força que atraia B para a consciência se antes A já lhe foi dado. Para perceber a semelhança entre A e B, de fato, é preciso que B seja dado ao mesmo tempo em que A.

A semelhança de que falamos não é uma força que tenderia a evocar a imagem mental de Pierre. Mas é uma tendência que o retrato de Pierre tem de se dar por Pierre em pessoa. O retrato age sobre nós – mais ou menos – como Pierre em pessoa e, por isso, ele nos solicita a fazer a síntese perceptiva: Pierre de carne e osso.

Agora aparece minha intenção; digo: "É o retrato de Pierre" ou, mais brevemente: "É Pierre". Então o quadro deixa de ser objeto, funciona como matéria de imagem. A solicitação para perceber Pierre não desapareceu mas entrou na síntese imaginada. Na verdade, é ela que funciona como *analogon* e é através dela que minha intenção se dirige a Pierre. Digo a mim mesmo: "Veja, é verdade, Pierre é assim, ele tem essas sobrancelhas, esse sorriso". Tudo o que percebo entra numa síntese projetiva que visa o verdadeiro Pierre, ser vivo que não está presente.

2º) Na significação, a palavra é apenas um marco: apresenta-se, desperta uma significação e essa significação nunca recai sobre ela, refere-se à coisa e deixa a palavra de lado. Ao contrário, no caso da imagem com base física, a intencionalidade volta constantemente à imagem-retrato. Colocamo-nos diante do retrato e o *observamos*[32]; a consciência imaginante de Pierre se enriquece constantemente; novos detalhes se acrescentam constantemente ao objeto:

---

32. É essa observação que se tornará a quase-observação no caso da imagem mental.

Primeira parte – O certo 51

uma ruga que eu não conhecia em Pierre lhe é atribuída por mim depois que a vejo em seu retrato. Cada detalhe é percebido, mas não em si mesmo, não como uma mancha de tinta numa tela: incorpora-se imediatamente ao objeto, ou seja, a Pierre.

3º) Essas reflexões levam-nos a indagar sobre a relação da imagem e do signo com seus objetos. Para o signo, a coisa é clara: a consciência significativa como tal não é posicional. Quando é acompanhada por uma afirmação, essa afirmação é sinteticamente ligada a ela e temos uma nova consciência: o juízo. Mas ler numa placa "Escritório do subchefe" não é afirmar nada. Em toda imagem, mesmo na que não coloca seu objeto como existente, há uma determinação posicional. No signo como tal falta essa determinação. A partir de um objeto que funciona como signo, uma determinada natureza é visada; mas nada se afirma sobre essa natureza, limitamo-nos a visá-la. Naturalmente, essa natureza não se manifesta através da matéria significante: está muito além.

Na imagem-retrato a questão é muito mais complicada: Pierre, por um lado, pode estar a mil léguas de seu retrato (quando se trata de um retrato histórico, seu original talvez esteja morto). É esse "objeto a mil léguas de nós" que visamos. Mas, por outro lado, todas as suas qualidades físicas estão ali, diante de nós. O objeto é colocado como ausente, mas a impressão está presente. Há aqui uma síntese irracional e dificilmente exprimível. Olho, por exemplo, um retrato de Carlos VIII na Galeria Uffizi em Florença. Sei que se trata de Carlos VIII, ou seja, um morto. É isso que dá sentido a toda minha atitude presente. No entanto, por outro lado, os lábios sinuosos e sensuais, a testa estreita e obstinada provocam diretamente em mim uma certa impressão afetiva, e essa impressão dirige-se *àqueles lábios*, tais como aparecem no quadro. Assim, aqueles lábios têm uma dupla função simultânea: por um lado, remetem a lábios reais, poeira há muito tempo, e só desse modo adquirem sentido; mas, por outro lado, agem diretamente sobre minha sensibilidade, porque são um *trompe-l'oeil*, porque as manchas coloridas do quadro se oferecem aos olhos como uma testa, como lábios. Afinal essas duas funções se fundem e temos o estado imaginado, ou seja, Carlos VIII morto está ali, presente diante de nós. É ele que vemos, não o quadro; no entanto, o colocamos como não estando ali: só o alcançamos "em imagem", "por intermédio" do quadro. Como vemos, a relação que a consciência coloca na atitude imaginante, entre o retrato e o original, é propriamente mágica. Carlos VIII está ao mesmo tempo lá, no passado, e aqui. Aqui, no estado de vida, reduzida, com uma multidão de determinações a menos (o relevo, a mobilidade, às vezes a cor etc.) e como *relativo*. Lá, no passado, como absoluto. Não pensamos, na consciência irrefletida, que um pintor fez aquele retrato etc. O primeiro vínculo estabelecido entre imagem e modelo é um vínculo de emanação. O original tem a primazia ontológica. Mas ele se encarna, ele desce para a imagem. É isso que explica a atitude dos primitivos em face de seus retratos, assim como certas práticas da magia negra (a efígie de cera que se perfura com alfinete, os bisontes feridos que se pintam nas paredes para que a caça seja frutífera). Não se trata, aliás, de um modo de pensamento que hoje esteja desaparecido. A estrutura da imagem, entre nós, permaneceu irracional e, aqui como quase em todo lugar, limitamo-nos a fazer construções racionais sobre bases pré-lógicas.

4º) Isso nos leva a fazer a última e mais importante distinção entre signo e imagem. Penso, dizíamos, Pierre no quadro. Isso quer dizer que não penso em absoluto o quadro: penso Pierre. Não cabe crer, então, que penso o quadro "como imagem de Pierre". Isto é uma consciência reflexiva que revela a função do quadro em minha consciência presente. Para essa consciência reflexiva, Pierre e o quadro são dois, dois objetos distintos. Mas na atitude imaginante esse quadro não é nada mais que uma maneira, para Pierre, de aparecer ausente para mim. Assim o quadro *dá* Pierre, embora Pierre não *esteja* presente. O signo, ao contrário, não dá seu objeto. Ele é constituído como signo por uma intenção vazia. Segue-se que uma consciência significativa, que é vazia por natureza, pode se preencher sem se destruir. Vejo Pierre, e alguém diz:

Primeira parte – O certo

"É Pierre"; eu junto, por um ato sintético, o signo Pierre à minha percepção Pierre. A significação está preenchida. A consciência de imagem já está cheia à sua maneira. Se Pierre aparecer em pessoa, ela desaparecerá.

Não se deve imaginar, portanto, que basta o objeto de uma foto existir para que a consciência o coloque como tal. Sabe-se que há um tipo de consciência imaginante em que o objeto não é estabelecido como existente; um outro em que o objeto é estabelecido como inexistente.

Para esses diferentes tipos, as descrições precedentes poderiam ser refeitas sem grandes mudanças. Só se modifica o caráter posicional da consciência. Mas deve-se insistir no fato de que o que distingue os diferentes tipos posicionais é o caráter tético da intenção e não a existência ou não-existência do objeto. Por exemplo, posso muito bem colocar um Centauro como existente (mas ausente). Ao contrário, se olho as fotos do jornal, elas podem muito bem "não dizer nada", ou seja, olho-as sem colocar sua existência. Então as pessoas cuja fotografia eu vejo são alcançadas através dessa fotografia, mas sem posição existencial, exatamente como o Cavaleiro e a Morte, que são alcançados através da gravura de Dürer, mas sem que eu os estabeleça[33]. É possível, aliás, encontrar casos em que a foto me deixa em tal estado de indiferença que nem faço a "imaginação"*. A fotografia é vagamente constituída como objeto e os personagens que figuram nela são constituídos como personagens, mas apenas por causa de sua semelhança com seres humanos, sem intencionalidade particular. Flutuam entre a margem da percepção, a do signo e a da imagem, sem nunca abordar nenhuma delas.

Ao contrário, a consciência imaginante que produzimos diante de uma fotografia é um ato e esse ato envolve a

---

33. Cf. Husserl. *Idee zu einer reinen Phänomenologie*, p. 226.

* No francês, *mise en image*, literalmente "colocação em imagem" (N.T.).

consciência não-tética de si mesmo como espontaneidade. Temos consciência, de certo modo, de *animar* a foto, de lhe conferir vida para fazer dela uma imagem.

III – Do signo à imagem: A consciência das imitações

No palco do *music-hall*, a vedete Franconay "faz imitações"; reconheço o artista que ela imita: é Maurice Chevalier. Aprecio a imitação: "É bem ele", ou então: "Não deu certo". O que acontece na minha consciência?

Alguns dirão: nada mais do que uma ligação por semelhança seguida de uma comparação: a imitação fez nascer em mim a imagem de Maurice Chevalier; em seguida, procedo a uma comparação daquela com esta.

Essa tese é inaceitável. Estamos em plena ilusão de imanência. A objeção de James, aliás, mantém aqui todo o seu valor: O que é essa semelhança que vai buscar imagens no inconsciente, essa semelhança que precede a consciência que se tem dela?

Pode-se tentar manter a tese por meio de algumas correções. Abandonaremos a semelhança, tentaremos recorrer ao vínculo de contiguidade.

O nome "Maurice Chevalier" evoca em nós, por contiguidade, a imagem. A explicação não vale para os inúmeros casos em que a artista sugere sem nomear. É que há um grande número de signos assimiláveis a um nome: Franconay, sem nomear Chevalier, pode pôr na cabeça, de repente, um chapéu de palha. Os cartazes, os jornais, as caricaturas constituíram lentamente todo um arsenal de signos. Basta recorrer a ele.

É certo que a imitação emprega signos que são entendidos como tais pelo espectador. Mas a ligação do signo com a imagem, se entendida como um vínculo associativo, não existe; e antes de tudo porque a consciência de imitação, que é por sua vez uma consciência imaginante, não encerra ima-

Primeira parte – O certo

gem mental. Aliás, a imagem, assim como o signo, é uma consciência. Não pode haver um vínculo extrínseco entre essas duas consciências. Uma consciência não tem superfície opaca e inconsciente por onde se possa apanhá-la e ligá-la a outra consciência. Entre duas consciências, a relação de causa e efeito não funciona. Uma consciência é inteiramente síntese, inteiramente íntima de si mesma: é no mais profundo dessa interioridade sintética que ela pode se unir, por um ato de retenção ou de protenção, a uma consciência anterior ou posterior. Mais ainda, para que uma consciência possa agir sobre outra consciência, é preciso que ela seja retida e recriada pela consciência sobre a qual ela deve agir. Não se trata nunca de passividades, mas de assimilações e desassimilações internas no seio de uma síntese intencional que é transparente por si mesma. Uma consciência não é causa de outra consciência: ela a motiva.

Isso nos leva ao verdadeiro problema: a consciência de imitação é uma forma temporal, ou seja, que desenvolve suas estruturas no tempo. É consciência de significação. Mas uma consciência significante especial que já sabe que vai se tornar consciência de imagem. Em seguida torna-se consciência imaginante, mas uma consciência imaginante que retém em si o que havia de essencial na consciência de signo. A unidade sintética dessas consciências é um ato de determinada duração, no qual a consciência de signo e a de imagem estão na relação de meio com fim. O problema essencial consiste em descrever essas estruturas, em mostrar como a consciência de signo serve para *motivar* a consciência de imagem, como esta última envolve aquela numa nova síntese. Como se faz, ao mesmo tempo, uma transformação funcional do objeto percebido, que passa do estado de matéria significante para o estado de matéria representativa?

A diferença entre a consciência de imitação e a consciência de retrato vem das matérias. A matéria do retrato solicita por si mesma que o espectador opere a síntese, porque o pintor soube lhe dar uma semelhança perfeita com o modelo. A matéria da imitação é o corpo humano. Ele é rígido, ele resiste[34]. A imitadora é baixinha, cheinha, morena; é mulher e está imitando um homem. O resultado é uma imitação *aproximada*. O objeto que Franconay produz por meio de seu corpo é uma forma fraca, que pode ser constantemente interpretada em dois planos distintos: tenho constantemente a liberdade de ver Maurice Chevalier em imagem ou uma mulher baixinha fingindo. Daí o papel essencial dos signos: devem esclarecer, guiar a consciência.

A consciência se orienta em primeiro lugar pela situação geral: dispõe-se a interpretar tudo como imitação. Mas permanece vazia, é apenas uma pergunta (quem vai ser imitado?), uma expectativa dirigida. Desde a origem ela se dirige, através do imitador, para uma pessoa indeterminada, concebida como o objeto X da imitação[35]. A instrução que ela se dá é dupla: é preciso determinar o objeto X de acordo com os signos que o imitador nos fornecerá; é preciso realizar o objeto em imagem através daquele que o está imitando.

A artista aparece. Está com um chapéu de palha na cabeça; estica o lábio inferior, projeta a cabeça para frente. Paro de perceber, passo a *ler*, ou seja, a operar uma síntese significante. O chapéu de palha é de início um simples signo, assim como o boné e a echarpe do cantor realista são signo de que ele vai cantar uma canção apache. Ou seja, logo de início, não percebo o chapéu de Chevalier *através* do chapéu de palha, mas o chapéu da vedete *remete* a Chevalier assim como o boné remete a "meio apache". Decifrar os signos é produzir o conceito "Chevalier". Ao mesmo tempo, eu julgo: "ela está imitando Chevalier". Com esse juízo a estrutura da consciência se transforma. O tema, agora, é Chevalier. Por

---

34. Só nos interessam as imitações que não vêm acompanhadas de maquiagem.

35. Naturalmente, estamos considerando o caso teórico em que todos os procedimentos da consciência são nitidamente distintos. Pode acontecer também que uma imitação seja tão parecida quanto um retrato (p. ex., se o artista está maquiado). Nesse caso, nos remetemos às análises do capítulo anterior.

Primeira parte – O certo

sua intenção central, a consciência é imaginante, trata-se de realizar meu saber na matéria intuitiva que me é fornecida.

Essa matéria intuitiva é muito pobre; a imitação reproduz apenas alguns elementos que, aliás, são o que há de menos intuitivo na intuição: são relações, é a inclinação do chapéu de palha sobre a orelha, o ângulo que o queixo forma com o pescoço. Além do mais, algumas dessas relações são voluntariamente alteradas: a inclinação do chapéu é exagerada, porque é o signo principal, que deve chamar a atenção antes de tudo, em torno do qual os outros se ordenam. Enquanto o retrato reproduz fielmente seu modelo, em toda a sua complexidade, e é preciso, diante do quadro assim como diante da vida, um esforço de simplificação para destacar traços característicos, na imitação é dada, antes de tudo, a característica como tal. Um retrato é, de certo modo – pelo menos em aparência –, a natureza sem os homens. Uma imitação já é um modelo repensado, reduzido a receitas, a esquemas. São as receitas técnicas em que a consciência pretende moldar uma intuição imaginada. Acrescentemos que esses esquemas muito secos – tão secos, tão abstratos que podem logo ser vistos como signos – naufragam numa multidão de detalhes que parecem opor-se a essa intuição. Como encontrar Maurice Chevalier através daquelas bochechas gordas e maquiadas, daqueles cabelos pretos, daquele corpo de mulher, daquelas roupas femininas?

Cabe lembrar uma famosa passagem de *Matéria e memória*:

> *A priori* [...] parece que a distinção nítida dos objetos individuais seja um luxo da percepção [...] parece que não iniciamos nem pela percepção do indivíduo, nem pela concepção do gênero, mas por um conhecimento intermediário, por um sentimento confuso de qualidade marcante ou de semelhança [...][36].

---

36. Bergson. *Matière et Mémoire* [*Matéria e memória*], p. 172.

Os cabelos pretos, não os vemos pretos; o corpo, não o percebemos como corpo feminino, não vemos suas curvas pronunciadas. No entanto, como se trata de descer ao plano intuitivo, utilizamos seu conteúdo sensível no que ele tem de mais geral. Os cabelos, o corpo são percebidos como massas vagas, como espaços preenchidos. Têm a opacidade sensível; quanto ao resto, são apenas *montagens*. Assim, pela primeira vez em nossa descrição de consciências imaginantes, vemos aparecer – e no próprio seio da percepção – uma indeterminação básica. Deveremos nos lembrar dela quando, adiante, estudarmos as imagens mentais. Essas qualidades tão vagas, e que só são percebidas no que têm de mais geral, não valem por si mesmas: são agregadas à síntese imaginada. Representam o corpo indeterminado, os cabelos indeterminados de Maurice Chevalier.

Elas não podem ser suficientes: precisamos realizar determinações positivas. Não se trata, de modo algum, de constituir com o corpo da imitadora Franconay um *analogon* perfeito do corpo de Chevalier. Só disponho de alguns elementos que funcionavam, há pouco, como signos. Em falta de um equivalente completo da personalidade imitada, preciso realizar na intuição uma certa *natureza expressiva*, algo como a essência de Chevalier entregue à intuição.

É necessário, antes de tudo, que eu dê vida a esses esquemas tão secos. Mas vamos ter cuidado: se os percebo por si mesmos, se noto as comissuras dos lábios, a cor da palha do chapéu, a consciência de imagem desaparece. É preciso executar ao inverso o movimento da percepção, partir do saber e, *em* função do saber, determinar a intuição. O lábio era signo antes: faço dele uma imagem. Mas ele só é imagem na medida em que era signo. Vejo-o apenas como um "grande lábio esticado". Encontramos aqui uma característica essencial da imagem mental: o fenômeno de quase-observação. O que percebo é o que sei; o objeto não pode ensinar nada e a intuição é apenas saber entorpecido, degradado. Ao mesmo tempo, essas pequenas ilhas diferenciadas são acompanhadas por zonas intuitivas vagas: as bochechas, as

Primeira parte – O certo

orelhas, o pescoço da atriz funcionam como um tecido conjuntivo indeterminado. Também aqui o saber é o primeiro: o que se percebe corresponde ao saber vago de que Maurice Chevalier tem bochechas, orelhas, pescoço. As particularidades desaparecem, o que não pode desaparecer resiste à síntese imaginada.

Mas esses diferentes elementos de intuição não podem ser suficientes para realizar a "natureza expressiva" de que falávamos. Aparece um novo fator: a afetividade.

Vamos colocar dois princípios:

1) Toda percepção é acompanhada por uma reação afetiva[37].

2) Todo sentimento é sentimento *de* alguma coisa, ou seja, visa seu objeto e projeta nele uma determinada qualidade. Ter simpatia por Pierre é ter consciência de Pierre como simpático.

Agora podemos compreender o papel da afetividade na consciência de imitação. Quando vejo Maurice Chevalier, essa percepção envolve determinada reação afetiva. Esta projeta na fisionomia de Maurice Chevalier uma qualidade indefinível que poderíamos chamar de seu "sentido". Nas consciências de imitação, o saber intencionado, a partir dos signos e dos inícios de realização intuitiva, desperta a reação afetiva que acaba de se incorporar à síntese intencional. Correlativamente, o sentido afetivo do rosto de Chevalier vai aparecer no rosto de Franconay. É ele que realiza a união sintética dos diferentes signos, é ele que anima sua secura congelada, que lhes dá vida e uma certa espessura. É ele que, ao dar aos elementos isolados da imitação um sentido indefinível e a unidade de um objeto, pode passar por ser a verdadeira matéria intuitiva da consciência de imitação. Finalmente, de fato, o que contemplamos no corpo da imitadora é o objeto em imagem: os signos reunidos por um sentido afetivo, ou seja, a *natureza expressiva*. É a primeira

---

37. Cf. Abramowski. *Le Subconscient normal.*

vez, e não a última, que vemos a afetividade substituir os elementos propriamente intuitivos da percepção para realizar o objeto como imagem.

A síntese imaginada é acompanhada por uma consciência muito forte de espontaneidade, de liberdade, por assim dizer. É que, afinal, só uma vontade formal pode impedir a consciência de se deslocar do plano da imagem para o da percepção. Na maioria dos casos esse deslocamento se faz mesmo assim, de vez em quando. Até acontece, com frequência, a síntese não se fazer inteiramente: o rosto e o corpo da imitadora não perdem toda a individualidade; contudo, naquele rosto, naquele corpo de mulher, a natureza expressiva "Maurice Chevalier" acaba de aparecer. Segue-se um estado híbrido, nem inteiramente percepção nem inteiramente imagem, que mereceria ser descrito por si mesmo. Esses estados sem equilíbrio e que não duram muito são evidentemente, para o espectador, o que há de mais divertido na imitação. É que, na verdade, a relação do objeto com a matéria da imitação é aqui uma relação de *posse*. Maurice Chevalier ausente escolhe, para se manifestar, o corpo de uma mulher.

Assim, originalmente, um imitador é um possuído[38]. Talvez se explique por aí o papel da imitação nas danças rituais dos primitivos.

IV – Do signo à imagem: Os desenhos esquemáticos

A imagem, segundo Husserl, é um "preenchimento" (*Erfüllung*) da significação. O estudo da imitação nos levou a acreditar que a imagem é, antes, uma significação degradada, que desce ao plano da intuição. Não há preenchimento: há mudança de natureza. O estudo das consciências de desenhos esquemáticos nos confirma essa opinião. Nestes, de fato, o elemento intuitivo se reduz consideravelmente, e o papel da atividade

---

38. Caberia também falar de *consciência de imitar*, que é certamente uma consciência de *ser possuído*.

consciente cresce em importância: o que constitui a imagem e supre todas as falhas da percepção é a intenção. O desenho esquemático é constituído por esquemas. Caricaturistas, por exemplo, podem representar um homem por meio de alguns traços pretos sem espessura: um ponto preto para a cabeça, dois traços para os braços, um para o tronco, dois para as pernas.

1

O esquema tem a particularidade de ser intermediário entre a imagem e o signo. Sua matéria exige ser decifrada. Ele só visa tornar presentes relações. Em si mesmo não é nada. Muitos são indecifráveis quando não se conhece o sistema de convenções que é sua chave; em sua maioria, precisam de uma interpretação inteligente: não têm verdadeira semelhança com o objeto que representam. No entanto, não são signos porque não são considerados como tais. Nesses poucos traços pretos intenciono um homem que está correndo. O saber visa a imagem, mas ele próprio não é imagem: molda-se no esquema e toma forma de intuição. Só que o saber não inclui unicamente o conhecimento das qualidades diretamente representadas no esquema. Ele engloba também, num bloco indiferenciado, todos os tipos de intenções concernentes às diversas qualidades físicas que o conteúdo possa ter, inclusive a cor, os traços do rosto, às vezes até a expressão. Essas intenções continuam indiferenciadas ao alcançar a figura esquemática, mas realizam-se intuitivamente nela. Através dos traços pretos não visamos apenas uma silhueta, visamos um homem completo, concentramos neles todas as suas qualidades, sem diferenciação: o esquema é plenamente preenchido. Na verdade, essas qualidades não são *representadas*: no sentido próprio, os traços pretos não *representam* nada além de algumas relações de estrutura e de atitude. Mas basta um rudimento de representação para que todo o saber sucumba, dando assim uma espécie de profundidade à figura plana. Desenhe um homem que esteja de joelhos dobrados e braços erguidos: você projetará em seu rosto a estupefação indignada. Mas você não a *verá*: ela está nele em estado latente, como uma carga elétrica.

A maioria das figuras esquemáticas é lida num sentido definido. Movimentos organizam a percepção, recortam o espaço circundante, determinam campos de força, transformam os traços em vetores. Consideremos, por exemplo, o esquema de um rosto. Posso ver nele simples traços: três segmentos que se encontram num ponto O; um segundo ponto abaixo de O, um pouco à direita, depois uma linha sem significação. Nesse caso, deixo os traços se organizarem de acordo com as leis da forma estudadas por Köhler e Wertheimer. A folha branca serve como fundo homogêneo, os três segmentos organizam-se em forquilha. Meus olhos sobem de N para O, então o movimento se amplia prosseguindo ao mesmo tempo pelos dois traços divergentes. O ponto isolado abaixo de O vem aderir à figura. Ao contrário, a linha sinuosa que tracei abaixo continua isolada e constitui outra figura[39].

Agora leio a figura de maneira totalmente diferente: vejo nela um rosto. Dos três segmentos, o que sobe obliquamente é interpretado como o contorno da testa, o segmento da direita é uma sobrancelha, o segmento descendente é a linha do nariz. O ponto isolado representa o olho, a linha sinuosa é a boca e o queixo. O que se produziu? Houve, em primeiro lugar, uma mudança radical da intenção. Não descreveremos aqui essa mudança, nós a conhecemos: de perceptiva a intenção se torna imaginada. Mas isso não seria suficiente: é preciso que a figura se deixe interpretar. É preciso, enfim

---

39. É possível que essa maneira de organizar minha percepção seja rigorosamente pessoal. O leitor pode discernir por si mesmo os procedimentos utilizados por ele.

e sobretudo, que meu corpo adapte determinada atitude, execute determinada pantomima para animar esse conjunto de traços. De início, o papel branco nos dois lados da figura muda completamente de sentido. O espaço à direita dos traços é unido à figura de modo que os traços parecem marcar seu limite: para isso, abarco com os olhos uma certa quantidade de espaço em branco, à direita da figura, mas sem o colocar como papel. Na verdade, também não o penso como a carne de um rosto mas, antes, como volume, como densidade, como meio preenchido. Ao mesmo tempo, o movimento de meus olhos, que começou sem muita precisão à direita da figura, um pouco atrás da sobrancelha, na altura da ponta do nariz, termina claramente nas linhas OMN, que funcionam, por isso, como limites de uma região cheia determinada. Ao contrário, a parte do papel branco situada à esquerda da figura funciona como espaço vazio: recuso-me a levá-la em conta. Decerto, não posso me impedir de vê-la, quando percorro com os olhos os traços pretos da figura. Mas não a vejo *em si mesma*. De fato, na minha própria percepção, ela funciona como fundo, uma vez que é percebido além do mais no momento em que meu olhar se prende às linhas concebidas como contornos. Assim, o espaço homogêneo da folha tornou-se um espaço cheio à direita, um vazio à esquerda.

2

Ao mesmo tempo, cada traço é decifrado por si mesmo, por movimentos determinados de olhos. Por exemplo, o nariz é "lido" de cima para baixo a partir da sobrancelha (porque nossa atitude natural diante do nariz é distinguir "a raiz" e "a ponta", por conseguinte, pensá-lo orientado de cima para baixo). Ao mesmo tempo, precisamos suprir uma linha ausente: a que ligaria N à linha sinuosa. Trata-se de constituir com esses dois grupos de traços separados uma única figura. Para isso, levamos os olhos de N a D: *interpretamos* a linha ausente, nós a imitamos com nosso corpo. Ao mesmo tempo, procedemos a uma síntese intencional de N e D, ou seja, retemos N em nossas sucessivas consciências assim como retemos os diferentes momentos do voo de um pássaro, de modo que, chegando a D, organizamos N com D como o terminal *a quo* com o terminal *ad quem*. Naturalmente haveria muitas outras observações a fazer, mas não nos deteremos nelas.

Tomemos, em contrapartida, outra figura esquemática, que representa um personagem de perfil por meio de linhas quase paralelas às do desenho anterior: os espaços direito e esquerdo se encontrarão para formar um fundo vazio e, por contraste, os traços sem espessura deixam de ser limites: assumem densidade, espessura; passo a distinguir em cada linha um contorno direito e um contorno esquerdo. Ao mesmo tempo (pelo menos no que me diz respeito), a figura é decifrada de baixo para cima etc.

Essas descrições podem e devem ser refeitas por cada leitor. A interpretação de uma figura esquemática depende do saber, e o saber varia de um indivíduo para outro. Mas, de todo modo, as conclusões permanecem as mesmas e só elas nos interessam. Em todos os casos, de fato, encontramos um fenômeno muito particular: um saber que se representa numa pantomima que é hipostasiada, projetada no objeto. É esse fenômeno, que encontraremos sob forma um pouco diferente no caso da imagem mental, é esse fenômeno que deve ser bem compreendido. Ele nos fornecerá, em seguida, a solução de muitos problemas.

Vamos partir da percepção. Aqui está uma mesa, ou seja, uma forma densa, consistente, um objeto sólido. Posso passar os olhos da direita para a esquerda ou da esquerda para a direita sem operar nenhuma mudança. Do mesmo modo, se contemplo o retrato de Descartes feito por Frans Hals, posso olhar os lábios do filósofo a partir das comissuras ou, ao contrário, indo do meio da boca para os cantos: a semelhança

Primeira parte – O certo

que têm com lábios reais não será alterada. Nesses casos específicos distinguimos nitidamente a forma do objeto percebido e o movimento de nossos olhos. Sem dúvida, na maioria dos casos, para constatar uma forma é preciso mover nossos globos oculares e seguir os contornos com os olhos. Mas pouco importa que o movimento seja feito de uma maneira ou de outra, abandonado, retomado: diante do objeto, que se dá como um todo inalterável, os movimentos oculares dão-se como uma infinidade de caminhos possíveis e equivalentes.

Isso não quer dizer que um movimento ocular deixe a percepção inalterada. Quando desloco os olhos, a relação do objeto com a retina se modifica. Como todo movimento é relativo, não há signo no objeto que permita determinar se foi o objeto que se deslocou em relação aos olhos ou se foram os olhos em relação ao objeto. Há casos-limite, aliás, em que podemos nos confundir. Mas na maioria das vezes não nos enganamos: em primeiro lugar, não é só o objeto que se desloca, ele é acompanhado por todo o seu entorno; em seguida, os movimentos oculares são acompanhados por sensações internas (sentimos os globos oculares rolarem em nossas órbitas); eles se dão, enfim, se não como produto da vontade, pelo menos como o de uma espontaneidade psíquica. Nem por isso deixa de ser necessário que haja um saber, uma intenção muito especial, uma decisão, quase poderíamos dizer, para atribuir o movimento a nosso corpo e imobilizar o objeto diante de nós. Essa decisão, naturalmente, não é algo que tenhamos aprendido ou que façamos funcionar a todo instante. Ela aparece quando, diante do mundo que nos cerca, tomamos a atitude perceptiva, e ela é constitutiva dessa atitude (com um certo número de outras intenções que não nos cabe enumerar aqui). Poderíamos dizer que, em si mesma, a relação do objeto com a retina é neutra: é uma relação de posição que deixa sem resposta a questão do sujeito real do movimento.

Ora, no próprio mundo das percepções há formas que nos impõem movimentos oculares determinados, seja porque sua própria estrutura exige de nós determinadas reações motoras, seja por causa de hábitos adquiridos e indissoluvelmente ligados a essas formas. Nesse caso, a impressão de espontaneidade que acompanhava o deslocamento de nossos globos oculares desaparece completamente. Apresentando-se a figura como regra para nossos movimentos, faz-se um novo grupo de dados da percepção: constituímos objetos novos aos quais relacionamos a mudança como uma de suas qualidades. Na ilusão de Muller-Lyer, por exemplo, o movimento dos olhos vem esbarrar em A' e em B' nos ângulos fechados; ao contrário, os ângulos abertos em A e B permitem que ele prossiga infinitamente. Os movimentos contrariados são hipostasiados em A'B', os movimentos favorecidos são projetados em AB, e dizemos que AB é maior do que A'B'. Se observarmos bem, notaremos que essa expressão é inexata. O que nos parece maior em AB é a força de extensão. AB estende-se para cima e para baixo; A'B', ao contrário, limita-se a si mesmo. É que, de fato, projetamos o movimento

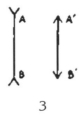

3

nos segmentos AB e A'B' e, ao mesmo tempo, mantemos a imobilidade das figuras. Essas duas decisões contraditórias dão ao objeto uma nova qualidade: o movimento imóvel torna-se um movimento em potencial, uma força. Os segmentos transformam-se em vetores. Significa simplesmente que o movimento de nossos olhos se dá como irreversível. Em tudo isso, permanecemos no terreno da percepção: conferimos ao objeto uma nova qualidade, e essa qualidade nós *percebemos*. O objeto assim constituído pode ter valor de signo (setas indicativas etc.), mas nunca de imagem, pelo menos enquanto tal. Como se vê, o que modificou a percepção, o que conferiu direção às linhas é o movimento ter deixado de ser sentido como produção espontânea. Ao contrário, ele se dá como provocado, e chamamos de sentido, direção da figura *o que* o provoca, ou seja, o mesmo movimento projetado na folha e concebido como causa. É mais ou menos da mesma maneira pela qual chamamos de irascibilidade as raivas de um sujeito projetadas no fundo dele e concebidas como causa de suas manifestações exteriores.

Chegamos agora às imagens esquemáticas. Há nelas pouca necessidade real. Não são dadas como regras de movimento. É o saber que preside às reações motoras e, por vezes, como no caso do rosto sugerido acima, ele até rompe a estrutura natural das formas e preside a uma nova síntese. Segue-se naturalmente que os movimentos oculares são dados como *espontâneos*. Pareceria impossível, por conseguinte, objetivá-los como propriedade real das linhas percebidas. Também não é o que se produz: são objetivados como propriedades *em imagem*. Não se perde de vista que a figura tomada como conjunto de linhas pode ter outra estrutura, outras direções ou direção nenhuma. Mas intencionam-se sobre ela direções em imagem. Fazemos a espontaneidade dos movimentos oculares entrar numa síntese mental bem mais ampla, dada inteiramente como espontânea: é a que constitui o sentido da figura a título de *hipótese*. O saber, em face das linhas, provoca movimentos. Esses movimentos são efetuados para saber se "resultará" alguma coisa. Ao mesmo tempo, são objetivados sob forma de "direção hipotética" sobre a figura. A questão, então, é a seguinte: Uma vez efetuados os movimentos, definidas as direções, orientada a figura, a imagem vai se cristalizar, ou seja, vai aparecer como forma nova e indestrutível, forma que, doravante, provocará por si mesma os movimentos que a fixam? Se a imagem aparece, *vejo* um homem correndo nesses traços pretos. Mas vejo-o em imagem, ou seja, não perco de vista que projetei os movimentos livremente, espontaneamente, nas linhas a título de qualidades vetoriais. Sei que crio a imagem a cada instante. De modo que, agora vemos, os elementos representativos na consciência de um desenho esquemático não são os traços propriamente ditos, são os movimentos projetados nesses traços.

Isso explica o fato de lermos tanta coisa numa imagem cuja matéria é tão pobre. Na realidade, nosso saber não se realiza diretamente nessas linhas que, por si mesmas, não falam: realiza-se por intermédio de movimentos. E por um lado esses movimentos, por uma linha única, podem ser múltiplos, de modo que uma única linha pode ter uma multiplicidade de sentidos e pode valer como matéria representativa de uma multidão de qualidades sensíveis do objeto como imagem. Por outro lado, um mesmo movimento pode realizar saberes diferentes. A própria linha não é mais que um suporte, um substrato[40].

Mas é possível distinguir saber e movimento? De fato, não há, por um lado, um saber que dirige e, por outro lado, uma série de movimentos que obedecem. Porém, assim como frequentemente nos damos conta de nosso pensamento ao *dizê-lo*, também nos damos conta de nosso saber ao *atuá-lo*; ou melhor, é o saber que, sob forma de pantomima, toma consciência de si. Não há duas realidades, o saber e os movimentos: existe apenas uma coisa, o movimento simbólico, e é o que queremos mostrar. O saber, aqui, só toma consciên-

---

40. Se quisermos nos dar conta da enorme desproporção entre o elemento representativo exterior *e* o saber que se incorpora a ele, podemos considerar exemplos do tipo deste: imaginemos que uma personalidade conhecida seja frequentemente representada nas revistas e caricaturas pelos três atributos seguintes: um chapéu de palha, óculos, um cachimbo. No fim, para a consciência popular essa personalidade se resume nesses três objetos. Se dispusermos numa ordem qualquer (p. ex., cachimbo, chapéu, óculos) representações esquemáticas desses três objetos, teremos signos: desses três atributos, passaremos à personalidade que eles têm a missão de evocar. Se os dispusermos na ordem natural (chapéu, óculos *sob* o chapéu, cachimbo *sob* os óculos, à devida distância e no devido sentido), teremos uma imagem; os três atributos representam o rosto do homem famoso. Além desses objetos desenhados, os únicos elementos intuitivos são a ordem e a disposição desses objetos. Através dessa qualidade quase abstrata intencionamos o homem famoso como imagem. Nenhum de seus traços é verdadeiramente realizado no papel: ele está ali, em estado indiferenciado, no espaço intermediário entre o chapéu e o cachimbo, espaço que concebemos como cheio – *cheio dele*.

cia de si sob forma de imagem; a consciência de imagem é uma consciência degradada de saber.

V – Rostos nas chamas, manchas nas paredes, rochedos com forma humana

Tanto neste caso como no anterior, trata-se de movimentos que interpretam formas. Mas há uma diferença considerável nas atitudes posicionais da consciência.

Quando olho um desenho, coloco nesse próprio olhar um mundo de intenções humanas das quais esse desenho é produto. Um homem fez esses traços a fim de constituir a imagem de um corredor. Sem dúvida, para que essa imagem apareça, é necessário o concurso da minha consciência. Mas o desenhista o sabia, contava com isso; solicita esse concurso por meio dos traços pretos. Não se deve achar que essas linhas se deem a mim primeiro, na percepção, como linhas puras e simples, para depois se darem, na atitude imaginada, como elementos de uma *representação*. Na própria percepção, os traços se dão como representativos. Folheando um caderno de esboços, não compreenderemos necessariamente, à primeira vista, o sentido de cada linha, mas de todo modo saberemos que cada uma delas é representativa, que vale *por* alguma coisa e que é a própria razão de sua existência. Em suma, a qualidade de *representar* é a propriedade real dos traços, eu a percebo, assim como suas dimensões e sua forma. Mas, dirão, é um simples saber. O cubo também é um saber: não posso ter a intuição simultânea de suas seis faces. Contudo, quando olho determinado pedaço de madeira talhada percebo um cubo de fato. Toda consciência imaginada produzida a partir de um desenho é, portanto, construída sobre uma colocação real de existência, que a precede e a motiva no terreno da percepção, embora essa própria consciência possa afirmar seu objeto como não existente ou simplesmente neutralizar a tese existencial.

Quando interpretamos uma mancha numa toalha, uma padronagem de um papel de parede, não colocamos que a mancha ou a padronagem tenham propriedades representativas. Na verdade, essa mancha não *representa* nada; quando a vejo, vejo-a como mancha e acabou-se. De modo que, quando passo à atitude imaginante, a base intuitiva de minha imagem não é nada que tenha aparecido antes na percepção. Essas imagens têm como matéria uma pura aparência, que se dá como tal; nada é colocado de início; trata-se, de certo modo, de uma imagem no ar, sem substrato. Não estamos tão longe da imagem mental, em que a matéria tem tão pouca independência que aparece com a imagem e desaparece com ela. Mas, no caso que estamos estudando agora, afirmamos ainda "ver" a imagem, ou seja, extrair sua matéria do mundo da percepção. Localizamos essa aparência; ela tem forma e matéria. Em suma, a matéria não é a mancha, é a mancha percorrida pelos olhos de determinada maneira. Mas, nos desenhos esquemáticos, uma certa virtualidade, um poder constante de provocar os movimentos dos olhos incorporava-se aos traços pretos. Neste caso, ao contrário, os movimentos não deixam marca sobre a mancha. Uma vez terminados, a mancha volta a ser mancha e pronto.

Há duas eventualidades: numa, efetuamos com os olhos movimentos livres, sem segundas intenções, e consideramos os contornos de uma mancha à nossa vontade, seguindo a ordem que nos agrada, relacionando ao acaso determinada parte com outra, numa síntese que nada atrai nem repele. É o que se produz quando, durante uma doença, deitados e inativos, deixamos nossos olhos vaguearem pelo papel que reveste a parede. Ocorre então que uma forma conhecida brota dos arabescos, isto é, em seguida a esses movimentos, sob meu olhar faz-se uma síntese um pouco coerente: meus olhos traçaram um caminho e esse caminho ficou marcado no papel de parede. Digo então: é um homem agachado, um buquê, um cão. Ou seja, com base nessa síntese operada livremente, formulo uma hipótese, confiro valor representativo à forma orientada que acaba de aparecer. Na verdade, na maior parte do tempo não espero que essa síntese se conclua, mas, de repente, algo se cristaliza como início de imagem. "Começa como um buquê, parece a parte de cima de um rosto etc." O saber incorporou-se a meus movimentos e os dirige: agora sei como devo terminar a operação, sei o que devo encontrar.

Ou então uma certa forma se destaca por si mesma sobre o fundo e provoca movimentos oculares por sua estrutura. Na realidade, trata-se quase sempre do que Köhler chama de formas fracas, ambíguas, que têm uma figura oficial e uma figura secreta. Para descobrir esta última, quase sempre foi necessário o acaso de um primeiro movimento dos olhos (p. ex., ao erguer o rosto, captamos de passagem, no papel de parede, uma linha que sempre só tínhamos visto de baixo para cima. Desta vez a percorremos de cima para baixo, e o resto é óbvio). Nesse caso, mais uma vez, a forma apenas se esboça; mal a testa e os olhos apareceram, já sabemos que se trata de um negro. Concluiremos por nós mesmos, combinando os dados reais da percepção (as linhas do arabesco) e a espontaneidade criadora de nossos movimentos: isto é, procuraremos nós mesmos o nariz, a boca e o queixo.

Quer tenham acontecido livremente ou por solicitação de certas estruturas, os movimentos, inicialmente desprovidos de sentido, subitamente tornam-se simbólicos porque incorporam certo saber. Realizado na mancha por intermédio deles, o saber cria a imagem. Mas os movimentos se dão como um jogo livre e, o saber, como uma hipótese gratuita. De modo que encontramos aqui uma dupla neutralização de tese: a mancha não é colocada como tendo propriedades representativas, o objeto da imagem não é colocado como existente. A imagem se dá então como puro fantasma, como um jogo realizado por meio de aparências.

Na base dessa consciência há uma tese neutralizada. Substituindo-a por uma tese *positiva*, ou seja, conferindo à mancha um poder de representação, estaremos em presença da imagem hipnagógica.

VI – Imagens hipnagógicas, cenas e personagens vistos na borra de café, numa bola de cristal

Evidentemente, as visões hipnagógicas são imagens. Leroy[41] caracteriza a atitude da consciência diante dessas aparições com as palavras "espetacular e *passiva*". É que ela não coloca os objetos que lhe aparecem como realmente existentes. Todavia, na base dessa consciência, há uma tese positiva: uma mulher atravessa meu campo visual quando estou de olhos fechados; se essa mulher não existe, pelo menos sua imagem existe. Aparece-me alguma coisa que representa exatamente uma mulher. Muitas vezes, até, a imagem se dá tão nítida quanto seu objeto jamais foi.

> É extraordinário, meu olho transformou-se em fotografia colorida e não há óculos no mundo que deixam em mim imagem semelhante[42].

> Na época em que eu estudava anatomia, com frequência era sujeito a uma visão hipnagógica não rara entre estudantes de medicina. Deitado na cama, de olhos fechados, via com grande nitidez e perfeita objetividade a preparação anatômica em que trabalhara durante o dia: a semelhança parecia rigorosa, a impressão de realidade e, se ouso dizer, de *vida* intensa que se transmitia era talvez mais profunda do que se me encontrasse diante do objeto real[43].

Assim a imagem se dá como "mais verdadeira do que o natural", no sentido em que poderíamos falar que um retrato particularmente significativo é mais verdadeiro que seu modelo. No entanto, não é mais do que uma imagem. Por outro lado, a consciência nada afirma sobre sua natureza real: Trata-se de uma construção sobre dados atuais, de uma ilusão,

---

41. Leroy. *Les Visions du demi-sommeil.* Alcan, 1926. Um dos entrevistados diz: "Em suma, é como uma representação cinematográfica em cores" (p. 111).

42. *Journal des Goncourt.* Cit. por Leroy, p. 29.

43. Leroy. Op. cit., p. 28.

Primeira parte – O certo

de uma lembrança particularmente vivaz? Não decidimos enquanto a imagem está presente. Limitamo-nos a afirmar que, por qualquer meio que seja, a imagem está ali, diante de nós, que ela nos aparece, que está *em* nossos olhos: o que se traduz, em geral, pelas palavras "eu vejo". Os Goncourt, tentando ser mais precisos, escrevem, no início da passagem que citamos: "tenho na retina". Entretanto, a colocação da imagem não se faz no plano da percepção: perceber uma coisa, de fato, é estabelecê-la em seu lugar no meio de outras coisas. A visão do semissono é outra coisa. Em geral não é localizada, não está em lugar algum, não ocupa lugar algum entre os outros objetos, destaca-se simplesmente sobre um fundo vago. Em suma: colocamos a representação como existente enquanto representação (sem definir sua natureza). Atribui-se a ela, por outro lado, características de objetividade, de nitidez, de independência, de riqueza, de exterioridade que a imagem mental nunca tem e que geralmente são próprias da percepção. Não se coloca seu objeto como existente.

A imagem hipnagógica, por outro lado, fica no terreno da quase-observação. É isso que não mostramos suficientemente. Decerto seu objeto se dá com tal vivacidade que, por um momento, é possível pensar que por meio de uma observação metódica conheceremos suas diversas particularidades. Seguindo-se à visão que relatamos, Leroy lamenta "não ter a faculdade de provocar à sua vontade, no dia de um exame, visões semelhantes". Supunha, portanto, que pudesse, fixando a imagem e submetendo-a a uma espécie de análise, enumerar suas diversas características.

Mas, de fato, o objeto nunca informa nada: dá-se inteiro ao mesmo tempo e não se deixa observar. Leroy observou em pouco tempo que "a abundância dos detalhes, a riqueza da visão, eram ilusórias". Assim *achamos* apenas que a imagem é tão rica, o que significa evidentemente que todos os detalhes da preparação anatômica, que aparecem com tanta força, não são vistos. Veremos adiante que Alain, em *Système des Beaux-Arts* [*Sistema das Belas Artes*], desafia quem tenha uma imagem do Panthéon na mente a contar *nessa imagem* as colunas da fachada. O desafio vale também para as imagens hipnagógicas.

Aliás, essas imagens têm um caráter "fantástico"[44], devido a nunca representarem nada de específico. A lei rigorosa de individuação não vale para elas.

> Enquanto eu dissecava assiduamente durante uma parte da tarde, minha preparação havia mudado de aspecto a cada instante, não apenas por causa do próprio trabalho de meu escapelo, mas em consequência das mudanças de iluminação, de minha posição etc. Ora, diante da minha visão, à noite, eu teria sido incapaz de dizer, mesmo que aproximadamente, que momento, que aspecto particular ela reproduzia assim. A iluminação, principalmente, era sempre de certo modo *teórica*, extremamente viva, lembrando mais as das pranchas coloridas de um belo atlas do que a iluminação real e por vezes medíocre do galpão de dissecação[45].

Assim como escapam ao princípio de individuação, elas escapam às outras leis da percepção: por exemplo, às leis da perspectiva.

> *Obs. XXVIII* – "Estou deitado... Vejo uma mulherzinha andando... Ela desce na minha direção... Não aumenta ao se aproximar, mas o cor-de-rosa de seus braços torna-se mais vivo"[46].

Muitas vezes não se pode nem mesmo desenhá-las.

> Vejo nitidamente duas varetas do guarda-chuva, o que nada tem de anormal, mas a terceira deveria estar escondida pelo tecido e pelo corpo da lareira, ambos igualmente opacos, e mesmo assim

---

44. Leroy. Op. cit., p. 32.

45. Ibid. Cf. tb. *passim*. P. ex., p. 17. Obs. VIII: "Uma faixa luminosa cuja cor não consigo definir" etc.

46. Ibid, p. 58.

Primeira parte – O certo

a vejo. Contudo, não a vejo por transparência: há alguma coisa que não é nem explicável nem desenhável[47].

Pelo menos, dirão, é preciso observá-las por um segundo, nem que seja para determinar o que representam. Mas é um erro. De fato, não insistimos o bastante no caráter essencial das imagens hipnagógicas: elas nunca são anteriores ao saber. Mas de repente somos abruptamente invadidos pela certeza de estar vendo uma rosa, um quadrado, um rosto. Até então não estávamos atentos; agora *sabemos*. É lamentável que Leroy não tenha estudado seus sujeitos desse ponto de vista: as excelentes descrições teriam ganhado, uma vez que seriam absolutamente completas. É raro encontrarmos, aqui ou ali, observações como a seguinte:

> Em dado momento, de olhos fechados, vejo distintamente uma mulher serrando madeira: *isso aparece inteiro, como um só bloco*[48].

Ou então:

> Aos poucos aparece um certo número de traços leves no sentido transversal; as flores ordenam-se em *quincunce*, de tal modo que suas extremidades superiores estão bastante próximas desses fios. *De repente, vejo* que os traços em questão *são* cordéis e que as flores se tornaram meias que estão secando; e imediatamente vejo também os pregadores de roupa pelos quais estão presas aos cordéis[49].

De fato, de acordo com minhas próprias observações e as de muitas pessoas que pude interrogar, é preciso fazer uma distinção radical entre a maneira pela qual um rosto aparece

---

47. Ibid., p. 86.

48. Leroy. Op. cit., p. 18. Cf. tb. p. 45: "De repente *noto que vejo um carro que para diante de mim*".

49. Essa observação mostra além do mais que o saber, em certos casos, pode até preceder a imagem.

na percepção e a maneira pela qual esse mesmo rosto se dá na visão hipnagógica. No primeiro caso, aparece alguma coisa que em seguida é identificada como um rosto. Alain, entre muitos outros filósofos, bem mostrou[50] como o julgamento retifica, organiza, estabiliza a percepção. A passagem do "alguma coisa" para "tal objeto" foi descrita com frequência nos romances, sobretudo quando escritos na primeira pessoa.

"Ouvi", diz por exemplo Conrad (citamos de memória), "ruídos surdos e irregulares, estalos, crepitações: era a chuva."

Se temos o hábito de perceber o objeto que aparece, se a percepção é clara e nítida (particularmente se é fornecida pelos órgãos da visão), o intervalo pode se reduzir consideravelmente: o que não elimina que a consciência deva fazer uma elaboração sobre o objeto – podendo essa elaboração ser tão rápida quanto quisermos – e que o objeto esteja presente *antes* da elaboração.

Na visão hipnagógica, essa defasagem de princípio não existe. Não há elaboração. Mas, de repente, aparece um saber tão claro quanto uma evidência sensível: tomamos consciência de que *estamos* vendo um rosto. A aparição do rosto e a certeza de que se trata de um rosto são uma coisa só. Essa certeza, além do mais, não comporta o conhecimento do momento em que o objeto apareceu: na verdade, a reflexão clara pode mostrar que esse momento é exatamente aquele em que percebemos que ele estava ali. Mas, na consciência hipnagógica, o objeto não é colocado nem como aparecendo nem como já tendo aparecido: tomamos consciência de repente de que vemos um rosto. É essa característica da colocação que, antes de tudo, deve dar à visão hipnagógica seu aspecto "fantástico". Dá-se como uma evidência repentina e desaparece da mesma maneira.

Estas observações permitem compreender que, no semissono, lidamos com consciências imaginantes. Resta saber

---

50. Cf., p. ex., *Quatre vingt chapitres sur l'Esprit et les Passions.*

Primeira parte – O certo

qual é sua matéria: qual é, no interior dessas consciências, a relação da intenção com a matéria. Para muitos autores, essa matéria é fornecida pelos lampejos entópticos[51]. Leroy, sem tirar conclusões, apresenta-lhes como objeção a relativa independência das imagens em relação aos fosfenos[52]. Tentaremos mostrar que essas objeções referem-se apenas a uma determinada concepção da relação da intenção com os lampejos entópticos. Mas para isso é preciso, tanto quanto às nossas observações pessoais como quanto às dos autores citados em nota, retomar desde o início uma descrição geral do estado hipnagógico.

Vamos começar por onde Leroy termina e citar sua excelente conclusão, que se tornou clássica.

> O que caracteriza a visão hipnagógica [...] é uma mudança de conjunto do estado do sujeito, é o *estado hipnagógico*; nele a síntese das representações é diferente do que é no estado normal; nele a atenção voluntária e a ação voluntária, em geral, são submetidas a orientação e limitação especiais[53].

A expressão *estado* parece-nos a única criticável nesse texto. Não há estados em psicologia, mas há uma organização de consciências instantâneas na unidade intencional de uma consciência mais longa: "o estado hipnagógico" é uma forma temporal que desenvolve suas estruturas durante o período que Lhermitte chama de "adormecimento". É essa forma temporal que devemos descrever.

O estado hipnagógico é precedido por alterações notáveis da sensibilidade e da motricidade. Leroy afirma que só as sensações visuais são abolidas. De fato, as outras sensações são razoavelmente embotadas. Sentimos muito confu-

---

51. Cf. Delage. "Le Rêve Binet". *Année psychol*, tomo I, p. 424-425. • Trumbul Ladd, G. "Les Images hypnagogiques". *Bullet. de l'Institut gen. psychol.*, 4ᵉ année, n. 1.

52. Leroy. Op. cit., p. 70-74.

53. Leroy. Op. cit., p. 127.

samente o corpo, mais vagamente ainda o contato com os lençóis e o colchão. A posição do corpo no espaço é muito maldeterminada. A orientação é sujeita a perturbações características. A percepção do tempo é incerta. O tônus da maioria dos músculos se relaxa. A tonicidade de atitude é quase totalmente suprimida. Alguns músculos, no entanto, têm a tonicidade aumentada. Por exemplo, as pálpebras não apenas se fecham em virtude do relaxamento dos músculos levantadores: é preciso também que o orbicular se contraia. Do mesmo modo, se os músculos grandes oblíquos relaxam, os pequenos oblíquos se contraem: daí resulta a divergência dos eixos oculares; a abertura pupilar vem se colocar sob o teto ósseo da órbita. Do mesmo modo, enfim, o encolhimento pupilar deve-se à contração da íris[54].

O relaxamento dos levantadores e dos grandes oblíquos não se segue imediatamente à oclusão das pálpebras. Durante um tempo ainda refletimos sobre os acontecimentos do dia. Os olhos permanecem convergentes, as pálpebras mantêm-se fechadas pela contração voluntária do orbicular. Depois o pensamento torna-se mais vago. Ao mesmo tempo, os levantadores se distendem. Agora é necessário um esforço positivo para abrir os olhos. Os grandes oblíquos se relaxam e os olhos rolam nas órbitas. À menor retomada de nossa reflexão, os grandes oblíquos se contraem e os olhos voltam ao lugar. De modo semelhante, quando ouço um ruído, sinto os olhos "tornarem-se fixos", isto é, provavelmente se produz um duplo reflexo, de convergência e de acomodação. Imediatamente desaparecem as visões hipnagógicas e até, ao que parece[55], os fosfenos. Ao mesmo tempo em que do relaxamento muscular, tomamos consciência de um estado muito específico que poderíamos chamar paralisia por autossugestão.

---

54. Gelle. Op. cit, p. 66.

55. Todos esses fenômenos são muito frequentes: mas podem-se ter visões hipnagógicas com os olhos abertos. Cf. o caso de Pierre G., em Leroy.

Depois de um tempo indeterminado, continuo deitado de costas e, sentindo-me acordado, quero abrir os olhos... Impossível! Não sinto, porém (faço essa observação), que minhas pálpebras estejam coladas, como podem estar em algumas pessoas ao despertar, mas *não posso levantá-las*[56].

Não se trata – a descrição que precede mostra-o claramente – de uma simples sensação de origem periférica, correspondente ao relaxamento do tônus muscular. Além do mais, no caso citado por Leroy, também há contração ativa do orbicular. À pura e simples sensação muscular (impressão de distensão, de repouso, de abandono) acrescenta-se uma consciência *sui generis*: constatamos a impossibilidade de *querer* fazer esses movimentos, já não nos sentimos capazes de *animar* nosso corpo. Trata-se aqui de um estado muito leve de autossugestão, longinquamente aparentado com o pitiatismo histérico e certos delírios de influência. Essa cadeia impossível de ser rompida nos é forjada por nós mesmos. Ao se produzir um ruído preocupante, erguemo-nos no mesmo instante. Mas, enquanto nenhuma agitação vem nos perturbar, nossa consciência adere a um músculo relaxado e, em vez de constatar pura e simplesmente o hipotônus, ela se deixa *encantar*, no sentido próprio, por ele, ou seja, ela não o constata mas o *consagra*. Notaremos que surge, aqui, uma maneira de pensar completamente nova: é um pensamento que cai em todas as armadilhas, que consagra todas as solicitações, que se coloca de maneira completamente diferente em relação aos objetos do pensamento acordado no *sentido* de que já não se distingue dele de modo algum. Leroy mostra como desse estado de autossugestão pode-se cair diretamente no sonho propriamente dito. Veremos adiante que há um modo de consciência muito geral intimamente relacionado com a imaginação e que chamaremos de *consciência cativa*. O sonho, entre outros, é uma consciência cativa.

---

56. Leroy. Op. cit., p. 115.

Insistiu-se muito nos transtornos de atenção que precedem a imagem hipnagógica. Leroy fala de uma certa baixa da atenção voluntária "que se torna incapaz de se aplicar a acontecimentos exteriores mais interessantes ou à pura especulação"[57].

Trata-se evidentemente de uma estrutura indispensável da consciência hipnagógica, uma vez que encontramos esses transtornos de atenção nos casos patológicos. Existe, de fato, uma patologia das imagens hipnagógicas. Lhermitte reuniu três casos dos mais interessantes[58], mas descreve-os como casos de sonho acordado, ao passo que se trata visivelmente de visões hipnagógicas. Eis o caso de uma mulher de setenta e dois anos afetada por um icto com síndrome peduncular superior:

> [...] A doente, cuja integridade das funções mentais permanecia perfeita, relatava-nos o surgimento de manifestações muito perturbadoras. À tardinha, ao fim do dia, quando a sombra se acumulava nos cantos do aposento em que ela descansava, dizia-nos receber a visita de animais que deslizavam no assoalho sem fazer ruído: eram galinhas, gatos, pássaros, que se deslocavam indolentes, sem cessar; era capaz de contá-los, poderia desenhá-los; mas os animais, como em sonho, tinham uma aparência estranha, bizarra, pareciam pertencer a um mundo bem distante do nosso [...] Diante dessa aparição, a doente continuava perfeitamente tranquila e serena [...] Apesar da associação das sensações visuais e táteis, ela não achava que pudesse tratar-se de percepções verdadeiras e continuava convencida de que estava sendo joguete de ilusões. Note-se que o sono noturno, nessa paciente, era intensamente perturbado, e à insônia noturna associava-se um certo grau de sonolência durante a tarde [...] Essas aparições ocorriam, exatamente

---

57. Ibid., p. 65.
58. Lhermitte. *Le sommeil*, p. 142s.

Primeira parte – O certo

como no sonho, justamente num momento em que a doente se desinteressava pelas coisas em razão da acuidade menor das percepções visuais embotadas pelo declínio do dia.

E ele conclui:

O que aparece mais claramente (nos três casos) é o desinteresse pela situação presente, atual, um certo grau de desorientação [...][59].

Parece portanto que, tanto nos casos normais como nos patológicos, uma alteração da atenção é base constitutiva da consciência hipnagógica.

Deve-se admitir, aqui, a tese bergsoniana, retomada por Van Bogaert e por Lhermitte, a propósito dos três casos citados acima?

Essas imagens alucinatórias devem-se, na realidade, a um enfraquecimento do senso da realidade, da atenção à vida, graças ao qual as imagens e as representações assumem um brilho anormal[60].

Mas, em primeiro lugar, cairíamos novamente na ilusão de imanência, suporíamos implicitamente que existem dois mundos complementares: o das coisas e o das imagens, e que, cada vez que um escurece, o outro clareia na mesma medida. É pôr as imagens no mesmo plano que as coisas, dar a umas e outras um mesmo tipo de existência. Além disso, essa explicação valeria para um ressurgimento alucinatório de lembranças, mas perde todo o valor quando se trata de imagens inteiramente novas. Finalmente, e sobretudo, não é apenas um enfraquecimento da atenção para a vida, para a realidade, que condiciona o aparecimento das imagens hipnagógicas: é preciso, antes de tudo, evitar ciosamente dar atenção a *essas imagens em si*.

---

59. Ibid., p. 148.
60. Ibid., p. 147.

"Para ver o fenômeno se prolongar, assim como para lhe permitir nascer, é preciso uma certa 'ausência' da atenção voluntária", diz Leroy, acertadamente[61].

E Baillarger: "Não se pode fixar a atenção ativamente sem ver o fenômeno desaparecer".

Leroy, sem o dizer expressamente, considera essa ausência de atenção uma distração: "Para que o fenômeno se desenvolva", diz ele, "é preciso que um certo *automatismo* possa funcionar"[62].

A consciência seria um fator modificador, provido de certa eficácia, que se retiraria de cena e deixaria os fenômenos se desenrolarem por um encadeamento cego, no caso do semissono. Leroy distingue, de fato, a consciência, que é contemplativa, dos fenômenos hipnagógicos, que são automáticos. Mas essa noção de automatismo psicológico, cuja aparente clareza seduziu tantos autores, é um absurdo filosófico. Os fenômenos hipnagógicos não são "contemplados pela consciência": eles *são da consciência*. Ora, a consciência não pode ser automatismo: no máximo ela pode fingir o automatismo, ligar-se em formas automáticas; é o que ocorre neste caso. Mas deveríamos falar então de uma espécie de catividade. Essa consciência desatenta não está distraída, está *fascinada*.

De fato, não é que ela não esteja inteiramente voltada para seu objeto: mas não o está ao modo da atenção. Todo fenômeno de atenção comporta uma base motora (convergência, acomodação, retração do campo visual etc.). Esses diferentes movimentos são provisoriamente impossíveis: para produzi-los, seria preciso sair do estado de paralisia em que estamos. Voltaríamos então ao estado de vigília. Ora, esses movimentos permitem ao indivíduo orientar-se em relação ao objeto e observá-lo; são eles que dão independência ao indivíduo. Mesmo a atenção que damos a uma sensação cines-

---

61. Ibid., p. 59.
62. Ibid., p. 57.

Primeira parte – O certo

tésica implica uma orientação do corpo em relação a essa sensação; mesmo a atenção que damos a um pensamento implica uma espécie de localização no espaço. Prestar atenção em alguma coisa e localizar essa coisa: duas expressões para uma única e mesma operação. Dela resulta uma espécie de exterioridade do indivíduo em relação ao objeto (seja uma sensação, seja um pensamento). No adormecimento, a base motora da atenção não está presente. Disso resulta outro tipo de presença para o objeto. Ele está ali, mas sem exterioridade; por outro lado, não se pode observá-lo, ou seja, formular hipóteses e controlá-las. O que falta, justamente, é um poder contemplante da consciência, uma certa maneira de se manter à distância de suas imagens, de seus próprios pensamentos e de lhes deixar seu desenrolar lógico em vez de sobrecarregá-los com todo o seu peso, de se lançar na balança, de ser juiz e parte, de usar seu poder de síntese para fazer a síntese de qualquer coisa com qualquer coisa. Apareceu-me um coche que *era* o imperativo categórico. Vê-se aqui a consciência fascinada produzindo a imagem de um coche no meio de um raciocínio sobre a moral kantiana; ela já não tem a liberdade de manter os objetos distintos, mas cede às solicitações do momento e faz uma síntese absurda conferindo à sua nova imagem um *sentido* que permite manter a unidade do raciocínio. Mas, naturalmente, essa consciência não é cativa dos objetos, é cativa de si mesma. Estudaremos em outra parte, a propósito do sonho, esses modos participacionistas do pensamento. Em todo caso, podemos desde já arriscar uma conclusão: não contemplamos a imagem hipnagógica, somos fascinados por ela.

Aqui estou, então, com o tronco dobrado, os músculos relaxados, olhos fechados, deitado de lado; sinto-me paralisado por uma espécie de autossugestão; não consigo seguir meus pensamentos: eles se deixam absorver por uma multidão de impressões que os desviam e os fascinam, ou então se estancam ou se repetem indefinidamente. A cada instante, sou tomado por algo de que já não consigo sair, que me acorrenta, me arrasta num círculo de pensamentos pré-lógicos, e desaparece. A paralisia de meus membros e a fascinação de meus pensamentos não passam de dois aspectos de uma estrutura nova: a consciência cativa. Está preparado o terreno para as imagens hipnagógicas: estou num estado especial, comparável ao de certos psicastênicos, é a primeira queda de potencial, a primeira degradação da consciência antes do sonho. As imagens hipnagógicas não representam um segundo desnivelamento: aparecem sobre esse fundo ou não aparecem, só isso. Ocorre aqui como em certas psicoses que têm uma forma simples e uma forma delirante. As imagens hipnagógicas seriam a forma delirante. Ainda consigo refletir, ou seja, produzir consciências de consciências. Mas, para poder manter a integridade das consciências primárias, é preciso que as consciências reflexivas, por sua vez, deixem-se fascinar, que não coloquem diante delas as consciências primárias para observá-las e descrevê-las. Devem partilhar suas ilusões, colocar os objetos que elas colocam, segui-las na catividade. Na verdade, é necessária uma certa complacência da minha parte. Permanece em meu poder livrar-me desse encantamento, derrubar essas muralhas de papelão e voltar a encontrar o mundo da vigília. Por isso, em certo sentido, o estado hipnagógico, transitório, sem equilíbrio, é um estado artificial. É o "sonho que não consegue se formar". A consciência não quer se "incorporar" inteiramente, no sentido em que se diz que um creme não quer se incorporar. As imagens hipnagógicas aparecem com um certo nervosismo, uma certa resistência ao adormecimento, como pequenos deslizamentos para dentro do sono que são interrompidos. Num estado de calma perfeito deslizamos, sem perceber, do estado de fascinação simples para o sono. Só que, em geral, *queremos* adormecer, ou seja, temos consciência de caminhar para o sono. Essa consciência retarda a evolução, criando um certo estado de fascinação consciente que é precisamente o estado hipnagógico.

Nesse estado de catividade consentida, posso ou não me deixar fascinar pelo campo dos fosfenos. Se há fascinação, imagens hipnagógicas aparecerão.

Primeira parte – O certo

Meus olhos estão fechados. Campo de manchas luminosas relativamente estáveis, de cores e luminosidade variáveis. Começam movimentos, vagos turbilhões que criam formas luminosas sem contornos definidos. De fato, para descrever formas, é preciso poder seguir seus contornos com os olhos. Ora, como esses lampejos entópticos estão nos olhos, não se pode fazer os globos oculares tomarem posição em relação a esses lampejos. No entanto, somos constantemente solicitados a dar contornos a esses lampejos. Acontece até, no início do adormecimento, tentarmos segui-los com os olhos. Empreitada inútil: o movimento deveria ser feito *ao longo* da mancha, mas não poderia uma vez que a mancha se desloca com o movimento. Desses movimentos resultam trajetos fosforescentes indefinidos e indefiníveis. Depois, de repente, aparecem formas de contornos nítidos.

> Cerca de meia hora depois de me deitar, cada vez que fecho os olhos vejo grande quantidade de pontos brilhantes, estrelas, formas bizarras, entre as quais me lembro especialmente desta, que se representou inúmeras vezes em tamanho pequeno ou grande: uma linha quebrada, formada de dentes de serra irregulares, circunscrevendo em seu conjunto um espaço irregularmente circular[63].

Essas formas se constituem um pouco à frente das manchas entópticas: há uma ligeira defasagem do campo hipnagógico em relação ao campo entóptico. As primeiras formas aparecem nas bordas, embaixo, em cima, à direita, à esquerda: nunca – pelo menos para começar – no centro do campo. Como já mostramos, depois de tentar em vão, por algum tempo, ver o campo entóptico, encontramo-nos de repente *vendo* esses contornos. Não afirmamos essas formas como realmente existentes fora de nós, nem mesmo como existentes no campo entóptico: afirmamos somente que as vemos naquele momento. Em suma: não *vejo* dentes de serra, só vejo fosfenos, mas *sei* que o que vejo *é* uma figu-

---

63. Leroy. Op. cit., p. 12.

ra em dentes de serra. Do mesmo modo, no delírio onírico da confusão mental, o doente sabe que os lençóis que está vendo são trincheiras. Nada de novo apareceu, não projetamos nenhuma imagem sobre os lampejos entópticos, mas, ao apreendê-los, nós *os* apreendemos *como* dentes de serra ou *como* estrelas. A ligeira defasagem do campo hipnagógico em relação ao campo entóptico parece-me ser uma ilusão: ela provém simplesmente do fato de não percebermos as manchas entópticas como tendo forma de dentes de serra, mas, a partir dos lampejos entópticos, percebermos dentes de serra. O campo visual torna-se preciso, orienta-se, restringe-se, tornando-se campo hipnagógico. Em suma, os fosfenos funcionam no momento dado como matéria intuitiva de uma apreensão de dentes de serra. Há uma intenção para com os dentes de serra que se apoderou deles e que eles preenchem intuitivamente. Mas naturalmente essa intenção é de ordem muito particular: assemelha-se, decerto, à que pretende ver um rosto numa mancha ou numa chama, mas esta última é livre e tem consciência de sua espontaneidade. Na consciência hipnagógica, ao contrário, a intenção está aprisionada: soltou-se, provocada por uma necessidade de definir as formas de fosfenos; veio apreendê-las: eles não resistiram – porque de fato não têm forma nenhuma – mas também não se prestaram a isso; e através deles a consciência constituiu um novo objeto. Ela coloca a existência desses traços, dessas curvas? Não, ela suspende inteiramente toda tese concernente à sua existência. Coloca apenas que os vê, que são "sua representação". Determinou-se a ver formas porque as procurava; a ideia, com real fatalidade, tomou corpo imediatamente sob a forma de visão. Eis a falsidade radical da imagem hipnagógica: ela realiza como fenômeno subjetivo, no plano da percepção, o que de fato é apenas uma intenção vazia. As qualidades reais da matéria entóptica servem como suporte para intenções que a enriquecem prodigiosamente. Por exemplo, vejo três traços de um lindo roxo. De fato, *sei* que vejo esse roxo, mas não o vejo, ou melhor, sei que vejo algo que *é* roxo. Esse algo, conforme posso me dar conta depois que a ima-

Primeira parte – O certo

gem desaparece, é a luminosidade da mancha entóptica. Portanto, apreendi a luminosidade como roxo; a luminosidade *desempenha o papel* de roxo... etc.

As imagens propriamente ditas (personagens, animais... etc.) vêm em seguida. Citam-se casos em que elas teriam aparecido antes de qualquer figura geométrica, mas pude notar que, na maioria das vezes, dava-se pouca atenção aos arabescos do campo hipnagógico. De fato, parece-me que são sempre os primeiros a aparecer. Delimitam um espaço de três dimensões a partir do campo entóptico; eles estabelecem o quadro. As imagens mais complexas são *persuasões bruscas referentes às formas geométricas.* É mais ou menos o equivalente do que encontramos no pensamento em vigília quando se diz: estas linhas me lembram um rosto. Mas aqui o pensamento está preso e não consegue tomar uma distância em relação a si mesmo. Pensar que linhas lembram um rosto é ver um rosto nessas linhas. O pensamento cativo é obrigado a realizar todas as suas intenções. Pude seguir o surgimento delas e sua desagregação com bastante frequência. A esse respeito, nada é mais ilustrativo do que aquilo que poderíamos chamar de visões falhadas. Por exemplo, identifico uma massa colorida ou uma imagem de certa forma e uma vaga semelhança me leva a pensar "águia". Se um barulho, um pensamento me perturba de repente, a interpretação se desvanece a meio caminho e posso então me dar conta de que ela estava em vias de "pegar", ou seja, de se realizar no plano sensível, de se concretizar. O caráter essencial da consciência aprisionada parece-nos ser a fatalidade. O determinismo – que não pode de modo algum aplicar-se aos fatos de consciência – estabelece que, dado tal fenômeno, tal outro deverá seguir-se necessariamente. O fatalismo estabelece que tal fenômeno deve ocorrer e que é o fenômeno futuro que determina a série que levará até ele. O inverso da liberdade não é o determinismo, é o fatalismo. Pode-se até dizer que a fatalidade, incompreensível no mundo físico, está, ao contrário, perfeitamente em seu lugar no mundo da consciência. Alain bem

88   O imaginário

o mostrou[64]. Na consciência cativa, de fato, o que falta é a representação do possível, ou seja, a faculdade de suspender o julgamento. Mas todo pensamento cativa a consciência e a aprisiona – e a consciência o representa, o realiza e ao mesmo tempo o pensa. Se aquele barulho súbito não tivesse me despertado, minha interpretação "águia" teria chegado à maturidade sob a forma: "É uma águia que estou vendo". Tomar dela uma consciência completa teria sido senti-la como certeza. Assim, as mudanças repentinas de essência dos objetos hipnagógicos representam mudanças repentinas de crença:

> De repente, vejo que os traços em questão são cordéis[65].

O mesmo texto, por outro lado, bem mostra como o pensamento se cristaliza como certeza intuitiva:

> E imediatamente vejo também os pregadores de roupa pelos quais (as meias) estão presas aos cordéis[66].

Os cordéis e as meias atraem a ideia de pregadores. Mas essa ideia não é pensada como pura ideia; realiza-se imediatamente como certeza: o que vejo *comporta* pregadores. Vê-se claramente, aqui, a degradação do saber em intuição.

Seria preciso explicar, naturalmente, as mudanças incessantes que se produzem nas imagens hipnagógicas. Trata-se, de fato, de um mundo em perpétuo movimento: as figuras se transformam, se sucedem rapidamente, um traço torna-se cordel, um cordel torna-se um rosto... etc. Por outro lado, cada figura é animada por movimentos de translação ou de rotação, não são mais que rodas de fogo que giram, estrelas cadentes que descem velozmente, rostos que se aproximam ou se afastam. Parece-nos que esses movimentos se explicam

---

64. Cf., p. ex., *Mars ou la Guerre jugée.*
65. Leroy. Op. cit., p. 37.
66. Cf., supra, p. 75.

Primeira parte – O certo

por três fatores: de um lado, o próprio curso do pensamento encadeado que nunca deixa de ter interpretações; uma evidência rechaça a outra; a uma impressionante certeza de que se está vendo um rosto segue-se a evidente certeza de que se está vendo um esqueleto... etc. Em segundo lugar, as próprias variações do campo entóptico fornecem uma base intuitiva incessantemente renovada para certezas sempre novas. Quer estejam na origem desses lampejos uma atividade espontânea do nervo óptico, fenômenos circulatórios, ou a ação mecânica das pálpebras sobre os globos oculares, ou todos esses elementos ao mesmo tempo, essas causas variam constantemente e, por conseguinte, seus efeitos também variam. Na base dessas figuras que giram rapidamente em torno de si mesmas ou que se desenrolam em espiral, pensamos que há uma certa cintilação contínua de certas manchas entópticas. O terceiro fator seria naturalmente os movimentos dos globos oculares. É assim que eu explicaria certos fenômenos paradoxais das visões hipnagógicas; por exemplo, o fato de uma estrela, que parece deslizar de cima até embaixo e atravessa todo o meu campo visual, parecer ao mesmo tempo *estar sempre na mesma altura* em relação aos meus eixos ópticos.

Mas o que nos importa aqui não é determinar em todos os detalhes a estrutura de uma consciência hipnagógica. Queríamos apenas mostrar que se trata de uma consciência imaginante e que ela se aproxima muito das consciências que descobrem imagens numa mancha, numa chama. Tanto num caso como no outro a matéria é plástica: aqui arabescos, formas frágeis, ali lampejos sem contornos. Tanto aqui como ali o espírito está distendido; muitas vezes a posição é a mesma: muitas vezes o sujeito, deitado sem conseguir dormir, distrai-se acompanhando com os olhos os arabescos do papel de parede. É nessa situação que mais se descobrem imagens. Há então, aliás, um início de fascinação. Muitas vezes os arabescos adquirem aspecto estranho, as linhas são apanhadas como que em turbilhões imóveis, captam-se formas em movimento, direções que as abarcam e depois desaparecem. Nosso olhar é colhido por alguns conjuntos e todo o resto do campo visual permanece vago e movente. É nesse momento que aparecem as formas novas, os rostos. Em caso de febre bastante alta, esses rostos e personagens podem ter uma lucidez quase alucinatória. Todavia, entre esses dois tipos de consciência há uma diferença muito grande: no caso dos arabescos, não se coloca que o objeto tenha como qualidade real representar um animal, um rosto. Não há colocação de existência. Há, na consciência, um sentimento de espontaneidade. Trata-se de uma atividade de jogo, consciente de si mesma como tal. Na imagem hipnagógica essa consciência de jogo desapareceu. Não colocamos a imagem como objeto, mas como representação. Vemos, se não um gato, pelo menos uma representação do gato; ou ainda, para sermos mais exatos, *estamos vendo um gato não-existente*. Sem dúvida, apesar de tudo na consciência hipnagógica permanece um vago sentimento de espontaneidade, de complacência para consigo mesmo. Sentimos que poderíamos interromper tudo, se quiséssemos. Mas trata-se de uma consciência não-tética e contradita, de certo modo, pela maneira de colocar o objeto. Aliás, é porque a consciência se sente mal-aprisionada que ela coloca seu objeto como não-existente. Coloca-se como vendo um gato; mas, como se sente, apesar de tudo, na origem dessa visão, ela não coloca esse correlato como existente. Donde o paradoxo: estou realmente vendo alguma coisa, mas o que estou vendo *não é nada.* Por isso essa consciência aprisionada toma forma de imagem: ela não vai até o fim de si mesma. No sonho, o aprisionamento é completo, o gato será colocado como objeto. Na imagem hipnagógica temos uma colocação original da consciência que se assemelha muito à nossa colocação diante da gravura de Dürer: por um lado eu *vejo* a Morte, dizíamos; por outro lado essa Morte que eu vejo não existe. Mas, na consciência imaginante da gravura, a matéria mantinha sua independência, ou seja, podia ser objeto de uma percepção. No caso da consciência hipnagógica, a matéria é quase inseparável da consciência que tomamos dela, porque a tomada de consciência a transforma radicalmente, não apenas quanto à sua função mas quanto à sua constituição. Sem dúvida, no caso da apreensão imaginante de uma gravura, o plano tornava-se relevo, o incolor valia pelo colorido, o vazio por cheio etc. Mas, pelo menos, a maioria das qualidades da gravura tomada como imagem permanecia nela quando ela se tornava objeto de uma percepção. Na consciência hipnagógica já quase não há relação entre a imagem e seu suporte intuitivo. De modo que, quando a consciência imaginante se desagrega, só com muita dificuldade podemos encontrar, na atitude perceptiva, os elementos que tinham função de matéria.

Embora a consciência imaginante que se constitui por ocasião das manchas e dos arabescos difira profundamente, pela *crença*, da consciência hipnagógica, entre elas há, no entanto, intermediários. Vimos de fato que há, na primeira, um início de fascinação. Supomos que essa fascinação possa ser total, quando fixamos por muito tempo certos objetos privilegiados, em condições psicológicas especiais. A bola de cristal dos mágicos, a borra de café dos videntes nos parecem ser desses objetos. É muito provável que um sujeito dócil e predisposto veja cenas na bola de cristal. Neste caso trata-se, de fato, de um objeto bastante próximo das manchas entópticas: nada definido, nada fixo na bola de cristal. O olho não pode se deter em lugar nenhum, nenhuma forma o detém. Quando a visão aparece, solicitada por esse desequilíbrio constante, ela se dá espontaneamente como imagem: é a imagem do que deve me acontecer, dirá o sujeito. Isso mostra que as manchas entópticas estão longe de ser a única matéria possível das visões hipnagógicas. Seria possível, ao contrário, constituir toda uma classe de objetos suscetíveis de funcionar como base intuitiva dessas imagens. Bastaria que eles fossem formas frágeis, que se desagregassem sob os olhos e, no entanto, se refizessem incessantemente, formas em que o olhar se perdesse (seja por não encontrar nada, como na bola de cristal, seja por ser constantemente remetido a pontas de alfinete, como no caso da borra de café); em suma, formas que tivessem a propriedade de instigar incessantemente a atenção e de frustrá-la incessantemente. Admitamos, por outro lado, uma certa sonolência por parte do indivíduo, um estado de sugestionabilidade: a imagem hipnagógica vai nascer.

VII – Do retrato à imagem mental

Vamos abordar agora a descrição da imagem mental: é ela que finaliza a série. Antes, seria bom avaliar o caminho percorrido.

A intenção profunda não variou. Nos diversos casos que estudamos, sempre se tratava de ativar uma certa matéria para fazer dela a *representação* de um objeto ausente ou inexistente. A matéria nunca era o *análogo* perfeito do objeto a ser representado: um certo saber vinha interpretá-lo e preencher suas lacunas. Foram esses elementos correlatos, matéria e saber, que evoluíram de um caso a outro.

A) *A matéria* – A matéria de um retrato é um quase-rosto. Sem dúvida, é antes de tudo um elemento neutro que pode funcionar como suporte tanto de uma consciência perceptiva como de uma consciência imaginante. Mas essa indiferença é, sobretudo, teórica. Na verdade, a espontaneidade da consciência é intensamente solicitada: as formas, as cores, fortemente organizadas, impõem-se quase como uma imagem de Pierre. Se me toma a fantasia de *percebê-las*, elas resistem. Um quadro se oferece espontaneamente em *relevo* à consciência imaginante, a consciência perceptiva terá muita dificuldade para vê-lo plano. Esse quase-rosto, além disso, é acessível à observação: naturalmente não reporto as qualidades novas que percebo nele ao objeto que tenho sob os olhos, à tela pintada. Projeto-as, bem para além do quadro, no Pierre verdadeiro. O resultado é que cada um dos julgamentos que faço se dá como provável (ao passo que na observação de verdade os julgamentos são certos). Quando digo "Pierre tem olhos azuis", subentendo: "Pelo menos se esse quadro o representa fielmente".

A matéria de minha imagem é um objeto estritamente individual: esse quadro é único no tempo e no espaço. É preciso até acrescentar que os traços do quase-rosto também têm uma individualidade inalienável: esse quase-sorriso não se parece com nenhum outro. No entanto, essa individualidade só aparece para a consciência perceptiva. Passando

Primeira parte – O certo

da percepção para a imagem, a matéria adquire uma certa generalidade. Diremos: "Sim, é bem *assim que ele sorri*", dando a entender que o sorriso representa por si só uma infinidade de sorrisos individuais de Pierre. Apreendemos as diferentes qualidades da matéria como representantes que valem, cada um, por uma infinidade de qualidades que aparecem e desaparecem em Pierre: aquela cor rosa torna-se *o rosa* de suas faces; aquele brilho verde, o *verde* de seus olhos. O que procuramos através do quadro não é Pierre tal como pode nos ter aparecido antes de ontem ou em determinado dia do ano passado: é o *Pierre em geral*, um protótipo que serve como unidade temática a todas as aparições individuais de Pierre[67].

Na medida em que subimos na série das consciências imaginantes, a matéria se empobrece cada vez mais. Originalmente, apesar de certas diferenças, o que se via na percepção passava tal e qual para a imagem: o que mudava – e radicalmente – era antes de tudo o sentido da matéria, que remetia a ela mesma no primeiro caso e a outro objeto no segundo. A partir da imitação, o que aparece para a consciência imaginante não se assemelha de modo algum ao que se vê na percepção. Passando de uma função para outra a matéria se empobrece: deixo de lado uma infinidade de qualidades. De modo que, afinal, o que constitui a base intuitiva da minha imagem nunca pode constituir a de uma percepção. Assim, aparece na matéria da imagem uma pobreza essencial. Segue-se que o objeto intencionado através da matéria cresce em generalidade. Quando Franconay imita Chevalier, já não é nem mesmo "Chevalier com seu terno marrom", "Chevalier com seus olhos verdes..." etc., que vejo através dela. É simplesmente Chevalier. No caso do desenho esquemático, projeto através dos traços pretos "o corredor-durante-o-esforço", que serve de *protótipo* para todos os corredores possíveis.

---

67. Se a imagem pretende reproduzir o individual, "o que não volta nunca", será preciso que o artista especifique. P. ex., o desenhista que faz um esboço para uma reportagem especificará: "O criminoso *no momento em que o júri pronuncia o veredicto*".

É difícil, nesse grau, diferenciar claramente a *ideia* do corredor de sua *imagem*. Veremos adiante que é possível conseguir, mas o objeto da ideia e o objeto da imagem – embora tomados de maneira diferente – são idênticos. A partir desse momento estamos em presença de um fenômeno de quase-observação, ou seja, não lemos *na* matéria (rosto do imitador, linhas do desenho esquemático) nada diferente do que colocamos nela. Na medida em que a matéria da consciência imaginante se distancia da matéria da percepção, na medida em que se impregna mais de saber, sua semelhança com o objeto da imagem se atenua. Um fenômeno novo aparece: o fenômeno de *equivalência*. A matéria intuitiva é escolhida por suas relações de equivalência com a matéria do objeto. O movimento será hipostasiado como equivalente da forma, a luminosidade como equivalente da cor. Isso implica, naturalmente, que o saber desempenha um papel cada vez mais importante, a ponto de substituir a própria intuição no terreno da intuição. Ao mesmo tempo, a intenção propriamente imaginante é cada vez menos solicitada pela própria matéria da imagem. Para acioná-la é preciso um sistema de signos (imitação), um conjunto de convenções e um saber (imagem esquemática), o livre-funcionamento do espírito (manchas na parede, arabescos), ou a fascinação da consciência (imagens hipnagógicas). Em suma, ao passo que o saber adquire mais importância, a intenção ganha em espontaneidade.

B) *O saber* – O saber, sob sua forma ideativa, não substitui a matéria que falta. Não pode preencher, como tal, as lacunas da intuição. É preciso que ele sofra uma degradação, à qual teremos que voltar. Ele passa para o intuitivo sob forma de pantomima; ele se molda nos movimentos. Aparece um fenômeno novo: o *movimento simbólico*, que, por sua própria natureza de movimento, está do lado da intuição e, por sua significação, do lado do pensamento puro. Mas pode acontecer de o saber se incorporar diretamente a outras qualidades sensíveis, como no caso das imagens hipnagógicas. Veremos que essa degradação do saber não é exclusivamen-

Primeira parte – O certo

te um fenômeno de imaginação e que já a encontramos na simples percepção.

VIII – A imagem mental

Fizeram-se experiências absurdas para demonstrar que a imagem tem um conteúdo sensorial:

> Se, por exemplo, o indivíduo está sentado num quarto bem-iluminado diante de uma tela de vidro fosco por trás da qual há uma lanterna de projeção velada, muitas vezes lhe é impossível reconhecer se as cores fracas que ele vê no vidro provêm da lanterna ou de sua própria imaginação. Dizemos a ele: Imagine que sobre o vidro haja a imagem de uma banana. E, em muitos casos, quer se projete da lanterna uma faixa de luz amarela extremamente fraca ou se suprima toda luz objetiva, o resultado é o mesmo: a percepção da faixa de luz amarela é confundida com a imagem correspondente[68].

As experiências mais recentes de Schraub são do mesmo teor: "Fazemos com que se ouçam ruídos dos quais medimos a intensidade. Depois pedimos ao indivíduo que reproduza esses ruídos mentalmente. Para cada um, faz-se com que o indivíduo o compare com o ruído que funcionou como excitante, e o fazemos de novo, graduando sua intensidade (ou a diminuindo) até que não tenha mais força do que sua representação (ou imagem reproduzida) por parte do indivíduo"[69].

Essas pesquisas só teriam sentido se a imagem fosse uma percepção fraca. Mas ela se dá *como imagem*, portanto, qualquer comparação de intensidade entre ela e a percepção é impossível. Não sabemos a quem atribuir a maior

---

68. Titchener. *Manuel de Psychologie*, p. 198 [Trad. fr. Lesage].
69. Dwelshauvers. *Traité de Psychologie*, p. 368.

incompreensão: ao pesquisador que faz essas perguntas ou ao indivíduo que responde docilmente.

Acima definimos a imagem como "um ato que visa em sua corporeidade um objeto ausente ou inexistente através de um conteúdo físico ou psíquico que não se dá como ele próprio, mas a título de representante analógico do objeto visado". No caso da imagem mental o conteúdo não tem exterioridade. Vemos um retrato, uma caricatura, uma mancha: não *vemos* uma imagem mental. Ver um objeto é localizá-lo no espaço, entre a mesa e o tapete, a uma certa altura, à minha direita ou à minha esquerda. Ora, minhas imagens mentais não se misturam aos objetos que me cercam. É que as sensações presentes, dirão, agem como "redutoras". Mas por que haveria redução, por que não se produziriam, de preferência, composições?

De fato, a imagem mental visa *uma coisa real*, que existe entre outras, no mundo da percepção: mas visa-a através de um conteúdo psíquico. Sem dúvida esse conteúdo deve preencher certas condições: na consciência de imagem apreendemos um *objeto* como *analogon* de outro objeto. Quadros, caricaturas, imitadores, manchas nas paredes, lampejos entópticos: todos esses representantes tinham como caráter comum ser objetos para a consciência. O "conteúdo" puramente psíquico da imagem mental não pode escapar a esta lei: uma consciência que estivesse diante da coisa visada por ela seria uma consciência perceptiva; uma consciência que visasse a coisa no vazio seria uma pura consciência de significação. Essa necessidade de que a matéria da imagem mental já seja constituída como objeto para a consciência chamaremos de *transcendência* do representante. Mas transcendência não quer dizer exterioridade: é a coisa representada que é exterior, não seu *analogon* mental. A ilusão de imanência consiste em transferir para o conteúdo psíquico transcendente a exterioridade, a espacialidade e todas as qualidades sensíveis da coisa. Essas qualidades ele não tem: ele as representa, mas *à sua maneira*.

Poderia parecer agora que nos basta descrever esse conteúdo analógico tal como descrevemos os conteúdos materiais da consciência de retrato ou de imitação. No entanto, encontramos aqui uma enorme dificuldade: nos casos descritos anteriormente, quando a consciência propriamente imaginante desaparecia, restava um resíduo sensível que se podia descrever: era a tela pintada ou a mancha da parede. Refazendo certos movimentos ou deixando agir sobre nós as linhas e as cores do quadro podíamos, sem reformar propriamente a consciência imaginante, pelo menos reconstituir sem muita dificuldade o *analogon* a partir desse resíduo sensível. A matéria de minha consciência imaginante de retrato era evidentemente a tela pintada. É preciso admitir que a descrição reflexiva não nos informa diretamente sobre a matéria representativa da imagem mental. É que, quando a consciência imaginante se desvaneceu, seu conteúdo transcendente se desvaneceu com ela; não resta resíduo que se possa descrever, estamos diante de outra consciência sintética que nada tem em comum com a primeira. Portanto, não podemos esperar captar esse conteúdo pela introspecção. É preciso escolher: ou formamos a imagem, e então só conhecemos o conteúdo por sua função de *analogon* (quer formemos uma consciência irrefletida ou uma consciência reflexiva), apreendemos nele as qualidades da coisa visada; ou não formamos a imagem, e então também não temos o conteúdo, não resta nada dele. Em suma, sabemos – porque é uma necessidade essencial – que há na imagem mental um dado físico que funciona como *analogon*, mas, se quisermos determinar mais claramente a natureza e os componentes desse dado, estaremos reduzidos a conjecturas.

É preciso, então, deixarmos o terreno seguro da descrição fenomenológica e nos voltarmos para a psicologia experimental. Quer dizer que, como nas ciências experimentais, devemos formular hipóteses e buscar confirmações na observação e na experiência. Essas confirmações nunca nos permitirão ultrapassar o domínio do provável.

Segunda parte

O provável

Natureza do *analogon* na imagem mental

I – O saber

A imagem é definida por sua intenção. A intenção é o que faz com que a imagem de Pierre seja consciência de Pierre. Se tomarmos essa intenção em sua origem, ou seja, quando ela brota de nossa espontaneidade, ela já implica, por mais nua e despojada que a suponhamos, um certo saber: é, por hipótese, o conhecimento deste Pierre. Admito que esse conhecimento seja uma simples espera vazia, uma direção: de todo modo é uma direção *para Pierre*, uma espera *de Pierre*. Em suma, "a intenção pura" é uma aliança de termos contraditórios uma vez que é sempre *intenção para alguma coisa*. Mas a intenção não se limita, na imagem, a visar Pierre de modo indeterminado: ela o visa loiro, alto, de nariz arrebitado ou aquilino etc. É preciso, portanto, que ela se carregue de conhecimentos, que atravesse uma certa camada de consciência que poderíamos chamar de camada do saber. De modo que, na consciência imaginante, só por abstração é possível distinguir o saber da intenção.

A intenção só se define pelo saber, pois só representamos em imagem o que sabemos de alguma maneira, e, reciprocamente, o saber aqui não é simplesmente um saber, ele é ato, é o que quero representar. Não me limito a saber que Pierre é loiro, esse saber é uma exigência: eis o que é preciso que eu realize como intuição. Naturalmente, esse saber não deve ser considerado como se acrescentando a uma imagem já constituída para esclarecê-la: ele é a estrutura ativa da imagem.

Uma imagem não pode existir sem um saber que a constitua. Essa é a razão profunda do fenômeno de quase-observação. O saber, ao contrário, pode existir em estado livre, ou seja, constituir por si só uma consciência.

"Afirmo", escreve Bühler, "que em princípio todo objeto pode ser plenamente e exatamente pensado sem a ajuda de imagem. Posso pensar de maneira plenamente determinada e sem representação qualquer *nuança* individual da cor azul de um quadro pendurado no meu quarto, contanto, apenas, que seja possível que esse objeto me seja dado por um outro meio que não sensações"[70].

O que devemos entender por esse saber em estado livre? Visará ele realmente o objeto? Um sujeito de Bühler nos informará.

"Você sabe quantas cores fundamentais há na Madona da Capela Sistina?" "Sim. Primeiro tive a imagem da Madona com seu manto, depois a de duas outras figuras, especialmente a de Santa Bárbara em amarelo. Eu também tinha o vermelho, o amarelo, o verde. Então me perguntei se também estava ali 'o azul' e *tive a noção, sem imagem, de que ele estava representado.*" O saber visa o azul enquanto representado no quadro e quarta cor fundamental. Semelhante à resposta do sujeito de Messer.

"A palavra *montanha* sugere a um indivíduo 'a consciência' (sem palavra) de uma direção para algo determinado que se pode escalar", revela que a montanha não é concebida como realidade intuitiva mas como uma certa *regra*. É o que mostra, aliás, a classificação de Bühler. Ele divide as *Bewusstheiten* em três categorias. São consciências de *regras*, consciências de *relações* e *intenções*. A este último termo, muito impróprio, cabe enfim designar a consciência de uma ordem, de um arranjo, de um sistema. Ou seja, o saber em estado puro apresenta-se como uma consciência

---

70. Bühler. *Tatsachen und Probleme zu einer Psychologie der Denkvorgänge*. I – Ueber Gedanken, 321. *Arch. f. ges. Psych.*, 1907.

Segunda parte – O provável

de *relações*. Naturalmente é uma consciência vazia, porque a matéria sensível, aqui, só é pensada sob a forma de termo, de suporte das relações. Por exemplo, o azul do quadro só é pensado como "quarta cor fundamental". O saber pode ser tão detalhado quanto quisermos, pode abranger inúmeras relações diversas numa síntese complexa; pode visar relações concretas entre objetos individuais (p. ex., Lebrun* pode me ser dado como "o primeiro funcionário da França"); pode preceder o julgamento ou acompanhá-lo; pode até ser ligado a um signo ou a um grupo de signos: não deixa de ser uma consciência vazia de significação.

Mas, diz Husserl[71], essa consciência vazia pode se preencher. Não com palavras: as palavras são apenas o suporte do saber. É a imagem[72] que é o "preenchimento" (*Erfüllung*) intuitivo da significação. Se penso "andorinha", por exemplo, posso primeiro ter apenas uma palavra e uma significação vazia no espírito. Se a imagem aparece, faz-se uma nova síntese e a significação vazia torna-se consciência plena de *andorinha*.

Essa teoria, admitimos, parece-nos chocante. Em primeiro lugar, o que seria a imagem afora a síntese de significação? Não podemos admitir que a imagem venha "preencher" uma consciência vazia: ela mesma *é* uma consciência. Parece que aqui Husserl deixa-se enganar pela ilusão de imanência. Mas o que nos preocupa antes de tudo é o que poderíamos chamar de questão da degradação do saber. É certo mesmo que o saber, passando do estado livre ao de estrutura intencional de uma consciência imaginante, não sofre outra alteração além de um preenchimento? Não seria ele, antes, objeto de uma mudança radical? Os psicólogos que estudaram – pelo método de introspecção experimental – as relações da imagem e do pensamento assinalam em seus sujeitos, ao lado de saberes puros, dados como "Bewusstheiten", "Bewusst-

---

* Presidente da França de 1932 a 1940 (N.T.).

71. Husserl. *Logische Untersuchungen*. Tomo II, cap. I; tomo III, cap. I.

72. Em falta, naturalmente, da percepção.

seinlagen", "Sphärenbewusstsein" etc., estados curiosos que, embora não contendo nenhum elemento representativo, já são dados pelos sujeitos como imagens.

Encontramos em Schwiete processos verbais muito significativos.

1º) Sujeito I: "aberto"

"Tive a imagem indeterminada de uma 'abertura'."

2º) Sujeito II: "dessemelhante"

"Vi dois objetos indeterminados e dessemelhantes"[73].

Assim, aí está uma abertura que não é abertura de nada e, além disso, que nem tem forma determinada. No entanto, é uma abertura em imagem. Aí estão dois objetos que nem mesmo têm características espaciais, em suma, que não têm nenhuma qualidade intuitiva pela qual possam diferir um do outro e, no entanto, *são captados em imagem como dessemelhantes*. Perguntamo-nos aqui em que a imagem difere de um puro saber. E contudo ela se afirma como imagem.

Burloud é mais claro ainda. A propósito dos trabalhos de Messer, ele escreve:

> No mais baixo grau, uma direção espacial, uma direção de exteriorização. Para a palavra *Atlas,* o sujeito II tem uma representação visual de um lugar no mapa. "Era mais uma direção para além do Mar Mediterrâneo..." Muitas vezes os sujeitos hesitam entre chamá-lo imagem ou pensamento. Para a palavra *prego,* o sujeito I indica a presença, em sua consciência, de algo visual ou conceitual, mas de natureza tal que poderia gerar uma impressão visual. "Pensei em algo comprido, pontudo." Para designar esses estados utilizam-se expressões como: saber, simples tendência a uma

---

73. Schwiete. "Ueber die psychische Repräsentation des Begriffe". *Arch. f. ges. Psych.*, Bd XIX, p. 475.

Segunda parte – O provável

representação visual, germe de uma representação visual etc.[74]

Bem dizíamos: o saber, ao entrar na constituição da imagem, sofre[75] uma mudança radical. Sofre-a até antes que a imagem esteja constituída. Há consciências de um tipo particular que são vazias, tal como as consciências de pura significação, mas que não são consciências de pura significação. Já em sua origem elas afirmam sua relação íntima com o sensível. Dão-se como "algo visual *ou conceitual mas de natureza tal que poderia engendrar uma impressão visual*". Estamos distantes das "Bewusstheiten" de Bühler. Trata-se ainda de um saber, mas de um saber degradado.

Esse saber que se apresenta como "germe de uma representação visual" não seria o esquema dinâmico de Bergson? Este se apresenta, de fato, como determinado em sua estrutura íntima por sua relação com as imagens futuras... "Ele consiste em uma espera de imagens, em uma atitude intelectual destinada ora a preparar a chegada de certa imagem precisa, como no caso da memória, ora a organizar um jogo mais ou menos prolongado entre as imagens capazes de vir inserir-se nele, como no caso da imaginação criativa. Ele é em estado aberto o que a imagem é em estado fechado. Apresenta em termos de *devir*, dinamicamente, o que as imagens nos dão como pronto, no estado estático"[76].

Na época em que Bergson concebeu sua teoria, o esquema dinâmico progredia grandemente em relação ao associacionismo. Hoje, a psicologia se desligou mais da influência tainiana. O pensamento, irredutível à sensação, define-se pelo sentido (*meaning*) e pela intencionalidade. É um ato. À luz dessas novas teses, o esquema dinâmico aparece como um

---

74. Burloud. *La Pensée d'après les recherches expérimentales de Watt* etc. Alcan, 1927, p. 68.

75. Esse "sofre" não deve ser tomado no sentido literal. Não há no saber uma passividade que possa sofrer, o que quer que seja. Melhor seria dizer que o saber se dá uma degradação.

76. Bergson. *L'Energie spirituelle*, p. 199.

106 O imaginário

esforço ainda muito tímido e que não alcança seu objetivo. Sem dúvida ele já é uma organização sintética, o que é melhor do que uma simples associação de imagens. Mas seria inútil procurar em Bergson uma descrição positiva da intencionalidade que o constitui. Essa é exatamente a ambiguidade constante do dinamismo bergsoniano: sínteses melódicas – mas sem ato sintético; organizações sem poder organizador. Esse é também o esquema dinâmico: dinâmico ele é, sem dúvida, à maneira de uma força, de um turbilhão. Mas não aparece claramente, em nenhum lugar, como um ato: é uma coisa. Dessa insuficiência fundamental decorre toda ambiguidade de sua natureza. Ora aparece como a forma transitória que uma representação pode tomar:

> Trabalhar intelectualmente consiste em conduzir *uma mesma representação* através dos planos de consciência diferentes numa direção que vai do abstrato ao concreto, do esquema à imagem[77].

Ora é um poder organizador que desaparece atrás do que organizou:

> [...] É uma representação de ordem diferente sempre capaz de se realizar em imagens, mas sempre distinta delas... Presente e atuante no trabalho de evocação das imagens, atrás das imagens já evocadas, tendo cumprido sua obra[78].

Do mesmo modo, será impossível compreender o papel exato da afetividade na constituição desses esquemas. Aqui Bergson escreve:

> Quando quero rememorar um nome próprio, dirijo-me primeiro para a impressão geral que guardei dele; ela é que desempenhará o papel de esquema dinâmico[79].

---

77. Ibid., p. 188 (grifo nosso).
78. Ibid., p. 188.
79. Ibid., p. 193.

Segunda parte – O provável

E ali:

> [...] parti da impressão geral que me ficou dele. Era uma impressão de estranheza, mas não de estranheza indeterminada. Havia como que uma nota dominante de barbárie e de rapina[80].

E, no entanto, essas impressões não são puramente afetivas, uma vez que Bergson chama seu esquema[81] de: "um esquema indiviso com certa coloração afetiva".

Na verdade, Bergson não se empenhou muito em descrever claramente seu esquema. O que lhe importa, antes de tudo, é encontrar nele as qualidades que destaca em todas as suas descrições da consciência: o esquema é um *devir*[82], além disso seus elementos se *interpenetram*[83]. É por essa interpenetração e por essa duração melódica que o esquema se opõe à imagem "de contornos definidos, *de partes justapostas*". Ele é a vida, o próprio movimento da consciência. Ela "desenha o que foi". Voltamos a encontrar aqui os grandes temas bergsonianos e as oposições clássicas do sistema; o esquema é o movente, o vivo; a imagem é o estático, o morto, o espaço que subtende o movimento.

Justamente, essa oposição nos parece aqui infeliz e é ela que nos impede de aceitar em bloco a descrição de Bergson. Em primeiro lugar, já o dissemos, o saber não desaparece, uma vez constituída a consciência de imagem; ele não "desaparece" atrás das imagens. Nem sempre ele é "capaz de se realizar como imagens mas sempre distinto delas". Representa a estrutura ativa da consciência imaginante. Não podemos aceitar essa distinção radical entre imagem e esquema. Senão deveríamos *aprender* nossas imagens como nossas percepções; para isso seria preciso observá-las; para

---

80. Ibid., p. 175.
81. Ibid., p. 178.
82. Ibid. Cf. p. 199-200.
83. Ibid. Cf., p. ex., p. 189, 178. "Un schéma *indivisé*" etc.

observá-las precisaríamos de esquemas e assim por diante, ao infinito.

Além disso, essa concepção da imagem como "uma representação [...] cujas partes se justapõem" parece-nos do âmbito da ilusão de imanência. As partes se justapõem *nos objetos*. Mas a imagem é uma síntese de interioridade que se caracteriza por uma real interpenetração de seus elementos. Voltaremos aos personagens de sonhos[84] que podem ser ao mesmo tempo um homem e uma mulher, um velho e uma criança. Leroy observa muito argutamente que nossas imagens em vigília talvez também tenham essa polimorfia. Nós o mostraremos no próximo capítulo. Em todo caso, toda uma categoria de imagens, as que Flach[85] chama de esquemas simbólicos, exprime em sua indivisão primeira uma infinidade de coisas que o pensamento discursivo deverá analisar e justapor.

> Compreender o sentido da palavra: Baudelaire.
>
> Vi imediatamente no espaço livre, sobre um fundo absolutamente escuro, uma mancha de cor azul-esverdeada do tipo da cor do vitríolo e como que lançada ali, com uma única e grande pincelada. A mancha era mais comprida do que larga – talvez duas vezes mais comprida do que larga. Imediatamente o saber de que aquela cor deve exprimir o mórbido, a decadência específica que caracteriza Baudelaire. Penso se aquela imagem pode aplicar-se a Wilde ou a Huysmans: impossível. Sinto uma resistência tão forte quanto se me propusessem alguma coisa contrária à lógica. Aquela imagem só vale para Baudelaire e, a partir daquele minuto, será para mim representativa desse poeta.

Convém, portanto, deixar de lado as expressões, bastante vagas, "devir", "dinamismo" etc. Essa psicologia de "sim-

---

84. Cf. Freud. *Traumdeutung*, p. 67, "le rêve d'Irma".

85. A. Flach. "Ueber Symbolischen Schemala in produktiven Denkprozess". *Arch. f. ges. Psych.*, B. II, p. 369, 599.

Segunda parte – O provável 109

patia com a vida" está ultrapassada. Sem dúvida existe, e Bergson o viu, um certo estado do saber que é "espera de imagens". Mas essa espera de imagens é homogênea à própria imagem. Além do mais essa espera é muito particular; o que o saber espera é transformar-se, ele próprio, em imagem. Preferiríamos ainda, à expressão "esquema dinâmico", a expressão de Spaier[86] "aurora de imagem", porque mostra bem que há continuidade entre o saber imaginante vazio e a consciência imaginante plena.

Sujeito II: "Ah, ele é... Parei porque sabia o que eu queria dizer antes que a palavra 'rico' viesse, senti como um acionamento interior, um *ah!* uma espécie de movimento interior comparável ao barulho rapidamente crescente de uma sirene [...], sinto que virá, vai chegar, sei que compreendi [...] Então a palavra surgiu"[87].

E Spaier acrescenta: "Há, portanto, uma tendência a não ir até o fim: tentamos economizar a própria imagem, para ir mais depressa, contentamo-nos com a aurora..."

Pensamos que há mais diferença entre um saber imaginante e um saber de pura significação do que entre um saber imaginante e uma imagem em seu pleno desenvolvimento. Mas convém aprofundar essa diferença, ou seja, determinar exatamente a natureza da degradação sofrida pelo saber ao passar do estado de puro "*meaning*" para o estado imaginante. Para isso, examinaremos um pouco mais de perto os casos privilegiados em que o saber imaginante se apresenta no estado puro, ou seja, como consciência livre.

Os processos verbais dos psicólogos de Würzburg são significativos a esse respeito: encontram-se entre os sujeitos dois tipos de consciência vazia.

---

86. Spaier. "L'Image mentale d'après les expériences d'introspection". *Revue philosophique*, 1914.

87. Ibid.

Tipo I: CÍRCULO. Primeiro uma consciência geral (*allgemeines Bewusstsein*) correspondente ao conceito: figura geométrica. A palavra não estava presente.

Tipo II: PACIÊNCIA – LONGANIMIDADE. Uma consciência particular de um meio bíblico.

> REI ORGULHOSO
> (Sinto-me) transportado para outro tipo de realidade, a das baladas e das lendas antigas [...] Uma direção para o passado da Alemanha em que o monarca orgulhoso desempenharia um papel importante[88].

A consciência de "círculo" é geral, a de "paciência, longanimidade" é particular. No entanto, não está aí a diferença. As consciências do tipo I, de fato, também podem ser particulares. Mas no primeiro caso o que é captado é uma regra; no segundo, é uma coisa. É isso que devemos aprofundar num outro exemplo.

Estou lendo um romance. Interesso-me intensamente pela sorte do herói que vai fugir da prisão, por exemplo. Inteiro-me com muita curiosidade dos mínimos detalhes de seus preparativos de fuga. No entanto, os autores são unânimes em destacar a pobreza das imagens que acompanham minha leitura[89]. De fato, a maioria dos sujeitos as tem muito poucas e muito incompletas. Deve-se até acrescentar que em geral elas aparecem fora da atividade de leitura propriamente dita, quando, por exemplo, o leitor volta para trás e relembra os acontecimentos do capítulo anterior, quando ele pensa no livro etc. Em suma, as imagens aparecem nas interrupções e escapadelas da leitura. O resto do tempo, quando o leitor está muito envolvido, não há imagem mental. Pudemos constatá-lo em nós mesmos, em muitas

---

88. Messer. "Experimental psychologische Untersuchungen des Denken". *Arch. f. ges. Psych.*, 1906, VIII, p. 1-224. Messer caracteriza arbitrariamente as consciências do tipo II pela afetividade.

89. Cf., p. ex., Binet. *Étude expérimentale de l'intelligence*, p. 97.

Segunda parte – O provável

ocasiões, e várias pessoas o confirmaram. A afluência das imagens é característica de uma leitura distraída e frequentemente interrompida.

Contudo, não se pode dizer que o elemento imaginado falte totalmente na leitura. Senão, como explicaríamos a força de nossas emoções? Nós participamos, nos indignamos; alguns chegam a chorar. Na realidade, na leitura, como no teatro, estamos em presença de um mundo e atribuímos a esse mundo tanta existência quanto ao do teatro, ou seja, uma existência completa na irrealidade. Os signos verbais não são, como no caso da matemática, por exemplo, intermediários entre as significações puras e nossa consciência: eles representam a superfície de contato entre esse mundo imaginário e nós. Para descrever corretamente o fenômeno de leitura é preciso dizer, portanto, que o leitor está em *presença de um mundo*. É o que prova claramente – se fosse preciso provar – a existência do que Binet chama de "imagens latentes".

> Com frequência temos imagens muito mais precisas do que supomos; lendo uma peça, por exemplo, imagens de posição, de encenação; sem perceber, fazemos uma instalação de cenário. É preciso nos desenhar, por exemplo, a planta do palco para imediatamente tomarmos consciência de nossa encenação pessoal, por um sentimento de resistência interior[90].

Naturalmente, não podemos aceitar essa tese: para nós, uma imagem é uma consciência, e uma "consciência latente" seria uma contradição de termos. Entretanto, é preciso convir que alguma coisa desempenha o papel dessas pretensas imagens latentes: é o saber imaginante.

A consciência de leitura é uma consciência *sui generis* que tem sua estrutura. Quando lemos um cartaz ou uma fra-

---

90. Cit. por Delacroix em *Traité de Psychologie de Dumas*, tomo II, p. 118.

se isolada de seu contexto, produzimos simplesmente uma consciência de significação, uma *lexis*. Se lemos uma obra erudita, produzimos uma consciência na qual a intenção virá a cada instante aderir ao signo. Nosso pensamento, nosso saber se amolda às palavras e tomamos consciência dele *sobre as palavras, como propriedade objetiva das palavras*. Naturalmente essas propriedades objetivas não ficam separadas mas se fundem de uma palavra à outra, de uma página à outra: assim que abrimos um livro, temos à nossa frente uma esfera objetiva de significação.

Até aqui, nada de novo. Trata-se sempre do saber significante. Mas, se o livro é um romance, tudo muda: a esfera de significação objetiva torna-se um mundo irreal. Ler um romance é tomar uma atitude geral da consciência: essa atitude se assemelha *grosso modo* à de um espectador que, no teatro, vê a cortina se levantar. Ele se prepara para descobrir todo um mundo, que não é o da percepção, mas também não é o das imagens mentais. Assistir a uma peça de teatro é apreender *nos* atores os personagens, *nas* árvores de papelão a floresta de *As you like it*. Ler é realizar *nos* signos o contato com o mundo irreal. Nesse mundo há plantas, animais, campos, cidades, homens: em primeiro lugar os de que o livro trata e, depois, uma multidão de outros que não são nomeados mas que estão no plano de fundo e que constituem a espessura desse mundo (p. ex., num capítulo dedicado a um baile, todos os convidados dos quais nada se disse mas que estão ali e que "fazem número"). Esses seres concretos são os objetos de meus pensamentos: sua existência irreal é correlata às sínteses que opero guiado pelas palavras. É que, essas próprias sínteses, eu as opero à maneira de sínteses perceptivas e não de sínteses significantes. Se leio: "Eles entraram no escritório de Pierre", essa simples anotação torna-se o tema em surdina de todas as sínteses posteriores. Quando eu ler o relato da briga deles, situarei a briga *no escritório*. Eis a frase "ele saiu batendo a porta": sei que essa porta é a do escritório de Pierre; sei que o escritório de Pierre é no terceiro andar de um imóvel novo e que esse imóvel fica no subúrbio de Paris. Naturalmente não há nada disso na única frase que estou

Segunda parte – O provável 113

lendo no momento. É preciso conhecer os capítulos anteriores para sabê-lo. Portanto, tudo o que ultrapassa, envolve, orienta e localiza a significação nua da frase que estou lendo é objeto de um saber. Mas esse saber não é um puro "*meaning*". Não é sob forma de significação que penso "escritório", "terceiro andar", "imóvel", "subúrbio de Paris". Penso-o *à maneira de coisas*. Para compreender a diferença, basta ler esta frase num relatório: "O sindicato dos proprietários de imóveis parisienses", e esta outra num romance: "Ele desceu depressa os três andares do imóvel". O que mudou? Não é o próprio conteúdo do saber "imóvel", é a maneira pela qual ele é sabido. No primeiro caso, o conteúdo do saber é visado pela consciência como uma regra; no segundo, como um objeto. Sem dúvida, o saber é sempre consciência vazia de uma ordem, de uma regra. Mas ora ele visa a ordem primeiro e o objeto através da ordem, de maneira muito vaga como "o que suporta a ordem", ou seja, ainda uma relação, ora visa o objeto primeiro e a ordem só enquanto constitutiva do objeto.

Mas o que se deve entender aqui por *objeto*? Deve-se acreditar, como Bühler, que "posso pensar de maneira plenamente determinada e sem representação qualquer *nuança* individual da cor azul de um quadro"? Acreditamos que é cometer um erro fundamental, de ordem não só psicológica mas também ontológica. A *nuança* individual "azul" e o saber pertencem a duas ordens de existência diferentes. A cor azul deste retrato é um inexprimível. Kant já mostrou a heterogeneidade irredutível da sensação e do pensamento. O que constitui a individualidade deste azul especial aqui, diante de mim, é precisamente o que constitui o caráter sensível da sensação. O pensamento puro não pode, portanto, visá-lo dessa forma. Ele o pensará a partir de fora, enquanto substrato de uma relação, por exemplo, como "quarta cor da Madona Sistina" ou como "ocupando tal lugar na escala de cores". Tentar captá-lo diretamente é tentar vê-lo. Mas para tentar ver esse azul único e concreto enquanto azul é preciso já possuí-lo como tal, senão como saberíamos o que queremos ver? Assim, o saber só pode captar o objeto por sua essência, ou seja, pela ordem de suas qualidades. Só que o saber imaginante não visará essa ordem em si mesma. Ele ainda não *pode* visar o *azul*, ele não *quer* mais visar "a quarta cor fundamental da Madona Sistina". Ele visa *alguma coisa* que é essa quarta cor. A relação passa atrás da coisa. Mas a coisa ainda é apenas "alguma coisa". Ou seja, uma certa posição vazia de opacidade e de exterioridade – opacidade e exterioridade que são justamente determinadas pelas relações que fizemos passar atrás de sua espessura. É isso que mostra o exemplo que já citamos:

> Diante da palavra *prego* o sujeito assinala em sua consciência a presença de alguma coisa visual – ou conceitual, mas de tal natureza que poderia ter engendrado uma impressão visual: pensei em algo comprido e pontudo.

Se o saber não é dado como conceitual, é porque afirma a si mesmo como espera do visual. À falta de coisa melhor, dá seu conteúdo como *algo comprido e pontudo*.

Trata-se evidentemente de uma mudança radical da intenção. O saber puro é pré-objetivo, pelo menos quando não associado a uma palavra. Quer dizer que nele essência formal e essência objetiva são indiferenciadas. Ao mesmo tempo, ele aparece sob forma do que um sujeito de Binet chama "um sentimento como outro" e, sob essa forma, representa uma espécie de informação imprecisa para o sujeito sobre suas próprias capacidades ("sim, eu sei", "eu poderia saber", "é nessa direção que seria preciso buscar") – e, ao mesmo tempo, encerra o conhecimento de certas relações objetivas (comprido, pontudo, quarta cor fundamental, figuras geométricas), em suma, trata-se de uma consciência ambígua que se dá ao mesmo tempo como consciência vazia de uma estrutura relacional de objeto *e* como consciência plena de um estado do sujeito.

O saber imaginante, ao contrário, é uma consciência que procura se transcender, colocar uma relação como um *fora*. Não, de fato, afirmando sua verdade: teríamos apenas um *julgamento*. Mas colocando seu conteúdo como existente

Segunda parte – O provável

através de uma certa espessura de real que lhe serve como representante. Esse real, naturalmente, não é dado, mesmo sob sua forma indiferenciada e muito geral de "alguma coisa". É apenas visado. O saber imaginante apresenta-se, portanto, como um esforço para determinar essa "alguma coisa", como uma vontade de chegar a um intuitivo, como uma espera de imagens.

Vamos voltar à consciência de leitura. As frases do romance se impregnaram de saber imaginante; é ele que apreendo com base nas palavras, e não simples significações: as sínteses que, como vimos, constituem de página em página uma esfera objetiva de significação não serão simples sínteses de relações; serão sínteses de *alguma coisa* que tem esta ou aquela qualidade com *alguma coisa* que tem esta ou aquela característica. As relações não se ordenarão como para compor a denotação de um conceito; a regra de sua síntese será a de que devem ser entre elas como são as diferentes qualidades de um objeto entre elas. Por exemplo, o escritório de Pierre torna-se *alguma coisa* que está *no* imóvel; e o imóvel torna-se *alguma coisa* que está *na* Rua Émile Zola[91].

Disso se segue uma curiosa alteração do papel dos signos. Estes, como se sabe, são percebidos globalmente sob forma de palavras, e cada palavra tem uma fisionomia própria. De modo geral podemos dizer que as palavras, para o leitor de um romance, mantêm esse papel de signo cujas principais características demos no capítulo anterior. Mas o saber imaginante tende demasiado intensamente para uma intuição que o preencha para não tentar, pelo menos de vez em quando, fazer o signo desempenhar o papel de representante do objeto: ele se utiliza então, do signo, como de um desenho. A fisionomia da palavra torna-se representativa da fisionomia do objeto. Faz-se uma real contaminação. Quando leio "essa bela pessoa", sem dúvida e antes de tudo essas palavras

---

91. Deixamos de lado, naturalmente, o papel da afetividade na consciência de leitura.

significam uma jovem heroína de romance. Mas elas *representam* em certa medida a beleza da jovem; desempenham o papel dessa *alguma coisa* que é uma bela jovem. O caso é mais frequente do que se acredita. Dwelshauvers[92] cita exemplos curiosos que confirmam nossa tese. Ele apresenta pares de palavras ao sujeito e este deve dizer se tem consciência de um acordo ou de um desacordo entre os dois termos. Certamente a atitude do sujeito é bem diferente daquela de um leitor de romance. No entanto, as palavras já desempenham, com bastante frequência, o papel de representantes: "Ao se apresentar o par Simpatia-Piedade [*Sympathie – Pitié*], o sujeito reage com base no pensamento implícito de que não há acordo. Imediatamente depois de sua reação, ele analisa a resposta e não consegue justificá-la. No final da série de experiências, rememorando essa ação, o sujeito acredita lembrar que a letra T se destacara mais do que as outras da palavra Simpatia [*Sympathie*] assim como da palavra "Piedade" [*Pitié*]. Assim, produziu-se nele um sentimento de desacordo entre essas letras e o aspecto das palavras: "Portanto, já não se trata, aqui, exatamente de um saber imaginante vazio: a palavra com frequência desempenha o papel de representante sem abandonar o de signo e, na leitura, trata-se de uma consciência híbrida, meio significante, meio imaginante".

O saber imaginante não é necessariamente precedido por um saber puro. Em muitos casos (e, p. ex., na leitura dos romances), os objetos do saber são dados primeiro como correlatos de um saber imaginante. O saber puro, ou seja, o simples conhecimento das relações, vem em seguida. Em certas situações, que estudaremos adiante, o saber puro apresenta-se como um ideal que nunca é atingido. Nesse caso a consciência é cativa de sua atitude imaginante.

As coisas se dão primeiro como presenças. Se partimos do saber, vemos nascer a imagem como um esforço do pensamento para tomar contato com as presenças. Esse nascimento coincide com uma degradação do saber que já

---

92. Dwelshauvers. *Traité de psychologie*. Payot, 1928, p. 122, 124.

Segunda parte – O provável 117

não visa as relações como tais, mas como *qualidades* substanciais das coisas. Esses saberes imaginantes vazios, que Spaier chama de auroras de imagens, são muito frequentes na vida da consciência. Passam e desaparecem sem se realizarem como imagens, não sem nos ter colocado, no entanto, à beira da imagem propriamente dita. Em seguida, o sujeito não sabe muito bem se lidou com uma "imagem-relâmpago", com uma "aurora de imagem" ou com um conceito.

II – A afetividade

É necessário em primeiro lugar apresentar algumas observações sobre a natureza profunda da afetividade. Trabalhos como os de Brentano, Husserl e Scheler introduziram na Alemanha uma certa concepção do sentimento que os psicólogos franceses ganhariam em conhecer. Na verdade, sobre o capítulo da afetividade a psicologia francesa permaneceu contemporânea de Ribot[93]. Se abrirmos o primeiro tratado de Dumas, encontraremos as velhas e fastidiosas discussões sobre a tese periférica e a tese intelectualista. A partir de James e Nahlowsky, a fisiologia da afetividade fez alguns progressos. Mas não se conhece melhor o sentimento em si[94]. Dwelshauvers resume corretamente a opinião geral ao dizer de um estado afetivo que "é *vivido*". Essa expressão, assim como seu comentário, tem como efeito separar radicalmente o sentimento de seu objeto. O sentimento é apresentado como uma espécie de tremor puramente subjetivo e inefável, que tem mesmo uma tonalidade individual mas que permanece encerrada no sujeito que o sente. No fundo, é ainda a simples tomada de consciência de mudanças orgânicas. Nada mais. É a subjetividade pura, a

---

93. Ribot. *Psychologie des sentiments.*

94. Devem-se excetuar os trabalhos de Janet (*De l'Angoisse à l'Extase*) e Wallon, que tendem a apresentar a afetividade como uma classe particular de conduta. Essa noção de conduta, que certamente progrediu, continua, entretanto, obscura e contraditória. Cf. meu pequeno livro *Esquisse d'une théorie des émotions* (Hermann, 1939).

interioridade pura. Daí todas as teses que consideram a afetividade um estágio primitivo do desenvolvimento psíquico: nesse estágio o mundo das coisas ainda não existiria – assim como, aliás, o mundo correlato das pessoas. Existiriam apenas estados vividos, um fluxo de qualidades subjetivas, inexprimíveis. No limite, a afetividade se confundiria com a cenestesia. Sem dúvida reconhecemos que os estados afetivos estão quase sempre ligados a representações. Mas esses laços são estabelecidos de fora. Não se trata de uma síntese viva da representação e do sentimento: continuamos no domínio das associações. A transferência, a derivação, a sublimação: coisas de uma psicologia associacionista. A literatura não avançou mais do que isso: em reação contra a velha e profunda teoria pascaliana do amor-estima, os escritores do século XIX fizeram dos sentimentos um conjunto de aparições caprichosas que, às vezes, se unem fortuitamente a representações, mas que, no fundo, não têm relação real com seus objetos. O vínculo entre meu amor e a pessoa amada no fundo não é, para Proust e para seus discípulos, mais do que um vínculo de continuidade. Chegou-se, entre os psicólogos e os romancistas, a uma espécie de solipsismo da afetividade. A razão dessas concepções estranhas é que o sentimento foi isolado de sua significação.

Não há, de fato, *estados* afetivos, ou seja, conteúdos inertes que seriam carregados pelo rio da consciência e às vezes se fixariam, ao acaso das contiguidades, em representações. A reflexão nos revela *consciências* afetivas. Uma alegria, uma angústia, uma melancolia são consciências. E devemos aplicar-lhes a lei principal da consciência: toda consciência é consciência *de* alguma coisa. Em suma, os sentimentos têm intencionalidades especiais, representam uma maneira – entre outras – de se *transcender*. O ódio é ódio *a* alguém, o amor é amor *a* alguém. James dizia: tiremos as manifestações fisiológicas do ódio, da indignação e já não teremos mais do que julgamentos abstratos, a afetividade terá desaparecido. Podemos responder hoje: tentemos realizar em nós os fenômenos subjetivos do ódio, da indignação sem que esses fenômenos sejam orientados *para* uma

Segunda parte – O provável

pessoa odiada, *para* uma ação injusta, poderemos tremer, dar socos, enraivecer, nosso estado íntimo será tudo menos indignação, ódio. Odiar Paul é intencionar Paul como objeto transcendente de uma consciência. Mas tampouco se deve cometer o erro intelectualista e acreditar que Paul esteja presente como objeto de uma representação intelectual. O sentimento visa um objeto, mas visa-o à sua maneira, que é afetiva. A psicologia clássica (e já La Rochefoucauld) afirma que o sentimento aparece para a consciência como uma certa tonalidade subjetiva. Isso é confundir a consciência reflexiva e a consciência irrefletida. O sentimento dá-se como tal à consciência reflexiva cuja significação é justamente ser consciência *desse* sentimento. Mas o sentimento de ódio não é consciência *de* ódio. É consciência *de* Paul como odiável; o amor não é, antes de tudo, consciência dele mesmo: é consciência dos encantos da pessoa amada. Tomar consciência de Paul como odiável, irritante, simpático, inquietante, atraente, repulsivo etc. é conferir-lhe uma nova qualidade, constituí-lo de acordo com uma nova dimensão. Num certo sentido essas qualidades não são propriedades do objeto e, no fundo, o próprio termo "qualidade" é impróprio. Melhor seria dizer que elas constituem o sentido do objeto, que são sua *estrutura* afetiva: estendem-se inteiras através do objeto inteiro; quando desaparecem – como nos casos de despersonalização –, a percepção permanece intacta, as coisas não parecem tocadas e, contudo, o mundo empobrece singularmente. Num certo sentido, o sentimento se dá, portanto, como uma espécie de conhecimento. Se amo as longas mãos brancas e finas de determinada pessoa, esse amor, que se dirige às mãos, pode ser considerado uma das maneiras que elas têm de aparecer para minha consciência. É na verdade um sentimento que visa sua *finura*, seu *brancor*, a vivacidade de seus movimentos: O que significaria um amor que não fosse amor *a* essas qualidades? É, portanto, uma certa maneira que a finura, o brancor e a vivacidade têm de aparecer para mim. Mas não é um conhecimento intelectual. Amar mãos finas é uma certa maneira, pode-se dizer, de *amar finas* essas mãos. O amor não intenciona a finura dos dedos, que é uma qualidade representativa: ele projeta no objeto uma certa tonalidade que poderíamos chamar de sentido afetivo dessa finura, desse brancor. Lawrence mostra-se excelente ao sugerir, enquanto parece apenas descrever a forma e a cor dos objetos, as surdas estruturas afetivas que constituem a mais profunda realidade desses objetos. Aqui está, por exemplo, uma inglesa que experimenta o encanto estranho dos indianos.

> Era sempre o mesmo homem que falava. Ele era jovem, com olhos pretos brilhantes, grandes e vivos que a olhavam de lado. Tinha um delicado bigode preto no rosto escuro e, no queixo, um tufo de barba de pelos ralos e crespos. Sua longa cabeleira preta cheia de vida caía-lhe solta pelos ombros. Escuro como era, parecia estar sem se lavar havia muito tempo[95].

O representativo mantém uma espécie de primazia. As mãos vivas, brancas e finas aparecem primeiro como um complexo puramente representativo e, em seguida, determinam uma consciência afetiva que vem conferir-lhes uma nova significação. Cabe perguntar, nessas condições, o que acontece quando produzimos uma consciência afetiva na ausência do objeto que ela visa.

Haverá primeiro a tentação de exagerar a primazia do representativo. Afirmarão que é sempre necessária uma representação para provocar o sentimento. Nada mais errado. Em primeiro lugar, o sentimento pode ser provocado por outro sentimento. Além disso, no próprio caso em que é uma representação que o desperta, nada diz que ele visará essa representação. Se entro no quarto em que meu amigo Pierre morou, a visão dos móveis conhecidos decerto pode me determinar a produzir uma consciência afetiva que se dirigirá diretamente para eles. Mas ela também pode provocar um senti-

---

95. Lawrence. *The woman who rode away.* Cf. tb. as descrições do guarda florestal em *O amante de Lady Chaterley*, a de Don Cipriano em *A serpente emplumada*, e a do capitão em *Captain's Doll.*

Segunda parte – O provável

mento que visará o próprio Pierre, excluindo qualquer outro objeto. O problema todo permanece.

Suponho que, portanto, na ausência de determinada pessoa, reapareça o sentimento que suas belas mãos brancas me inspiravam. Suponhamos, para maior clareza, que ele esteja puro de todo saber. Trata-se, evidentemente, de um caso-limite, mas que podemos imaginar. Esse sentimento não é puro conteúdo subjetivo, não foge à lei de toda consciência: ele se transcende; mediante análise, encontraríamos nele um conteúdo primário animado por intencionalidades de um tipo muito particular; enfim, é uma consciência afetiva *dessas* mãos. Só que essa consciência não coloca as mãos que ela visa, *enquanto mãos*, ou seja, como síntese de representações. Saber e representações sensíveis estão ausentes (por hipótese). É, antes, consciência de alguma coisa fina, graciosa, pura, com um matiz rigorosamente individual de finura e de pureza. Decerto, o que há de único para mim nessas mãos – e que não pode exprimir-se num saber, mesmo que imaginante –, a cor da pele na ponta dos dedos, a forma das unhas, as pequenas rugas em torno das falanges, tudo isso me *aparece*. Mas esses detalhes não se mostram sob seu aspecto representativo: tenho consciência deles como de uma massa indiferenciada e refratária a qualquer descrição. E essa massa afetiva tem um caráter que falta ao mais claro e completo saber: ela está *presente*. É que, de fato, o sentimento está presente e a estrutura afetiva dos objetos se constitui em correlação com uma consciência afetiva determinada. Um sentimento, portanto, não é uma consciência vazia: já é posse. Essas mãos se dão a mim *sob sua forma afetiva*.

Suponhamos, agora, que meu sentimento não seja uma simples evocação afetiva dessas mãos; suponhamos que, além disso, eu as deseje. O desejo é, naturalmente, em primeiro lugar, consciência do objeto desejado: Senão, como eu poderia desejar? Mas se o supomos puro de todo saber – ele não pode acarretar o conhecimento de seu objeto, não pode, sozinho, colocá-lo como representação. O desejo deve, portanto, acrescentar-se, numa nova síntese, à consciência afetiva de seu objeto. Num certo sentido, por conseguinte, o desejo já é posse; para que ele deseje *essas mãos*, é preciso que as coloque sob sua forma afetiva, e é para esse equivalente afetivo que ele se dirige. Mas ele não as conhece como *mãos*. É assim que me acontece, depois de uma noite cansativa e sem sono, sentir nascer em mim um desejo extremamente preciso. Afetivamente seu objeto é rigorosamente determinado, não há engano possível: só que não *sei* o que é. Estou com vontade de beber alguma coisa fresca e doce; estou com vontade de dormir; trata-se de um desejo sexual? Inútil, exaurem-se as hipóteses. Na verdade, devo estar sendo vítima de uma ilusão: uma consciência nasce sobre um fundo de cansaço e toma forma de desejo. Esse desejo naturalmente coloca um objeto; mas esse objeto só existe como correlato de uma certa consciência afetiva: não é bebida, nem sono, nem nada de real, e qualquer esforço para defini-lo é por natureza destinado ao fracasso.

Em suma, o *desejo* é um esforço cego para possuir no plano representativo o que já me é dado no plano afetivo: através da síntese afetiva visa um *além* que ele pressente sem poder conhecê-lo; dirige-se para o "alguma coisa" afetivo que lhe é dado agora e o apreende como *representante* da coisa desejada. Assim a estrutura de uma consciência afetiva de desejo já é a de uma consciência imaginante, uma vez que, como na imagem, uma síntese presente funciona como substituto de uma síntese representativa ausente.

Sob o nome de "teoria das constelações" ou de "lei de interesse", uma certa teoria psicológica, que encontramos até nos livros de Ribot, representa o sentimento como operando uma escolha entre as constelações de imagens e atraindo para a consciência a que vai fixá-lo. É assim que Hesnard é levado a escrever: "Toda onda afetiva, num ser capaz de consciência, tende a suscitar uma imagem que a justifica: todo sentimento ligado a um objeto exterior tende a se justificar, a se exprimir pela representação interior desse objeto".

Segunda parte – O provável

Então, a imagem seria um formação psíquica radicalmente heterogênea nos estados afetivos, mas a maioria dos estados afetivos seria acompanhada por imagens, sendo que a imagem representa, diante do desejo, o que é desejado. Essa teoria acumula erros: confusão de imagem com seu objeto, ilusão de imanência, negação da intencionalidade afetiva, desconhecimento total da natureza da consciência. De fato, como acabamos de ver, a imagem é uma espécie de ideal para o sentimento, ela representa para a consciência afetiva um estado-limite, o estado no qual o desejo seria ao mesmo tempo conhecimento. A imagem, se por um lado se dá como limite inferior para o qual o saber tende quando se degrada, por outro lado apresenta-se também como o limite superior para o qual tende a afetividade quando busca se conhecer. Não seria a imagem uma síntese da atividade e do saber?

Para bem conceber a natureza desse tipo de síntese é preciso renunciar às comparações extraídas das misturas físicas: numa consciência de saber que seja ao mesmo tempo consciência afetiva, não pode haver *de um lado* saber e *de outro lado* sentimentos. Uma consciência é sempre transparente para si mesma; ela deve ser ao mesmo tempo, portanto, inteiramente saber e inteiramente afetividade.

Voltemos às belas mãos brancas: se, em vez de uma consciência afetiva pura, produzo uma consciência cognitiva-afetiva, essas mãos são objeto simultaneamente de um saber e de um sentimento, ou melhor, são colocadas por uma afetividade que é saber, por um conhecimento que é sentimento. O desejo coloca um objeto, que é o equivalente afetivo dessas mãos: algo transcendente, algo que não é eu é dado como correlato de minha consciência. Mas ao mesmo tempo esse algo vem preencher um saber imaginante, ou seja, sou invadido pelo conhecimento de que esse algo vale por "duas mãos". Essa certeza me aparece de repente: em relação a esse objeto afetivo, encontro-me em atitude de quase-observação. As mãos estão de fato ali: o saber que as penetra as dá a mim como "mãos de tal pessoa, mãos brancas etc."; em simultâneo, o sentimento reproduz no plano afetivo o que há de inefável nas sensações de brancor, de finura etc.; ele dá a esse saber vazio a opacidade de que falamos no capítulo anterior. *Sei* que o objeto está ali, transcendente, diante de minha consciência vale por duas mãos brancas e finas; ao mesmo tempo, *sinto* o brancor e a finura e, sobretudo, a *natureza de mãos* sempre tão particular. Mas tenho consciência de que essas mãos ainda não chegaram à existência. O que tenho diante de mim é um substituto dessas mãos, concreto, pleno, mas insuficiente para existir por si só. Quando esse substituto está presente, ele me entrega as mãos inteiras, e ao mesmo tempo entra em sua natureza de *reivindicar* as mãos que coloca e tenho consciência de as visar através dele. Lembramos *a característica essencial da imagem mental*[96]: *é uma determinada maneira que o objeto tem de estar ausente no próprio interior de sua presença.* Voltamos a encontrar aqui essa característica; e, de fato, a síntese afetivo-cognitiva que acabamos de descrever não é senão a estrutura profunda da consciência de imagem. Sem dúvida, encontraremos consciências imaginantes mais complexas; outras, ao contrário, das quais o elemento afetivo é quase excluído; mas, se queremos captar a imagem em sua origem, é preciso partir dessa estrutura. Muitas imagens, aliás, não contêm nada mais. É o caso de todas aquelas cujo objeto é uma cor, um sabor, uma paisagem, um ar de fisionomia, enfim, de todas aquelas que visam principalmente qualidades sensíveis que não a forma e o movimento. "Não posso", disse Stendhal[97], "ver a fisionomia das coisas. Só tenho minha memória de criança. Vejo imagens, lembro-me dos efeitos sobre meu coração, mas para as causas e a fisionomia, nada. Vejo uma sequência de imagens muito nítidas, mas sem outra fisionomia além da que tiveram no tocante a mim. Mais ainda, só vejo essa fisionomia pela lembrança do efeito que produziu em mim".

---

96. Cf. primeira parte, cap. 2, seção I.
97. Stendhal. *Vie de Henri Brulard.*

Segunda parte – O provável

III – Os movimentos

Muitos autores destacaram a íntima relação existente entre as imagens e os movimentos. Guillaume, em sua tese[98], mostrou como a imagem se torna aos poucos "causa motora dos movimentos e, ao mesmo tempo, elemento de controle". As experiências de Dwelshauvers[99] parecem provar que não há imagem sem um conjunto de movimentos muito leves (tremores digitais etc.). Mas todas essas observações tendem apenas a apresentar a imagem como uma condição do movimento. Desejaríamos saber se, inversamente, os movimentos, ou seja, afinal, as sensações cinestésicas, não desempenham um papel essencial na constituição da imagem. Pesquisas interessantes de Piéron nos fornecerão nosso ponto de partida[100]. Ele apresentava a seus sujeitos uma figura constituída por um encavalamento de linhas e, em seguida, pedia-lhes que desenhassem a figura de memória. Eis algumas das observações que pôde fazer:

Sr. Sp... A partir da quarta apresentação ele olha com método. Queria, mas não tem tempo para isso, fazer observações verbais. Utiliza os movimentos dos olhos e reproduz as linhas seguindo seus movimentos oculares. Segundo a observação de seu comportamento, ele vê com movimentos de olhos seguindo as linhas e acompanhados de movimentos sinérgicos das mãos esboçando a cópia das linhas [...] algumas palavras pronunciadas a meia-voz ("aí", "bom") pontuam certas interrupções que correspondem a uma observação, a um reparo não explicitamente formulado [...].

Sr. To... À primeira apresentação, surpreende-se com o número muito grande de linhas e com a dificuldade para enxergá-las bem; no momento em que

---

98. Guillaume. *L'immitation chez l'enfant*, p. 1-27.

99. Dwelshauvers. *Les Mécanismes subconscients*, 1925.

100. Art. cit., p. 134, fig. 1.

o teste desaparece, ele tem a impressão de que a imagem permanece e esforça-se para desenhá-la muito rapidamente, mas ela some tão depressa que ele não consegue utilizá-la. As primeiras vezes só olha as linhas principais, também na segunda apresentação não reconhece o teste. Sabe, porque fez o reparo intelectual, que aqui e ali há linhas pequenas, mas das quais já não sabe a direção. Aos poucos, aumenta seu conhecimento com observações, comentários (aqui um ângulo agudo, ali duas linhas quase paralelas, uma linha um pouco maior que a outra... etc.). Observado, parece seguir as linhas por movimentos da cabeça, com muito poucos deslocamentos oculares e por movimentos da mão.

Sr. Fa... Ele tenta fazer observações geométricas, nota imediatamente um pequeno triângulo na parte esquerda do teste mas não consegue encontrar as "coisas" necessárias. Conta as linhas, faz observações sobre a convergência, o paralelismo etc. Olha de longe, com vários pequenos movimentos oculares [...] Na reprodução, depois de uma semana, nota-se a influência deformante da esquematização geométrica: as linhas principais são agrupadas em losango [...].

Assim esses observadores que querem poder reproduzir a figura registram movimentos ou observações mnemotécnicas que acabam por se reduzir a *regras* para operar certos movimentos. Depois, quando os sujeitos formarem uma consciência imaginante dessa figura, esses movimentos, esboçados ou completamente realizados, servirão de base para a imagem.

Ora, o objeto lhes fora revelado por percepções visuais. Como, em princípio, somos informados de modo direto sobre os movimentos de nosso corpo por um tipo especial de sensações, as sensações cinestésicas, coloca-se uma questão: "Como sensações cinestésicas podem servir de matéria para uma consciência imaginante que visa um objeto fornecido por percepções visuais?" O próprio fato não

Segunda parte – O provável

deixa dúvida: Dwelshauvers o destacou por toda uma série de experiências[101].

Ele conclui: "Existem imagens mentais que são a tradução consciente de atitudes musculares. Essas atitudes não são percebidas pelo sujeito, mas dão lugar na consciência do sujeito a uma imagem muito diferente do que elas são. Em outras palavras, acontece de a gênese de nossas imagens mentais ser a seguinte: 1º) ideia de um movimento a ser realizado; 2º) atitude muscular objetivando essa ideia, essa intenção motora, sem que o sujeito se dê conta de sua reação motora, de sua atitude como tal; 3º) imagem provocada na consciência como registro da reação motora e qualitativamente diferente dos próprios elementos dessa reação".

Mas não se deu explicação desses fenômenos indubitáveis. A própria maneira como Dwelshauvers os descreve está longe de ser satisfatória. Vamos tentar, por nosso lado, expor os fatos e, se possível, explicá-los.

Estou de olhos abertos, olho o indicador de minha mão direita, que descreve, no ar, curvas, figuras geométricas. Essas curvas, em certa medida, *vejo*-as na ponta do meu dedo. De início, de fato, uma certa persistência das impressões retinianas faz com que subsista uma espécie de rasto onde meu indicador já não está. Mas não é só isso: as diferentes posições de meu dedo não são dadas como sucessivas e isoladas. Sem dúvida, cada posição é um presente concreto e irredutível. Mas esses presentes não se associam fora como simples conteúdos de consciência. São intimamente unidos por atos sintéticos do espírito. Husserl descreveu de modo notável essas intenções particulares que, a partir de um "agora" vivo e concreto, dirigem-se para o passado imediato para o reter e para o futuro imediato para o captar. Ele as chama "retenções" e "protenções". Essa *retenção*, que constitui por si só a continuidade do movimento, não é uma imagem. É uma intenção

---

101. Cf. Dwelshauvers. "L'Enregistrement obiectif de l'image mentale". *VIIth. Intern. Congress of Psychology* – Les mécanismes subconscientes. Alcan.

vazia que se dirige para a fase do movimento que acaba de se dissipar; diríamos, em linguagem psicológica, que é um saber centrado na sensação visual presente e que faz aparecer esse *agora* como sendo também um *depois* de uma certa qualidade, um *depois* que não segue qualquer sensação mas precisamente aquela que acaba de desaparecer. A protenção, por sua vez, é uma *espera*, e essa espera dá a mesma sensação como se fosse também um *antes*. Naturalmente, esta não é tão rigorosamente determinada como "antes" quanto como "depois", uma vez que – exceto no caso privilegiado em que executamos um movimento previamente definido – a sensação que vai se seguir não é inteiramente conhecida; mas essa sensação posterior já é pré-traçada por uma espera bastante precisa: espero uma *sensação-visual-produzida-por-um-movimento-de-meu-indicador* a partir de uma *posição definida*. De todo modo, a retenção e a protenção constituem o sentido da impressão visual presente: dificilmente, sem esses atos sintéticos, seria possível falar ainda de uma impressão; esse *antes* e esse *depois* que são correlatos desses atos não se dão como formas vazias, quadros homogêneos e indiferentes: são relações concretas e individuais que a sensação atual mantém com as impressões concretas e individuais que a precederam e que se seguirão a ela.

Mas é preciso esclarecer: toda consciência é consciência *de* alguma coisa. Foi para simplificar que demos há pouco a retenção e a protenção como visando impressões. O que elas visam, na realidade, são os objetos constituídos por meio dessas impressões, ou seja, a trajetória de meu indicador. Essa trajetória aparece naturalmente como uma forma estática; dá-se como o *caminho* que meu dedo percorreu e, mais vagamente, para além de sua posição atual, como o caminho que ele ainda tem a percorrer. O caminho percorrido – ou uma parte desse caminho – apresenta-se, aliás, sob forma de uma vaga esteira luminosa, produzida pela persistência das impressões na retina.

A essas impressões visuais constituídas como forma imóvel juntam-se impressões propriamente cinestésicas (sensa-

Segunda parte – O provável

ções cutâneas, musculares, tendinosas, articulares) que as acompanham em surdina. Representam elementos mais fracos inteiramente dominados e até desnaturados pelas percepções firmes e claras da visão. Sem dúvida nenhuma são o suporte de retenções e protenções: mas essas intenções secundárias são rigorosamente subordinadas às retenções e às protenções que visam as impressões da visão. Como, por outro lado, não existe persistência cinestésica, elas se apagam imediatamente.

Agora fecho os olhos e, com o dedo, executo movimentos análogos aos anteriores. Seria possível supor que as impressões cinestésicas, liberadas das dominantes visuais, aparecerão com força e nitidez. Ora, não é nada disso. Sem dúvida a sensação visual desapareceu, mas constatamos também o desaparecimento da sensação cinestésica. O que chega à nossa consciência é a trajetória do movimento *como uma forma que está se fazendo*. Se traço um oito com a ponta do indicador, o que me aparece é esse *oito* se constituindo, um pouco como fazem aquelas letras dos anúncios cinematográficos que se formam por si sós na tela. Certamente essa forma é dada *na ponta do meu dedo*. Mas não aparece como forma cinestésica. Aparece como uma figura visual.

Mas essa figura visual, como vimos, não é dada por sensações visuais: apresenta-se como o que eu poderia ver na ponta do meu dedo se abrisse os olhos: é uma forma visual em imagem. Talvez tivéssemos a tentação de dizer, com Dwelshauvers, que o movimento *evoca* a imagem. Mas essa interpretação não é aceitável: primeiro, a imagem é diretamente apreendida na ponta do meu dedo. Além disso – como não podemos admitir que o movimento evoca a imagem, ele mesmo permanecendo inconsciente[102] –, as sensações cinestésicas, nessa hipótese, deveriam subsistir ao lado da imagem que evocam. Ora, elas têm menos

---

102. Parece-nos que uma tal concepção, que às vezes é afirmada – pelo menos aparentemente – por Dwelshauvers, é pura e simplesmente desprovida de qualquer significação.

independência ainda do que quando são mascaradas por impressões visuais autênticas: são como que engolidas pela imagem e, se nos esforçamos para encontrá-las, seu aparecimento é acompanhado pelo desaparecimento da imagem. Diremos então, simplesmente, que as impressões cinestésicas funcionam como substituto analógico da forma visual? Seria já mais verdadeiro e, aliás, já encontramos o caso quando estudamos o papel dos movimentos oculares na apreensão dos desenhos esquemáticos. Mas, apresentada dessa maneira, essa substituição analógica parece pouco compreensível. É um pouco como se nos dissessem que cabras funcionam como substitutos analógicos de hidroaviões. Por outro lado, se nos observarmos, constataremos que a imagem persiste uma vez que o movimento para, ou seja, que ela sobrevive à última impressão cinestésica e parece permanecer alguns instantes nos próprios lugares pelos quais meu dedo vagueou. Portanto, se não quisermos desperdiçar palavras, será conveniente estudar mais detidamente o mecanismo dessa substituição.

Na verdade, o problema seria insolúvel se as impressões que constituem a percepção do movimento fossem dadas todas ao mesmo tempo. Mas, justamente, sua característica é aparecerem sempre uma depois da outra. No entanto, nenhuma se dá como um conteúdo isolado: cada uma se apresenta como *o estado atual do movimento*. Vimos, de fato, que toda impressão visual era como o ponto de aplicação de uma retenção e de uma protenção que determinavam seu lugar na continuidade das formas descritas pelo movimento. As impressões cinestésicas são unificadas, também elas, por atos retencionais e protencionais. Se esses atos visam apenas reter e prever os estados do movimento desaparecidos ou que estão por vir sob suas formas de impressões cinestésicas, teremos, no fim das contas, uma percepção cinestésica, ou seja, a tomada de consciência de uma forma motora de fato existente.

Mas esse não é o caso mais frequente. De modo geral, as impressões visuais predominam sobre as vagas e fracas

Segunda parte – O provável

impressões cinestésicas. Mesmo ausentes, elas se impõem e procuro-as ainda; só elas podem servir como reguladoras: Dwelshauvers mostrou que os sujeitos, se têm dois traços iguais a serem feitos de olhos fechados, guiam-se pela representação visual de suas extremidades. O que acontece no mais das vezes, depois, é que a retenção e a protenção retêm e antecipam as fases desaparecidas e futuras do movimento com o aspecto que elas teriam tido se eu as tivesse percebido pelos órgãos da visão. Trata-se naturalmente de um puro saber do tipo degradado que descrevemos acima. Nem por isso deve-se deixar de admitir que a consciência toma desde o início uma atitude *sui generis*: aqui, toda retenção é ao mesmo tempo conversão do cinestésico em visual, e essa retenção conversional mereceria por si só uma descrição fenomenológica. É mais fácil imaginar o que pode ser a protenção, pois a impressão futura não precisa ser convertida; a consciência, a cada instante, a partir do conteúdo sensível presente, espera uma sensação visual.

O que se torna a impressão concreta, suporte dessas intenções? Ela é, por natureza, cinestésica: portanto, não se pode dar como visual. Mas, por outro lado, é apreendida como um "depois" de uma qualidade muito particular: é a conclusão, a ponta extrema de um passado que se dá como visual. Ao mesmo tempo ela se apresenta como o momento atual de uma série de conteúdos que se prolonga no futuro. Assim, por um lado, ela é o único elemento concreto da forma intencionada, é ela que confere a essa forma seu caráter de presença, que fornece ao saber degradado o "alguma coisa" que ele visa. Mas, por outro lado, ela extrai seu sentido, seu alcance, seu valor de intenções que visam impressões visuais: ela própria foi esperada, recebida como impressão visual. Certamente isso não basta para fazer dela uma sensação visual, mas é suficiente para lhe dar um *sentido* visual: essa impressão cinestésica provida de sentido visual funcionará, portanto, como *analogon* de uma forma visual e, quando se deslocar para o passado, será sob forma de impressão visual. Entretanto o tempo se escoa, o movimento está chegando a seu fim. O saber retencional aumentou consideravelmente; é por ele que é visada a maior parte da trajetória visual. Mas ele toma sempre como ponto de apoio a sensação presente; só ela lhe confere uma espécie de realidade. Quando a última impressão tiver desaparecido, restará ainda, como uma esteira, um saber imaginante consciente de ter sido preenchido, e depois, por falta de suporte, esse último traço desaparece: é então uma retenção global.

Até aqui supusemos que os gestos de minha mão fossem realizados ao acaso: nesse caso, o saber é exatamente contemporâneo do movimento. Mas podemos conceber casos em que o saber se dá *antes* do movimento. Então o movimento tem a função de explicitar o saber. No início, a forma é vazia e incompletamente diferenciada. Aos poucos o saber protencional se transforma em retenção; torna-se mais claro e preciso, ao mesmo tempo visa uma impressão concreta que *acaba* de surgir. A relação entre a protenção e a retenção torna-se relação de equivalência, pois se inverte. Essa lenta clarificação do saber, que não pode ocorrer sem que na ocasião uma sensação presente caia no passado, acaba por dar uma direção ao movimento: o conjunto do fenômeno é irreversível. É o que se produz quando decido traçar um oito com o dedo. É o caso, também, dos esquemas simbólicos de Flach[103]. Essas determinações do espaço puro (retas, curvas, ângulos, laçadas etc.) são produzidas, a nosso ver, por impressões cinestésicas que funcionam como *analogon* e são provocadas pelo deslocamento dos globos oculares. As formas – visadas primeiro por um saber vago que, invertido do futuro para o passado, ganha precisão – dão-se naturalmente como estáticas. O oito descrito por meu dedo está ali, no espaço: não se move, apenas existe. Mas minha intenção pode variar conforme os casos: posso visar deliberadamente a forma como tal. Nesse caso, a impressão concreta, o "agora", só é apreendida como aquilo que transforma a protenção em retenção, ou melhor – já que nossa consciência é dirigida para o objeto –, o que faz a

---

103. Cf. adiante, terceira parte, seção I.

Segunda parte – O provável

forma passar da potência ao ato. Também posso visar mais particularmente a impressão concreta instantânea: retenção e protenção – embora continuando a desempenhar seu papel fundamental – aparecem aqui como subordinadas à impressão. Esta será dada como o móvel que se desloca ao longo de uma figura existente em ato. Há casos intermediários (a maioria) em que é o móvel que, deslocando-se da forma, faz com que ela passe da potência ao ato. Toda essa descrição vale também para o que chamarei de percepção passiva do movimento, ou seja, para a percepção da figura que alguém traça com o dedo na palma da minha mão ou na minha bochecha. Também então há visualização do movimento. É disso que pudemos nos dar conta ao longo de uma pequena pesquisa que fizemos: o sujeito fechava os olhos e tinha de adivinhar a forma que traçávamos na palma de sua mão: "é um Z", dizia-nos um sujeito, "estou vendo a forma na ponta do seu indicador".

Nos casos que acabamos de estudar, o móvel descreve completamente a figura. Mas o sujeito, se conhece de antemão a figura que vai traçar, muitas vezes limita-se a uma simples indicação motora. É o que os psicólogos chamaram de "esboço de movimento", "movimento esboçado", "movimento retido". Essas expressões, sobretudo a terceira, são muito obscuras. Mas os fenômenos estudados com esses nomes são suscetíveis, ao que nos parece, de receber explicações muito simples. Lembremos primeiro que toda consciência de movimento ou de uma figura traçada por um movimento é constituída – exceto no instante inicial e no instante final – por uma impressão concreta, uma intuição sensível que separa uma retenção de uma protenção. *Realizar* um saber vazio de movimento ou de forma é, portanto, no fundo, criar no interior desse saber duas direções, uma pela qual ele se volta para o passado para retê-lo, outra pela qual ele visa o futuro para antecipá-lo. Para efetuar essa diferenciação no interior do saber bastará uma impressão instantânea ou, uma vez que a instantaneidade é uma ideia-limite, pelo menos um período muito curto de movimento real. Este não se dará necessariamente como a fase inicial do movimento. Suponhamos, por exemplo, que eu queira produzir a imagem de um oito. Minha intenção primeira envolve um saber imaginante indiferenciado de oito. Esse saber contém o de *laço* que aparece um instante a título de intenção imaginante vazia; efetuo então um leve movimento com os olhos, de *a* para *b*, em ligação sintética com o saber vazio do instante anterior e que me dará, por exemplo, uma das laçadas do oito. Nesse momento, o que era saber puro imaginante de laço torna-se retenção introduzindo-se no passado. O movimento, todavia, não se prolonga por muito tempo, mas seu sentido sobrevive a ele: ele para em *b* mas em *b* ele se dá como "começo de um laço" e, a partir dessa impressão concreta, uma protenção de laço se impele para o futuro. Quer dizer que entendo o movimento descrito como se efetuando ao longo *de uma parte* do laço, o que basta para fazer o saber puro imaginante de laço passar para o estado retencional e, ao mesmo tempo, protendo um laço para além de *b*; os laços são dados como existindo irrealmente *para além* de meu movimento real e *aquém*. A partir de *b* faço um novo movimento ovular de *b* para *c*. O movimento *bc* é dado ao mesmo tempo

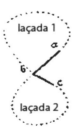

como prolongando a laçada 1 e como se efetuando ao longo da laçada 2, que se torna então objeto de uma protenção imaginante, ou seja, essa laçada 2 torna-se o *sentido* de meu movimento; só posso captar esse movimento na medida em que ele é operado ao longo de um laço em imagem. Segue-se que, tendo operado realmente o movimento angular *abc*, aprendi esse movimento sobrecarregando-o de uma significação retencional e protencional de "oito". Se aprendi o

Segunda parte – O provável

movimento como movimento real, ele me será dado como movimento operado *ao longo* de um oito em imagem, mas, naturalmente, se, ao contrário, visei o oito como forma estática através do movimento, é só essa forma que será visualizada irrealmente na impressão cinestésica real.

É hora de extrairmos algumas conclusões desse conjunto de observações. Logo veremos que o movimento pode desempenhar o papel de *analogon* para uma consciência imaginante. É que quando um movimento é dado por um outro sentido que não a visão, a consciência que o apreende tem uma estrutura imaginante e não perceptiva. Sem dúvida, essa consciência imaginante é mais simples do que as que estudaremos agora: mas ela é original. Quer dizer que, originalmente, faz-se ou pode fazer-se uma substituição quádrupla:

1º) Uma sucessão de impressões cinestésicas (ou táteis) pode funcionar como *analogon* para uma sucessão de impressões visuais.

2º) Um movimento (dado como série cinestésica) pode funcionar como *analogon* para a trajetória que o móvel descreve ou supostamente descreve, o que quer dizer que uma série cinestésica pode funcionar como substituto analógico de uma forma visual.

3º) Uma fase muito pequena do movimento (por exemplo, uma contração muscular muito leve) pode ser suficiente para *representar* o movimento inteiro.

4º) O músculo que se contrai nem sempre é aquele que entraria em jogo se o movimento intencionado em imagem realmente ocorresse.

Podemos agora abordar o problema que nos interessa: Como pode o movimento assumir para a consciência imaginante o papel de substituto analógico do objeto? Vislumbramos imediatamente a solução: sendo imaginante, a estrutura da consciência de movimento não sofre nenhuma mudança quando a imagem é mais rica. Simplesmente a impressão cinestésica, que já *representava* uma forma visual, funcionará como *representante* de objetos mais complexos: exigiremos mais dela porque o saber visa um número maior de qualidades. No capítulo IV da segunda parte, vimos como um saber cada vez mais considerável moldava-se nos "movimentos simbólicos" que operávamos observando um desenho esquemático. O mesmo ocorre aqui: é que o papel do movimento não mudou de um caso para outro. No primeiro, ele funcionava como *analogon sobre* as linhas do desenho; no segundo, essas linhas estão ausentes e o movimento não nos é revelado por sensações visuais, mas seu papel continuou sendo o mesmo. Em suma, se formarmos a imagem de um objeto, as impressões cinestésicas que acompanharão certas contrações, certos deslocamentos voluntários de órgãos, valerão sempre como substitutos de uma forma visual. Mas essa forma visual terá agora uma significação mais ampla: poderá ser a forma do meu punho, de um tinteiro, de uma letra do alfabeto, enfim, a forma de um objeto. É assim que, há alguns anos, ao tentarmos representar um balanço animado por um movimento muito vivo, tivemos a nítida impressão de que deslocávamos ligeiramente nossos globos oculares. Tentamos então representar novamente o balanço, mantendo nossos olhos imóveis. Forçamo-nos então a dirigir o olhar para o número de uma página de livro. Produziu-se o seguinte: ou nossos olhos retomavam seu movimento, contra a nossa vontade, ou não conseguíamos de modo algum representar o movimento do balanço. O caso é muito simples, nós o indicamos acima. Não se trata nem de uma pura forma estática, nem do puro deslocamento de um móvel. É preciso conceber o móvel (representado pela impressão cinestésica presente) como fazendo passar a figura (arco de círculo) da potência ao ato. No entanto, o móvel não era simplesmente um móvel indeterminado: era apreendido, além do mais, como *analogon* de um balanço.

Estamos, portanto, diante de duas matérias analógicas para uma consciência imaginante: a impressão cinestésica, com seu cortejo de protenções e de retenções, e o objeto afetivo. Na verdade, essas duas matérias não são redundantes. O substituto afetivo é transcendente mas não exterior, dá-nos a natureza do objeto no que ela tem de mais pleno e inexprimível. O substituto cinestésico é ao mesmo tempo

Segunda parte – O provável

transcendente e exterior: não revela nada de muito profundo mas é por ele que apreendemos a forma do objeto como qualidade diferenciada, é ele que "exterioriza" o objeto em imagem, que o situa, que indica sua direção e, se for o caso, seus movimentos. Esses dois tipos de *analogon*, portanto, podem muito bem existir concomitantemente como correlatos de um mesmo ato de consciência. Três casos podem se apresentar:

1º) O correlato analógico do saber imaginante é o objeto afetivo. Descrevemos essa estrutura no capítulo anterior e voltaremos a ela[104].

2º) O correlato do saber é o movimento. Estaremos lidando então, a maior parte do tempo, com determinações do espaço puro. Falaremos nisso adiante, a propósito dos esquemas simbólicos e das sinestesias[105].

3º) A imagem completa compreende um *analogon* afetivo que torna presente o objeto em sua natureza profunda e um *analogon* cinestésico que o exterioriza e lhe confere uma espécie de realidade visual. Ao mesmo tempo, o *analogon* cinestésico, produzido por alguns movimentos fáceis de reter, é um excelente meio mnemotécnico. Um sujeito, a quem tínhamos mostrado uma imagem "A volta dos soldados da Guerra da Crimeia", em seguida a descreveu muito corretamente. Ao lhe perguntarmos se tinha consciência de ter interpretado ou descrito:

> "Principalmente reconstruí", ele disse, de acordo com o movimento das linhas.

E um pouco antes ele nos dissera:

> Represento o quadro principalmente por um movimento de baixo para cima.

Esse movimento, de fato, era muito característico por causa do grande número de baionetas, todas paralelas, represen-

---

104. Cf. seção II da segunda parte.
105. Cf. a quarta parte.

tadas na imagem. O sujeito nos disse então ter na mente uma figura formada por traços verticais ligados embaixo por semicírculos. Essa figura representava para ele o quadro. Ela era evidentemente de origem cinestésica e extraía todo o seu sentido do saber. Mas seria inexato dizer que o objeto afetivo possui exterioridade: ele é apenas transcendente. Portanto, não há nenhuma relação espacial entre os dois substitutos. É preciso um ato especial da consciência para afirmar que cada um dos dois substitutos manifesta o mesmo objeto da maneira que lhe é própria. Naturalmente é a unidade da consciência que faz a unidade da imagem.

Se nossa análise é exata e se a própria apreensão não visual do movimento tem uma estrutura imaginante, disso deve resultar que nossa consciência é acompanhada sempre, ou quase sempre, por uma multidão de representações maldiferenciadas, as quais o sujeito não pode dizer se são apreensões cinestésicas ou imagens. É isso que, de fato, as experiências dos psicólogos de Würzburg permitiram esclarecer.

"Algo desse simbolismo", escreve Burloud[106], "encontra-se também nas representações motoras que acompanham o trabalho de pensamento. As representações são tão obscuras que os sujeitos nem sempre sabem se elas são imagens ou sensações de movimento. Idas e vindas do olhar, movimento de vaivém da cabeça na busca; 'uma espécie de sensação simbólica de uma inclinação da cabeça no assentimento'; 'uma pressão convulsiva dos maxilares ao mesmo tempo em que sensações (ou representações) simbólicas como quando desviamos a cabeça de alguma coisa, no recalcamento de um pensamento'; 'uma incerteza motora nas mãos e no porte do corpo' na dúvida; todos esses fenômenos se mesclam intimamente aos processos intelectuais tanto quanto aos processos emocionais. Os sujeitos, na maioria das vezes, são incapazes de elucidar se têm consciências de atitude ou atitudes da consciência."

---

106. Loc. cit., p. 7-72.

Segunda parte – O provável

Assim, aquém da consciência clara de imagem, há uma zona de penumbra em que deslizam rapidamente estados quase inapreensíveis, saberes imaginantes vazios que já são quase imagens, apreensões simbólicas de movimento. Quando um desses saberes se fixa por um instante em um desses movimentos, nasce a consciência imaginante[107].

IV – Papel da palavra na imagem mental

As palavras não são imagens: a função da palavra fenômeno acústico ou óptico não se assemelha em nada à desse outro fenômeno físico, o quadro. O único traço comum entre a consciência de signo e a de imagem é que cada uma, à sua maneira, visa um objeto através de um outro objeto. Mas numa o objeto intercalar funciona como *analogon*, ou seja, preenche a consciência *em lugar* de um outro objeto, que está, em suma, presente por procuração; no outro tipo, ele se limita a dirigir a consciência para certos objetos que estão ausentes. De modo que a consciência de signo pode muito bem permanecer vazia, ao passo que a consciência de imagem conhece, ao mesmo tempo em que um certo nada, uma espécie de plenitude. Essa distinção mantém todo o seu alcance quando se trata da imagem mental e da linguagem interior. Certamente, nesse domínio confundiu-se tudo. Enquanto I. Meyerson, seguindo nesse ponto a opinião de numerosos psicólogos, considera a imagem um signo maldefinido, mal--equilibrado, que no fundo só teria sentido para o indivíduo,

---

107. Tentamos explicar a base motora da imagem servindo-nos de movimentos reais, realmente efetuados. Sabe-se que hoje a hipótese de movimentos delineados, esboçados, retidos, de impressões motoras que não teriam as contrações musculares como origem, foi sustentada por Mourgue em seu livro *Neurobiologie de l'hallucination*. É óbvio que, se essa interessante teoria receber confirmações, nada do que acabamos de dizer será alterado. Bastará conceber que a intenção imaginante se aplica a essas impressões motoras não periféricas. Mas não achamos que devíamos levar em conta aqui essas novas concepções porque não nos pareceram ainda suficientemente fundamentadas. Assim, consideramos válida a famosa tese de William James sobre a origem periférica do sentimento de esforço.

outros chamarão a palavra da endofasia de "imagem verbal": assim o signo é imagem e a imagem é signo. Segue-se daí a mais profunda confusão. Assim, portanto, se formo pensamentos sobre cavalo e no decorrer desses pensamentos produzo uma imagem mental de cavalo, essa imagem será um signo para meus pensamentos. Mas um signo do quê? As palavras então não eram suficientes? Equivaleria a dizer que quando, ao contemplar um cavalo de carne e osso, formo pensamentos sobre ele, esse cavalo é um signo para meus pensamentos de cavalo. Não esqueçamos que na imagem mental estamos de fato *em presença* do cavalo. Só que esse cavalo tem, ao mesmo tempo, uma espécie de nada. Está ali, como dizíamos, por procuração. Na verdade, a teoria da imagem-signo procede diretamente da ilusão de imanência. Supõe-se que a imagem mental de cavalo seja um cavalo em ponto pequeno. Então, entre esse cavalinho bem constituído e o cavalo de carne e osso só pode haver uma relação externa: a relação do signo com a coisa significada. Tentamos, ao contrário, mostrar que havia uma relação interna entre o cavalo e sua imagem, o que chamamos de relação de posse: através do *analogon*, é o próprio cavalo que aparece para a consciência. Teremos de voltar a isso, pois, como de fato se pensa, conforme vejamos na imagem um signo indisciplinado, um *outlaw* à margem do sistema definido pela sociedade ou uma certa maneira de tornar presente um objeto ausente, o papel que o faremos desempenhar na vida psíquica será totalmente diferente. Em todo caso, podemos concluir já agora: na imagem mental, a função do *analogon* nada tem em comum com a do signo verbal na consciência da palavra.

Mas, reciprocamente, seria um erro identificar a consciência de palavra com a de imagem. As palavras da linguagem interior não são imagens; quase não há imagens verbais, ou então, se a palavra é imagem é porque deixou de desempenhar o papel de signo. É assim que interpretaríamos o caso em que o sujeito diz "ver as palavras escritas em caracteres de imprensa", "ver as palavras escritas com sua própria letra". Como veremos, de fato, não se pode ler *em* uma imagem mental; poderíamos admitir que a linguagem

Segunda parte – O provável

interior é acompanhada, de vez em quando, nesses sujeitos, de verdadeiras imagens auditivas ou visuais que teriam como missão "presentificar" as folhas de um caderno, as páginas de um livro ou a fisionomia global de uma palavra, de uma frase etc. Mas a verdadeira linguagem interior não está aí: ela é exclusivamente motora[108]. Uma simples observação nos fará compreendê-lo melhor: muitas vezes é falando de nosso pensamento que tomamos conhecimento dele: a linguagem o prolonga, o completa, o torna preciso; o que era uma vaga "consciência de esfera", um saber mais ou menos indeterminado, toma forma de proposição clara e nítida ao passar pelas palavras. De modo que a cada instante nossa linguagem – seja ela exterior ou "interior" – nos devolve nosso pensamento mais e melhor definido do que lhe tínhamos dado; ela nos *ensina* alguma coisa. Ora, a imagem mental não ensina nada: é o princípio de quase-observação. Não podemos admitir que uma imagem torne nosso saber mais preciso de uma maneira qualquer, uma vez que, justamente, é esse saber que a constitui. Se a linguagem, portanto, nos ensina alguma coisa, só pode ser por sua exterioridade. É porque os mecanismos segundo os quais sons e frases se dispõem são em parte independentes de nossa consciência que podemos ler nosso pensamento nessas frases. Numa frase em imagem, ao contrário, falta essa resistência que torna o pensamento preciso e o enrijece: a imagem se modifica de acordo com nosso saber e, em falta dessa resistência, o saber continua sendo o que é, mais ou menos indiferenciado. Assim, uma frase em imagem nunca é uma frase completa porque não é um fenômeno observável, e, reciprocamente, uma frase da linguagem dita "interior" não pode ser uma imagem: o signo mantém sempre uma certa exterioridade.

A imagem (mental ou não) representa uma consciência plena e que não pode, de maneira alguma, fazer parte de uma consciência mais ampla. Ao contrário, a consciência de sig-

---

108. Achamos que os pretensos "visuais" ou "auditivos" são apenas pessoas que não sabem se observar muito bem e que não perceberam, atrás da imagem, a palavra real que é movimento.

no é vazia. Sem dúvida, o signo tem uma exterioridade que o *analogon* afetivo não tem, mas não é sobre ele que recai a intencionalidade de significação: através dele, ela visa outro objeto que só é ligado ao signo por uma relação externa. Por conseguinte, uma consciência significante pode muito bem *se preencher*, ou seja, entrar como estrutura numa nova síntese – consciência de percepção ou consciência de imagem. Vimos que o saber, quando entra em composição com a afetividade, sofre uma degradação que, justamente, lhe permitirá se preencher. Mas as palavras às quais ele podia estar ligado nem por isso desaparecem. Vão desempenhar seu papel na consciência imaginante: é que elas formam as articulações do saber; é graças a elas que ele sai de sua indistinção primeira e pode buscar no *analogon* uma pluralidade de qualidades diferenciadas. Não se deve, portanto, como fez Taine, dá-las como conteúdos psicológicos independentes que um vínculo puramente associativo ligaria de fora à imagem. Sem dúvida, elas não são indispensáveis à sua estrutura e há muitas imagens sem palavras. Sem dúvida, também, elas não fazem parte da consciência propriamente dita, a exterioridade delas repele-as para o lado do *analogon*. Mas, em primeiro lugar, como todo saber tende a se exprimir por palavras, em toda imagem há uma espécie de tendência verbal. Em seguida, quando a palavra é dada à consciência imaginante, ela se integra ao *analogon* na síntese do objeto transcendente. Assim como quando vejo a lua e penso a palavra "lua", essa palavra vem colar-se ao objeto percebido como uma de suas qualidades; também, se eu produzir apenas a consciência imaginante de lua, a palavra virá colar-se à imagem. Isso quer dizer que ela funcionará como *analogon*? Não necessariamente; muitas vezes a palavra mantém sua função de signo. Mas ainda pode acontecer que ela seja contaminada pelo objeto intercalar e se dê também como representante. Todavia, observe-se que ela não pode se dar como representante da palavra real (vista ou ouvida) porque ela, por sua vez, é uma palavra real, produzida por movimentos reais da glote. A palavra da linguagem interior não é uma imagem, é um objeto físico que funciona como signo. Portanto, aparecerá como representante de uma qualidade da coisa. Quando produzo consciência imaginante de lua, a palavra "lua" pode muito bem se dar como manifestando uma qualidade real do objeto, a qualidade *de ser lua*. Nesse caso, a palavra, que é um sistema de movimentos, pode conferir à imagem a exterioridade que geralmente ela solicita aos movimentos dos olhos, da cabeça ou dos braços. A palavra representará mesmo o núcleo central do *analogon*, como já era possível prever pelo que dissemos sobre o papel que ela desempenhava na leitura dos romances. Num estudo mais completo, conviria definir as relações entre sua antiga função de signo e sua nova função de representante. Mas não cabe aqui fazer essas pesquisas. Bastaria notarmos que, se chamamos de imagem o sistema total da consciência imaginante de seus objetos, é errado dizer que a palavra se acrescenta a ele exteriormente: ela está dentro.

V – Sobre o modo de aparição da coisa na imagem mental

A imagem pode se definir como a percepção, a relação do objeto com uma consciência. Tentamos, na segunda parte deste livro, descrever a maneira pela qual o objeto se dá, ausente, através de uma presença. Na imagem mental o objeto é visado como síntese de percepções, ou seja, sob sua forma corporal e sensível; mas ele aparece através de um *analogon* afetivo. Será que isso não acarretará mudanças profundas em sua maneira de aparecer? É isso que devemos examinar agora.

Se interrogarmos alguns sujeitos sobre suas imagens, em sua maioria dirão, caso se trate de imagens ditas "visuais", que as *veem*, e, caso se trate de imagens "auditivas", que as *ouvem*[109]. O que eles querem dizer? Não devemos achar que

---

109. Cabe notar, no entanto, que todos esses sujeitos (mesmo sem cultura psicológica) fazem espontaneamente a distinção entre o objeto percebido e o objeto imaginado.

ver significa, aqui, ver *com os olhos*. Para nos darmos conta disso, basta compararmos a crença do sujeito na imagem hipnagógica e na imagem mental. No primeiro caso, quando acreditamos *ver* uma imagem, o termo deve ser entendido no sentido pleno. A imagem é um objeto exterior, o campo hipnagógico faz parte – ou pelo menos é isso que o sujeito acredita – da extensão real. Mas, precisamente, os sujeitos mais aferrados a afirmar que "veem" suas imagens mentais não terão dificuldade em admitir que elas não têm nenhuma das características da imagem hipnagógica. Não estão localizadas na extensão. Em referência a esta cadeira, a esta mesa diante da qual estou sentado, elas não estão em *lugar nenhum*. Como a palavra "ver" tomada no sentido pleno equivale a "ver no espaço", os sujeitos não podem querer dizer que as imagens lhes são dadas pelos olhos. Naturalmente, nem pelos nervos ou pelos centros ópticos. Taine vira que, de fato, se a imagem é produzida por um centro cerebral que funciona como na percepção, ela deve ser localizada entre as outras percepções. E, nessa hipótese, sua teoria dos redutores é a única lógica. Infelizmente, ela não se ajusta aos fatos. A imagem, por natureza, dá-se como desprovida de localização no espaço real. Mas, então, como se deve entender a afirmação "vejo minhas imagens", tão frequente entre os sujeitos? Ver uma imagem de cão, por exemplo, seria possuir "dentro" da consciência um certo conteúdo psíquico composto de sensações visuais (cor da pelagem, forma do corpo etc.), mas essas sensações não seriam exteriorizadas e seriam dadas por algum outro meio que não o dos órgãos da visão. Mas, se retirarmos essas características, o que pode restar das outras sensações? Neste ponto, evidentemente, há uma contradição; e não basta denunciar essa contradição: ela parece pertencer à natureza da imagem. Convém portanto descrevê-la e, se possível, explicá-la.

Vimos, na segunda parte deste trabalho, que um dos fatores essenciais da consciência imaginante era a crença. Essa crença visa o objeto da imagem. Toda consciência imaginante tem uma certa qualidade posicional em referência a seu objeto. Uma consciência imaginante é, de fato,

Segunda parte – O provável

consciência de um *objeto em imagem* e não de *uma imagem*. Mas, se formarmos sobre essa consciência imaginante uma segunda consciência ou consciência reflexiva, aparecerá uma segunda espécie de crença: a crença na existência da imagem. É nesse momento que vou dizer: tenho uma imagem de cão, "vejo" o Panthéon. A contradição de que falávamos há pouco é um fenômeno de crença que se situa no terreno da reflexão. O que queremos dizer quando falamos que "temos uma imagem"? Queremos dizer que temos diante de nossa consciência um objeto interposto que funciona como substituto da coisa. Essa crença, se limitada a isso, seria justificada: esse objeto existe, é o *analogon*. Mas a crença reflexiva coloca ainda a imagem como um quadro. O que isso significa?

Suponhamos que minha consciência imaginante vise o Panthéon. Como saber que ela é, visa-o em sua natureza sensível, ou seja, como um templo grego, de cor cinza, com um certo número de colunas e um frontão triangular. Por outro lado, de certa maneira o Panthéon visado está presente: ele se dá na realidade afetiva. Nessa presença afetiva, minha intencionalidade de saber apreende as qualidades citadas anteriormente. É como se eu pensasse: "Esse objeto que está diante de mim, *sei* que ele tem colunas, um frontão, uma cor cinza. Tudo isso está presente sob uma certa forma: o que *sinto* é o Panthéon, com suas colunas, seu frontão, sua cor cinza". Mas o Panthéon existe *em outro lugar* e ele se dá justamente como existindo em outro lugar: o que está presente, de certo modo, é sua ausência.

Assim, durante alguns instantes, eu estava como que na presença do Panthéon, no entanto, o Panthéon não estava ali. É o fenômeno de posse que já descrevemos. Mas não é natural que eu tente, antes, reconstruir logicamente essa impressão? Dizer que eu estava em presença do Panthéon ausente, não é absurdo? Essas presenças ausentes desagradam à minha razão. Não é melhor dizer que havia um objeto presente, igualzinho ao Panthéon, e que esse objeto era a imagem? Desse modo, o que está ausente continuará ausente, o que está presente manterá inteiramente seu caráter de presença. A imagem, naturalmente, será o *analogon*. Ele *representava*, sem as possuir, as qualidades sensíveis do objeto ausente: diremos que ele as *tinha*, sem ser o objeto ausente. Nada mais claro, mais bem construído do que esta ilusão: *representar* aquela cor cinza, ou seja, preencher sem a satisfazer essa consciência tendente para o cinza não é apresentar-lhe um cinza menor, um cinza sem exterioridade, fantasmal, e que só mantém de sensível sua natureza indefinível de cinza? Essa é a origem da ilusão de imanência: transportando para o *analogon* as qualidades da coisa que ele representa, constituímos para a consciência imaginante um Panthéon em miniatura e a consciência reflexiva dá a consciência imaginante como consciência *dessa* miniatura. O resultado dessa construção é uma miragem: creio que o objeto de minha consciência é um complexo de qualidades sensíveis reais mas não exteriorizadas, ao passo que essas qualidades são perfeitamente exteriorizadas, mas *imaginárias*. Creio que eu poderia me conduzir diante desse complexo de qualidades sensíveis como se fosse qualquer objeto sensível, creio poder ler uma página impressa que me aparece como imagem, contar as colunas do Panthéon, descrever, observar. Recaio aqui na ilusão que constitui a imagem hipnagógica, embora minha crença seja menos viva e menos tenaz: desse objeto que me represento como podendo ser descrito, decifrado, enumerado, *não posso fazer nada*. O objeto visível está aí, mas não posso vê-lo – tangível, mas não posso tocá-lo –, sonoro, e não posso ouvi-lo:

> "Muitos", escreve Alain, "como eles dizem, têm na memória a imagem do Panthéon, e a fazem aparecer facilmente, ao que lhes parece. Peço-lhes que façam o favor de contar as colunas que sustentam o frontão: ora, não apenas não conseguem contá-las como não conseguem nem tentar. Ora, é a operação mais simples do mundo, uma vez que tenham o Panthéon diante dos olhos. O que

eles veem, então, quando imaginam o Panthéon? Verão alguma coisa?"[110]

Alain concluirá daí que a imagem não existe. Não podemos segui-lo: quisemos apenas marcar o caráter paradoxal da imagem, chamar a atenção para essas colunas que são atualmente objeto de minha consciência e que não posso *nem tentar contar.*

É que o objeto, na imagem, dá-se de uma maneira muito particular. O Panthéon não pode aparecer para uma consciência imaginante da mesma maneira que para uma consciência perceptiva. Não é verdade que a imagem é, como afirma Bergson, uma "representação cujas partes se justapõem". Certamente, enquanto saber, uma consciência imaginante visa o objeto exterior em sua exterioridade, isto é, enquanto feito de partes justapostas; mas, enquanto afetividade, ela se dá o objeto como um todo indiferenciado. Ao mesmo tempo, viso brancor das colunas e cinza do frontão como qualidades separadas; ao mesmo tempo sei que o frontão é uma coisa, que as colunas são outra – e ao mesmo tempo me dou um brancor que é cinza, colunas que são frontão, um templo sem partes. O objeto se dá, portanto, como imagens, simultaneamente como natureza indivisa na qual cada qualidade se estende de parte em parte através de todas as outras e, ao mesmo tempo, como um conjunto de propriedades distintas, um sistema de vistas fragmentares sobre essa indiferenciação primitiva. Ele encerra uma contradição íntima, um vício radical de constituição: o que é próprio da miragem que denunciamos acima é que nos submetemos a essa contradição sem nos dar conta claramente, ou seja, sem a colocar como o que ela é.

Entretanto, o que deveria abrir os olhos são as frequentes confusões que somos obrigados a cometer. É que, de fato, por não ser sustentado por representações discretas, o saber, se não foi adquirido por uma observação sistemática, se não é explicitado por palavras, é contaminado pelo sincretismo do objeto afetivo.

---

110. Alain. *Système des Beaux-Arts* (N.R.F.). Nova ed., p. 342.

Mostrou-se[111] a 369 pessoas um quadro representando um rapaz de cabelos castanhos com casaco marrom e calça azul. Depois, pediu-se que dissessem a cor dos diferentes objetos. Eis as respostas:

1º) Para a calça azul			
Rapazes		*Moças*	
azul	15 vezes	verde	8 vezes
marrom	20 vezes	marrom	19 vezes
amarelo	5 vezes	amarelo	3 vezes
cinza	4 vezes	cinza	7 vezes
		vermelho	3 vezes
		preto	3 vezes

2º) Para o casaco marrom			
Rapazes		*Moças*	
azul	28 vezes	azul	21 vezes
verde	18 vezes	verde	12 vezes
cinza	13 vezes	cinza	19 vezes
vermelho	20 vezes	vermelho	9 vezes
amarelo	2 vezes		

É impossível supor que as cores "azul" e "marrom" subsistam como representações justapostas na memória dos sujeitos: senão, não se explicariam esses erros tão curiosos. Mas aqui o saber, que é indeciso, é levado pela afetividade. A maneira pela qual o objeto é "dado azul" em imagem não exclui uma certa maneira de ser "dado marrom" que permanece fundida na primeira como uma ressonância harmônica. De modo geral, aliás, o azul, por razões circunstanciais, parece ter mascarado o marrom. Este devia estar presente

---

111. Dauber. "Die Gleichformigkeit des psychischen Geschehens und die Zeugenaussagen". *Fort. der. Psych.* 1 (2), 1913, p. 83-131.

Segunda parte – O provável

mas oculto. O saber deixou-se decidir pela sonoridade afetiva mais forte. Os outros permaneciam na primeira como uma ressonância harmônica. Poderíamos encontrar nas obras de Gorphe[112] e de Abramowski[113] uma infinidade de exemplos do mesmo tipo.

Numa percepção, toda coisa se dá como sendo o que ela é. Deve-se entender por isso que a coisa ocupa uma posição rigorosamente definida no tempo e no espaço e que cada uma de suas qualidades é rigorosamente determinada: é o princípio de individuação. Deve-se entender também que ela não pode ser ela mesma e outra que não ela mesma no mesmo tempo e na mesma relação. Essas duas condições só são imperfeitamente preenchidas pelo objeto em imagem. Sem dúvida, o saber pode visar expressamente a coisa sob um ou outro de seus aspectos. Mas aqui é preciso distinguir: de fato, o saber visa sempre um certo objeto (ou uma certa classe de objetos) com exclusão de todos os outros, e, por conseguinte, visa sempre o objeto como um e idêntico. Mas é excessivamente raro ele visar o objeto como aparição única num instante indivisível do tempo. Deste último ponto de vista pode haver acordo entre o saber e a afetividade, ao passo que do ponto de vista da identidade é preciso que a afetividade se submeta, ou então nasce o conflito.

1º) *O objeto da imagem não obedece ao princípio de individuação.*

Conforme observamos no final da primeira parte[114], o objeto não aparece sob seu aspecto instantâneo nem na consciência de quadro, nem na de imitação, nem na da imagem hipnagógica. Muito menos esse aspecto instantâneo pode ser revelado pela imagem mental: o saber, tanto neste último caso como nos casos anteriores, visa, por exemplo,

---

112. Gorphe. *La Critique du témoignage.*
113. Abramowski. *Le Subconscient normal.*
114. Cf. primeira parte, cap. 2, seção VII, "Do retrato à imagem mental".

Pierre com "*suas* bochechas vermelhas", "*seu* sorriso alegre" etc. Por sua vez, a afetividade não pode nunca revelar um equivalente afetivo para uma aparição instantânea do objeto. Assim, portanto, Pierre, tal como ele me aparece em imagem, não é nem visado nem dado como o Pierre que eu poderia perceber no mesmo instante, se ele estivesse presente: Pierre, tal como o revela a imagem mental, é uma síntese que resume nela uma certa duração, muitas vezes até aspectos contraditórios; é aliás a explicação do caráter emocionante que certas imagens conservam ao passo que seu objeto de carne e osso perdeu, há muito tempo, o poder de nos emocionar.

Assim o saber visa, a afetividade revela o objeto com um certo coeficiente de generalidade. Mas isso não evita necessariamente os conflitos no seio da consciência imaginante, porque a generalidade com que o objeto é visado pelo saber não é necessariamente aquela com que ele aparece através do *analogon* afetivo. Por exemplo, minha intenção de saber pode visar Pierre tal como o vi hoje de manhã e minha intenção afetiva pode me revelar, através do *analogon*, Pierre tal como ele me aparece há mais de uma semana. Entretanto, como há uma fusão identificadora das duas intencionalidades, o Pierre que me aparece há uma semana se dá como sendo o Pierre que vi hoje de manhã. A tristeza que ele tinha no início da semana, o mau humor que o tornava tão desagradável ontem, tudo isso está condensado no *analogon* afetivo e, no entanto, tudo se dá como sendo o Pierre de hoje de manhã.

Podem até se produzir defasagens muito mais graves: o Pierre que meu saber visa é aquele que hoje de manhã tomava o café da manhã de roupão; aquele que o *analogon* me revela é o Pierre que vi anteontem de sobretudo azul, na praça do Châtelet. No entanto, aquele Pierre de sobretudo se dá como sendo o Pierre de roupão. É o conflito no interior da consciência imaginante que pode explicar o paradoxo que nos surpreendia no fim da segunda parte deste trabalho: o objeto da imagem de Pierre, dissemos, é Pierre em carne e osso que agora se encontra em Berlim. Mas, por outro lado,

Segunda parte – O provável 151

a imagem que tenho agora de Pierre mostra-o em sua casa, em seu quarto de Paris, sentado numa poltrona que conheço bem. Então, poderíamos perguntar, o objeto da imagem é Pierre que atualmente está morando em Berlim, é Pierre que no ano passado morava em Paris? E, se persistirmos em afirmar que é o Pierre que mora em Berlim, teremos de explicar esse paradoxo: Por que e como a consciência imaginante visa o Pierre de Berlim através daquele que no ano passado morava em Paris?

O que então não podíamos explicar parece-nos, agora, mais claro: o saber visa o objeto através do que o *analogon* lhe fornece. E o saber é *crença*: crença de estar diante de Pierre vestido desta e daquela maneira. Mas o *analogon* é *presença*. Daí essas sínteses contraditórias.

2º) *O objeto da imagem não aparece necessariamente como obedecendo ao princípio de identidade.*
O saber visa certo objeto; a afetividade pode fornecer um *analogon* válido para vários objetos: muitas vezes, de fato, as coisas têm entre elas equivalências afetivas inesperadas e um mesmo conteúdo afetivo pode fornecer, assim, uma pluralidade de coisas no estado indiferenciado. É isso que faz com que, no sonho, uma mesma pessoa possa ser várias ao mesmo tempo. Essa multiplicidade indiferenciada da imagem é menos aparente no estado de vigília porque, nas formações de vigília, o saber impõe sua marca com maior nitidez à afetividade. Todavia, Leroy[115] já observava que "as representações visuais ordinárias do estado de vigília, com frequência tão difíceis de descrever e mais difíceis ainda de desenhar, sem que saibamos muito bem por que, devem implicar contradições do mesmo gênero".

Cada um já pôde observar em si, por exemplo, casos do que chamarei de *contaminações de rosto*. Um rosto nos aparece em imagem; perguntamo-nos onde já o teremos vis-

---

115. Leroy. *Les Visions du demi-sommeil.*

to, perdemo-nos em esforços inúteis. Finalmente, quando a solução aparece, compreendemos: havia dois rostos em estado indiferenciado, o de um funcionário do banco onde estivemos ontem e o de um policial que vemos todos os dias num certo cruzamento. Os dois rostos estavam presentes inteiros, um através do outro, por causa de uma certa semelhança, e disso resultava a curiosa formação contrária ao princípio de identidade: a contaminação. Muitas imagens, assim, são contaminações. Outro dia, por exemplo, quando quis me lembrar de um edifício de pedra vermelha que fica em Saint-Étienne veio uma imagem, e de repente me dei conta de que era válida para dois edifícios: um de pedra em Saint-Étienne e outro de tijolo em Paris.

Mesmo quando essa contaminação não ocorre, muitas vezes acontece de o objeto da imagem aparecer sob uma forma tal que seria impossível fazê-lo passar assim para uma percepção. Se represento para mim um dedal, ele está presente em imagem como é visto por fora e, ao mesmo tempo, como é visto por dentro. Se aperto com a mão o braço desta poltrona, uma mão em imagem vai surgir fechada sobre um braço de poltrona em imagem. Mas, essa mão fechada sobre esse braço opaco, eu a "vejo" por dentro, vejo sua palma e o interior dos dedos, como se o braço fosse de vidro. Se ponho a mão sobre o joelho, traduzo em imagem visual o fato de estar pressionando ao mesmo tempo o tecido contra a palma da mão e contra meu joelho, e o joelho através do tecido: tenho a imagem da mão (face interna e externa), do tecido (face interna e externa) e do joelho. Poderíamos multiplicar esses exemplos infinitamente. Não insistiremos. Mas isso nos mostra que a imagem, intermediária entre o conceito e a percepção, nos revela o objeto sob seu aspecto sensível, mas de um modo que, por princípio, impede-o de ser perceptível. É que, quase sempre, ela o visa inteiro de uma só vez. O que procuramos encontrar na imagem não é este ou aquele aspecto de uma pessoa, mas a própria pessoa, como síntese de todos esses aspectos. Assim as crianças, quando desenham uma pessoa de perfil, fazem-lhe, no entanto, dois olhos de frente. Igualmente, quando evocamos uma pessoa, nós

Segunda parte – O provável

a captamos em determinado lugar, determinado dia, talvez até com determinada roupa ou em determinada atitude. Mas essa intenção específica é acompanhada por uma multidão de outras que a contradizem e a alteram. De modo que essa pessoa, sem deixar de ter esta ou aquela atitude, acaba sendo um complexo, impossível de analisar, de uma infinidade de atitudes e de aspectos. O que é sucessivo na percepção é simultâneo na imagem: e não pode ser diferente, uma vez que o objeto em imagem é revelado de uma só vez por toda a nossa experiência intelectual e afetiva.

Ao final destes capítulos, que tentaram mostrar os elementos da síntese imaginante, acreditamos que devemos alertar contra uma interpretação inexata de nosso pensamento. Ao indicar os fatores principais da imagem, não quisemos reduzi-la à simples soma desses fatores. Afirmamos veementemente, ao contrário, a realidade irredutível da consciência de imagem. É abstratamente que se pode separar movimentos, saber e afetividade. E a análise, aqui, está tão longe de ser um desmembramento real que ela se dá apenas como provável. Nunca será possível reduzir efetivamente uma imagem a seus elementos, pela razão de que uma imagem, como aliás todas as sínteses psíquicas, é outra coisa e mais do que a soma de seus elementos. O que conta aqui é o novo sentido que penetra o conjunto: quero estar diante de Pierre, quero acreditar que ele está aqui, minha consciência inteira está voltada para ele, está "seduzida", de certo modo. E essa espontaneidade, "essa intenção para" Pierre faz brotar esse fenômeno novo, diferente de todos os outros: a consciência de imagem. Esta representa uma *forma* psíquica. Quando a consciência adota essa forma, resulta, por um momento, uma aparição estável; depois a forma, levada pela corrente, se desagrega e a aparição desaparece. Longe de negarmos, portanto, como Alain, Moutier, os behavioristas e tantos outros, a especificidade da imagem, conferimos a ela uma dignidade maior pelo fato de não a considerarmos uma sensação renascente, mas, ao contrário, uma estrutura essencial da consciência, melhor ainda, uma função psíquica. Correlativamente, afirmamos a existência de uma classe especial de objetos da consciência: os objetos imaginários.

Estamos muito longe de diluir a imaginação no conjunto da vida psíquica, mais longe ainda de ver na imagem a reaparição automática de um conteúdo sensível. Para nós, a imagem representa um certo tipo de consciência absolutamente independente do tipo perceptivo e, correlativamente, um tipo de existência *sui generis* para seus objetos. Ao mesmo tempo, a nosso ver, a *imaginação* enquanto tal, que havia desaparecido desde que os psicólogos deixaram de acreditar nas faculdades, retoma uma importância, impossível de exagerar, como uma das quatro ou cinco grandes funções psíquicas. É essa função que vamos tentar descrever agora.

Terceira parte

O papel da imagem na vida psíquica

I – O símbolo[116]

A imagem não desempenha nem o papel de ilustração nem o de suporte do pensamento. Ela não é nada de heterogêneo ao pensamento. Uma consciência imaginante compreende um saber, intenções, pode compreender palavras e julgamentos. E com isso não queremos dizer que se pode julgar *com base* na imagem, mas que, na própria estrutura da imagem, podem entrar julgamentos sob uma forma especial, a forma imaginante. Se quero, por exemplo, representar a escadaria de uma casa aonde não vou há muito tempo, "vejo" primeiro uma escadaria de pedra branca. Alguns degraus me aparecem numa névoa. Mas não fico satisfeito, falta alguma coisa. Hesito por um instante, vasculho minhas lembranças, sem por isso abandonar a atitude imaginante, e depois, de repente, com a clara impressão de me engajar, de assumir minha reponsabilidade, faço aparecer um tapete com varões de cobre sobre os degraus de pedra. Trata-se aqui de um ato de meu pensamento, de uma decisão livre e espontânea. Mas essa decisão não passou por um estágio de puro conhecimento ou de formulação simplesmente verbal. O ato pelo qual me engajei, o ato de afirmação, foi precisamente um ato imaginante. Minha asserção consistiu justamente em conferir ao objeto de minha imagem a qualidade "coberta por um tapete". E essa qualidade, eu a fiz aparecer *sobre* o objeto. Mas esse ato é evidentemente um julgamento, pois, como bem mostraram as pesquisas da Escola de Würzburg, a característica essencial do julgamento é a *decisão*. Na consciência imaginante entra, portanto, um tipo particular de julgamentos: as asserções imaginantes. Em suma (veremos mais tarde que pode até haver raciocínios em imagens, ou seja, ligações necessárias de consciências imaginantes), os elementos ideativos de uma consciência imaginante são os mesmos que os das consciências às quais

---

116. Neste parágrafo e nos seguintes, empregaremos, para maior comodidade, frases e expressões que parecem dar ao objeto real um poder de causalidade sobre a consciência. Que fique claro que é por metáfora. É fácil restabelecer o verdadeiro processo. P. ex., uma imagem não tem poder persuasivo, mas nós nos persuadimos pelo próprio ato em que constituímos a imagem.

geralmente reservamos o nome de pensamentos. A diferença reside essencialmente numa atitude geral. O que comumente chamamos de *pensamento* é uma consciência que afirma esta ou aquela qualidade de seu objeto, mas sem as realizar *nele*. A *imagem*, ao contrário, é uma consciência que visa produzir seu objeto: ela é constituída, portanto, por uma certa maneira de julgar e de sentir, de que não tomamos consciência enquanto tal mas que apreendemos *no* objeto intencional como esta ou aquela de suas qualidades. É o que podemos expressar por uma palavra: a função da imagem é *simbólica*.

Desde há alguns anos tem-se escrito muito, sem dúvida sob influência da psicanálise, sobre o pensamento simbólico. Mas sempre houve o obstáculo de uma concepção que considerava a imagem um traço material, um elemento inanimado que desempenharia *a posteriori* seu papel de símbolo. A maioria dos psicólogos consideram o pensamento uma atividade de seleção e de organização que iria pescar suas imagens no inconsciente, para dispô-las e combiná-las de acordo com as circunstâncias: ele permaneceria rigorosamente fora das imagens que reúne, a melhor comparação que se pode fazer dela é com um enxadrista que empurra suas peças no tabuleiro para realizar uma certa combinação. Cada combinação seria um símbolo.

Não podemos aceitar uma concepção segundo a qual a função simbólica viria se sobrepor de fora à imagem. Parece-nos, e esperamos já tê-lo feito vislumbrar, que a imagem é simbólica por essência e em sua própria estrutura, que não se pode suprimir a função simbólica de uma imagem sem fazer com que a própria imagem desapareça.

Mas o que é exatamente um *símbolo*? Como distinguir o símbolo do signo ou da ilustração? A análise crítica dos trabalhos notáveis e muito pouco conhecidos de Flach sobre "os esquemas simbólicos nos processos de ideação"[117] talvez nos permita responder a essas perguntas.

---

117. A. Flach. "Ueber Symbolische Schemata in produktiven Denkprozess". *Arch. f. ges. Psych*. Bd. LII, p. 369ss.

Terceira parte – O papel da imagem na vida psíquica   159

"Notei", escreve Flach, "que de tempos em tempos, quando eu queria esclarecer os dados de um problema ou até compreender as proposições que apresentavam uma utilidade determinada para meu pensamento, nasciam representações mais ou menos vivas mas que sempre traziam com elas a solução do problema, a compreensão da frase."

Essas representações aparecem com o ato propriamente dito de compreensão. Não acompanham a simples lembrança de uma proposição ou de um problema. Não podem ser produzidas pela vontade. Se quisermos fazê-las nascer, obteremos apenas o que Flach chama "ilustrações do pensamento"[118], ou seja, as "gravuras magras" de Binet. Para que um esquema apareça, é necessário que não seja visado diretamente: todo o esforço do sujeito deve incidir sobre a compreensão de uma palavra ou de uma proposição. Resta saber se todo ato de compreensão é acompanhado por um esquema. Para Flach, não. Ele adverte que os esquemas não acompanham os esforços de intelecção de intensidade fraca demais: "Não obtivemos esquemas quando o trabalho era fácil demais ou quando os sujeitos podiam resolver a questão recorrendo à memória. Em tal caso, encontrava-se ora uma reação verbo-motriz, ora simples ilustrações".

Esses esquemas têm uma característica essencial: "Não têm significação própria mas apenas uma significação simbólica". Se um sujeito faz um esboço do esquema que acaba de lhe aparecer, esse esboço parece desprovido de significação aos olhos de um observador desprevenido. É que essas imagens têm *todos os traços fundamentais* de que necessita uma representação exata do pensamento em sua estrutura *concreta* – e *somente esses traços*. É isso que as distingue de um outro tipo de imagens, que, como vimos, Flach chama de "ilustrações do pensamento" e define como se segue:

> Entendo por isso que o que elas tornam sensível é uma ilustração do objeto cujas relações com o

---

118. *Denkillustrierungen.*

pensamento são fortuitas, exteriores e de ordem puramente associativa.

Presume-se que haverá, nas ilustrações, ao mesmo tempo mais e menos do que no pensamento.

> *Experiência 53*: O sujeito é solicitado a dar uma característica breve e essencial de Zola diante da representação de uma corrida de cavalos. O experimentador pergunta se o sujeito sabe que relação essa representação mantém com a característica solicitada e o sujeito responde que um dia leu uma descrição detalhada de uma corrida em *Nana* e que, desde então, em face do nome Zola regularmente surge essa imagem.

Eis, ao contrário, alguns esquemas simbólicos, extraídos do relatório das experiências de Flach. Ele apresentava aos sujeitos termos usuais, em geral abstratos, que eles deveriam tentar compreender:

> *7*. Troca: dei a meu pensamento a forma de uma fita. Eis uma fita que representa o processo circular da troca. O movimento da curva é em espiral, porque na troca um adquire o que o outro perde. A desigualdade das curvas deve expressar o benefício e a perda que toda troca implica. A fita apareceu imediatamente.

Esse esquema, diz Flach, tem o interesse de ser o que, em lógica, representa dois conceitos cujas extensões (ou compreensões) têm uma parte comum. Mas trata-se aqui, em lógica, de uma determinação particular.

> *14*. Compromisso: é associação de dois homens. Tive a representação de dois corpos que deslizavam um na direção do outro, de lado. Tinham uma forma indeterminada, mas eram dois corpos – um à direita, outro à esquerda – que aspiravam um o outro. O corpo era sólido e tinha protuberâncias que ele empurrava para frente e que desapareceram umas nas outras. Então já não havia senão

Terceira parte – O papel da imagem na vida psíquica

um só corpo. Mas, o que é surpreendente, ele não havia aumentado consideravelmente, era um pouco mais volumoso do que cada uma das partes mas menos do que as duas juntas. Era verde-acinzentado, tinha uma cor suja verde-acinzentada. Fiz o movimento ao mesmo tempo com as mãos.

22. Baudelaire: vi imediatamente, no espaço livre, sobre fundo absolutamente escuro, uma mancha de cor azul-esverdeada, do tipo da cor do vitríolo e como que lançada ali com uma única e grande pincelada. A mancha era mais comprida do que larga. Imediatamente o saber de que aquela cor deve exprimir o mórbido, a decadência específica que caracteriza Baudelaire. Tento ver se aquela imagem pode se aplicar a Wilde ou a Huysmans. Impossível: sinto uma resistência tão forte como se alguém me propusesse algo contrário à lógica. Aquela imagem só vale para Baudelaire e, a partir daquele minuto, será para mim representativa daquele poeta.

27. Proletariado: eu tinha uma imagem estranha, uma extensão plana e escura, e, embaixo, um mar rolando obscuramente, uma torrente indeterminada, algo como uma massa escura e espessa rolando em ondas pesadas. O que significava a massa? A extensão no mundo inteiro; algo como um dinamismo latente.

Os esquemas em geral só têm um sentido, o do pensamento que simbolizam:

Essa imagem intuitiva não exprime nada além de um sistema de relações conceituais que são apreendidas na medida em que o sujeito as vive como relações determinadas entre dados sensoriais. Essas relações, enquanto dados sensoriais, apresentam-se como determinações do espaço *a priori.*

Nos esquemas simbólicos, um pensamento é sempre apreendido pelo fato de as relações conceituais que o constituem serem vividas intuitivamente e, tanto quanto pude constatar, como dados espaciais. Ao passo que, nos casos de ilustrações do pensamento, o espaço tem o papel de receptáculo, de plano de fundo, de substrato, e funciona como um cenário em que seriam colocadas. Quando se trata de representações simbólicas, o espaço tem, ao contrário, papel de explicitador: as determinações e figurações espaciais não existem. Simplesmente são os suportes e a concretização essencial das relações abstratas. É pela espacialização dessas relações que se apreende o conteúdo abstrato do pensamento. Por simples limitações, condensações, por indicações de direções ou por um ritmo particular de uma região do espaço, um pensamento abstrato pode explicitar seu conteúdo. Eis um exemplo: quando perguntamos "o que você entende por altruísmo?", o sujeito teve a representação de uma direção pelo fato de se dirigir para outra coisa que não é dada [...].

Flach acrescenta que é preciso distinguir os casos precedentes "daqueles em que o conteúdo ideal abstrato está como que localizado numa região determinada do espaço sem que o pensamento seja caracterizado por essa localização. Essas localizações, então, não são mais do que pontos de fixação para o pensamento, o qual eles ligam a determinações espaciais e que pode assim repousar sobre elas como sobre objetos reais".

Resta explicar de onde provêm esses esquemas simbólicos. É neste ponto, deve-se admitir, que Flach é mais claramente insuficiente. Limita-se, ou quase, a considerar o esquema simbólico uma criação da *Sphaerenbewusstsein*[119].

---

119. "Consciência das esferas". Expressão particularmente empregada pelos psicólogos da Escola de Würzburg e que designa um certo estado de saber puro, anterior à imagem – e, por extensão, ao pensamento, tal como ele aparece para o psicólogo.

Terceira parte – O papel da imagem na vida psíquica

É, em suma, no plano da consciência de direção sem palavras, estágio em que nos esforçamos para explicitar e exteriorizar com palavras a essência de um conteúdo objetivo que, justamente, vivemos como interiorizado e que possuímos, no entanto, de certo modo no estado mais ou menos intuitivo. Então acontece com frequência que, em linhas gerais, o pensamento saia como esquema de seu invólucro global.

Mas por que o esquema simbólico aparece e em que casos? Como ele se constitui? Que relações ele tem com o saber puro, com o ato puro de compreensão? O que significa para uma compreensão efetuar-se por intermédio de um símbolo? E o que é exatamente essa função simbólica do esquema? São perguntas que Flach deixa sem resposta. Portanto, é preciso retomar, depois dele, o estudo desses esquemas simbólicos e ver se não conseguiremos extrair dele outra coisa mais.

Vimos que os atos de compreensão fácil ou as consciências de significação pura e simples não são acompanhados por esquemas. O esquema acompanha o esforço de intelecção propriamente dito e apresenta sob forma de objeto espacial os resultados desse esforço. Todavia, seria interessante saber se todos os atos, a partir de certo grau de dificuldade, se traduzem em esquema ou se pode haver intelecções sem imagens. Os resultados das experiências de Messer permitem completar, nesse ponto, o trabalho de Flach; há muitos casos em que a compreensão se faz sem imagem, pelas simples palavras, *nas* palavras; também podemos encontrar exemplos de uma compreensão direta e pura sem imagem e sem palavras. Mas, neste caso, parece mais que a compreensão parou no caminho, que se fez economia de um desenvolvimento completo. Na verdade, o que não chega a termo não é a fase imaginada: em todos os casos que pudemos estudar, os sujeitos têm consciência de ter economizado palavras. Podemos afirmar, portanto, que existem duas classes de compreensão: uma *compreensão pura* (quer se apoie ou não em signos) e uma *compreensão imaginada* (que, aliás, também pode, por sua vez, fazer ou não fazer uso de palavras). Como não podemos admitir que essa divisão seja resultado do acaso, devemos supor que há uma diferença funcional entre os dois tipos de compreensão. Inúmeras observações, de fato, permitiram-nos concluir que o emprego de uma ou outra dessas compreensões não era regido pelo objeto. Muitas vezes constatei que, por exemplo, conforme os momentos, eu podia compreender uma mesma frase por meio de esquemas ou sem nenhuma ajuda. Essas observações permitem-nos formular mais claramente um primeiro problema: Dado que dispomos de dois modos de compreender e que esses dois modos podem, indiferentemente, ter aplicação seja qual for o objeto de nossa consciência, quais são os motivos que podem determinar a consciência a operar uma compreensão de um tipo ou do outro? Esses motivos devem ser buscados na própria estrutura das consciências anteriores e não nos objetos. Em suma, uma compreensão imaginada sempre faz parte de uma forma temporal a ser descrita, na qual a consciência toma uma certa posição em referência a seu objeto. É essa posição que precisamos determinar; podemos nos perguntar por qual atitude intencional a compreensão se operará sob a forma imaginada e qual é a relação funcional do esquema simbólico com essa atitude. Mas não é fácil determinar imediatamente a natureza dessa atitude, e devemos antes aprofundar a noção de esquema simbólico.

Vemos de imediato que o esquema simbólico é constituído por meio dos elementos que descrevemos em nossa segunda parte. Um saber, que teremos de estudar, penetra e une num ato sintético um *analogon* cinestésico ao qual às vezes se junta um *analogon* afetivo. Essas determinações do espaço psicológico não são nada mais, de fato, do que impressões de movimento, apreendidas sob forma imaginante. Tudo o que dissemos sobre os movimentos em nossa parte anterior aplica-se às experiências *7* e *13* que relatamos acima. As experiências *14* e *21*, que também citamos, mostram muito claramente a maneira pela qual o

Terceira parte – O papel da imagem na vida psíquica   165

analogon afetivo vem se acrescentar numa nova síntese ao *analogon* cinestésico. Este tem a missão de exprimir o mais claramente possível a estrutura racional do conceito a ser compreendido. O elemento não cinestésico do *analogon* é muito menos fácil de caracterizar. Ele traduz, antes, a reação pessoal do sujeito ao conceito; mas a traduz como uma qualidade do conceito, uma vez que ele mesmo se dá como uma qualidade do esquema. A esse respeito, a experiência *14* ensina muito:

> Compromisso [...]
> [...] Era verde-acinzentado, tinha uma cor suja verde-acinzentada.

Segundo o próprio Flach, essa pessoa teria dado uma cor "suja" a seu esquema porque era coagida por seu entorno a renovar constantemente um compromisso que lhe parecia imoral e humilhante. Seja o que for que se possa pensar dessa interpretação que vai ao encontro da psicanálise, de todo modo é típico que a arte de Baudelaire seja simbolizada por uma mancha, cor de vitríolo. Conforme havíamos indicado acima, o *analogon* afetivo se dá como representante de sensações inefáveis. Nos dois casos citados, ele vale como substituto de uma cor. Ao contrário, os elementos racionais do conceito são traduzidos por uma forma, isto é, um movimento.

Assim constituído o esquema, devemos nos perguntar se é verdade que se lê o sentido do conceito ou da proposição a ser compreendida *sobre* o esquema. Flach o afirma em várias ocasiões: "O caráter essencial desses esquemas é que pensamos *sobre* essas imagens, *a partir* dessas imagens [...] a imagem apareceu primeiro, em seguida apenas o pensamento [...] prova que pensei por ocasião dessa imagem".

E, na verdade, certas declarações de seus sujeitos ("Imediatamente o pensamento seguinte, que li na imagem...") parecem autorizá-lo a isso. No entanto, será mesmo concebível? Se expressamos claramente essa tese, ela equivale ao seguinte: a imagem simbólica apareceria primeiro quando o sujeito fizesse um esforço de compreensão – e o sujeito decifraria essa imagem, encontraria nela justamente a significação que procura. O essencial do trabalho de compreensão consistiria, portanto, em construir os esquemas.

Ora, deve-se observar que, nesta hipótese, quando o sujeito constrói o esquema ele ainda não compreendeu. Perguntamo-nos como, nessas condições, ele poderá produzir uma representação simbólica que tenha, segundo os próprios termos de Flach, "todos os traços fundamentais do pensamento que é preciso compreender". Deveríamos supor que uma compreensão inconsciente precede aqui a compreensão consciente. Mas então, se a imagem é dada primeiro e decifrada depois, como o sujeito pode interpretá-la corretamente? Vimos, de fato, que um observador desprevenido só pode compreender um esquema simbólico se lhe mostramos um esboço, sem explicação. Deveríamos supor, então, que a compreensão inconsciente se transforma, por trás do esquema, em compreensão consciente. Mas então o papel do esquema é supérfluo. Diremos, sempre de acordo com Flach, que no esquema o pensamento é "vivido intuitivamente" antes de ser compreendido? Mas a construção do esquema, mais uma vez, implica a compreensão do pensamento. Naturalmente não queremos dizer que haveria primeiro compreensão e depois construção. Mas é evidente que a compreensão se realiza na e pela construção. A estrutura do conceito a ser compreendido serve como regra para a elaboração do esquema e toma-se consciência dessa regra pelo próprio fato de aplicá-la. De modo que, uma vez construído o esquema, não resta mais nada a compreender. O que pode ter enganado alguns sujeitos e o próprio Flach é que, se não nos limitamos a compreender por nós mesmos, se queremos transmitir pelo discurso o resultado de nossa atividade de intelecção, devemos nos transportar para outro plano e expressar por meio de signos verbais o que havíamos aprendido como relação espacial. Essa transcrição, que naturalmente supõe a compreensão, requer no entanto um leve esforço de adaptação que, em certos casos, chegou a ser tomado pela própria compreensão.

Terceira parte – O papel da imagem na vida psíquica

Tudo o que acabamos de dizer poderia se exprimir de uma maneira mais simples: segundo a descrição fenomenológica de nossa primeira parte, poderíamos dizer, é impossível encontrar na imagem mais do que o que se coloca nela; em outras palavras, a imagem não aprende nada. Por conseguinte, é impossível que a compreensão se opere sobre a imagem já construída. Tal afirmação procede da ilusão de imanência. Na realidade, a imagem não pode ter por função ajudar a compreensão. Mas, antes, a consciência compreensiva pode, em certos casos, adotar a estrutura imaginante. O objeto-imagem aparece, nesse caso, como o simples correlato intencional do próprio ato de compreensão.

Mas em que momento a compreensão tomará a forma simbólica? Para sabê-lo, basta lembrar o tipo constitucional de um esquema simbólico. Um esquema é ou uma forma em movimento, ou uma forma estática. Nos dois casos, trata-se de uma apreensão imaginante visual de sensações cinestésicas. Vimos na parte anterior como se operava essa apreensão. O elemento propriamente apreensível é enquadrado, como vimos, por uma protenção e uma retenção. Pela protenção acabamos sendo remetidos a um saber que se dá como protenção e se transforma em retenção na medida em que o movimento transcorre. A constituição do esquema simbólico nos remete, portanto, tanto ao saber como à sua origem. De que saber se trata?

A compreensão não é pura reprodução de uma significação. É um ato. Esse ato visa se tornar presente a um certo objeto e esse objeto é, em geral, uma verdade de julgamento ou uma estrutura conceitual. Mas esse ato não parte do nada. Por exemplo, posso tentar compreender a palavra "Homem", mas não seu correspondente alemão, "Mensch", se não sei alemão. Toda palavra a propósito da qual posso fazer um esforço de compreensão é impregnada, portanto, de um saber que não é mais que a lembrança das compreensões passadas. Sabe-se que Descartes distingue ideias e lembranças de ideias. O saber é, de certo modo, uma lembrança de ideias. É vazio, implica compreensões passadas e futuras, mas ele mesmo não é uma compreensão. É evidente que, quando Flach dá palavras para seus sujeitos compreenderem, a compreensão se opera a partir desse saber: ela se realiza como a passagem do saber ao ato. É no nível do saber, portanto, que se decide a natureza da compreensão. Conforme a intenção que atravessa o saber, essa compreensão será imaginante ou não, ou seja, o saber se transformará ou não numa protenção seguida de movimento simbólico. Em suma, o fator essencial que temos de descrever é essa intencionalidade que aparece no saber e que acaba por construir o esquema simbólico. Por que ela degrada o saber?

Será para facilitar a compreensão? Já respondemos acima: a imagem não aprende nada. A compreensão se realiza *em* imagem mas não *pela* imagem. Veremos, aliás, no próximo capítulo, que o esquema, longe de ajudar a intelecção, muitas vezes a freia e a desvia. Mas, se voltarmos à análise das experiências de Flach, talvez possamos compreender a função da imagem.

Reportemo-nos, por exemplo, à experiência *27*. O sujeito que deve compreender o sentido da palavra "proletariado" representa "uma extensão plana e escura, e, embaixo, um mar rolando obscuramente". O que nos poderia induzir em erro e o que parece ter enganado Flach é uma má interpretação da noção de símbolo. Flach parece achar, de fato, que esse esquema é o *símbolo* do proletariado, ou seja, que o sujeito, produzindo esse símbolo, tem a intenção de, por traços e cores, representar seu pensamento. Essa imagem se daria, portanto, como uma representação esquemática do conteúdo da ideia "proletariado", como um meio de fazer o inventário desse conteúdo. Em outras palavras, a imagem seria ainda um signo. Mas contra essa concepção podemos alegar, em primeiro lugar, que não se vê em absoluto o interesse que o sujeito poderia ter em operar semelhante construção. Em seguida e principalmente, basta produzirmos nós mesmos esses esquemas e nos observarmos para constatar que eles não têm de modo algum o papel de signo e de representante. Sem dúvida há no esquema um representante:

é o *analogon* afetivo-motor através do qual apreendemos a forma e sua cor. Mas o próprio esquema já não é um *analogon*; é um objeto que tem um sentido. A "extensão plana e escura" com o "mar rolando obscuramente" não é nem signo nem símbolo do proletariado. Ela *é* o proletariado em pessoa. Atingimos aqui o verdadeiro sentido do esquema simbólico: o esquema é o objeto de nosso pensamento dando-se à nossa consciência. Assim, a função do esquema enquanto tal não é de modo algum ajudar a compreensão; não é função nem de expressão, nem de suporte, nem de exemplificação. Diríamos de bom grado, usando um neologismo indispensável, que o papel do esquema é *presentificador*.

No início de nossa segunda parte, definimos o *saber puro* como consciência de uma regra. Mas, acrescentávamos, é "uma consciência ambígua que se dá ao mesmo tempo como consciência vazia de uma estrutura relacional do objeto e como consciência plena de um estado do sujeito". Em suma, assim como a chamamos de pré-objetiva poderíamos chamá-la de pré-reflexiva. Ela traz ao sujeito, de fato, informações sobre suas próprias capacidades: "sim, eu sei [...] eu poderia saber etc.", mas este não aparece plenamente como atividade espontânea de ideação e a relação que constitui objeto do saber aparece ora como relação objetiva ora como regra para obter pensamentos. Esse estado sem equilíbrio pode se degradar em saber imaginante: nesse caso, toda reflexão desaparece. Ele pode tornar-se também consciência reflexiva pura, ou seja, colocar-se para si mesmo como consciência de uma regra. Nesse caso, o sentido de uma palavra será apreendido no plano refletido como conteúdo de um conceito e o sentido de uma frase, como julgamento. Ainda nesse plano, o raciocínio aparece como uma sequência de pensamentos que se engendram do mais profundo de sua interioridade, as premissas aparecem como regras operatórias para formar a conclusão, e a motivação psíquica reveste a forma seguinte: "Se *afirmo* que A implica B e que B implica C, para estar de acordo comigo mesmo devo afirmar que A implica C". É considerando o caráter reflexivo do raciocínio clássico que a lógica formal se definiu como o estudo das condições "do acordo do espírito consigo mesmo". Toda essa atividade ideativa se move no plano da reflexão, os pensamentos aparecem como pensamentos ao mesmo tempo em que se formam. A consciência é separada do objeto enquanto raciocina. Poderá juntar-se a ele no nível da conclusão, se ela converter essa última em afirmação não refletida. Essa ideação reflexiva não é acompanhada de imagens. Em primeiro lugar estas são inúteis; em seguida, se devessem aparecer como consciências de imagem e não como consciências de objeto, perderiam sua significação.

Mas a ideação pode operar-se inteiramente no plano irrefletido: basta que o saber puro se degrade em saber imaginante, ou seja, que perca seu caráter pré-reflexivo para tornar-se francamente irreflexivo. Nesse caso, todo pensamento torna-se consciência das coisas e não consciência de si mesmo. Compreender uma palavra já não é apreender um conceito: é realizar uma essência, a compreensão do pensamento refere-se ao conteúdo objetivo que os alemães chamam de *Sachverhalt*. Poderíamos chamar esse plano do irrefletido de *plano das presenças* por causa da atitude tomada pela consciência: ela se comporta, de fato, como se estivesse *em presença* dos objetos que julga; isso quer dizer que ela busca apreender a coisa e formar pensamentos sobre ela como sobre um objeto exterior. Nesse momento, compreender uma palavra equivalerá a constituir diante da consciência a coisa correspondente. Compreender "proletariado" consiste em constituir o proletariado, em fazê-lo aparecer para a consciência. A forma sob a qual essa natureza vai aparecer será naturalmente a forma espacial, porque uma consciência só pode realizar uma presença sob a forma espacial. Mas essa espacialização não é desejada por si mesma. Na realidade, aqui se opera na consciência a confusão natural entre transcendência e exterioridade. Convidados a compreender a palavra "proletariado" ou a frase "a natureza imita a arte", tentamos nos reportar às próprias coisas para contemplá-las; em outras palavras, a primeira providência da consciência é recorrer à intuição. A compreensão da palavra se dá, portanto, como aparição repentina do objeto. De modo que as deter-

Terceira parte – O papel da imagem na vida psíquica 171

minações espaciais não são signos ou imagens das relações estruturais que constituem a coisa: são apreendidas como essas próprias relações. São essas relações constituídas por um saber que se incorporou a uma série de movimentos. Mas, naturalmente, o objeto não é constituído realmente, está ali apenas "em imagem"; por conseguinte, dá a si mesmo como ausente. Correlativamente a atitude da consciência não é a observação mas a quase-observação, ou seja, a presença em imagem do objeto não lhe ensina nada, uma vez que a constituição do objeto em imagem já é a compreensão. Todavia, os pensamentos ulteriores nem por isso deixarão de se dar como reações da consciência ao objeto transcendente; em suma, como resultados da contemplação, uma vez que decorrem por via normal da compreensão original. Em breve estudaremos o mecanismo desse pensamento em imagem e veremos que, embora a construção do esquema não mude em nada o fenômeno de compreensão, os pensamentos posteriores são alterados em sua essência pelo fato de terem sido motivados por um pensamento original em imagem.

II – Esquemas simbólicos e ilustrações do pensamento

Tendo definido o esquema simbólico, Flach o distingue sucessivamente:

1º) Das simples *ilustrações de pensamentos* que, segundo ele, podem aparecer ao mesmo tempo em que um esquema simbólico, mas que não podem nunca expressar mais que um exemplo.

2º) Das *representações esquemáticas* de Messer ("não era nem leão nem tigre, eu tinha consciência de uma pelagem peluda"). O esquema simbólico não é a imagem de um objeto concreto determinado ao qual falte alguma coisa: as representações esquemáticas são, portanto, ilustrações de pensamentos mais fluidos, que contêm certas indeterminações.

3º) Dos *diagramas* que representam esquematicamente, por exemplo, os dias da semana, os meses do ano.

O que o diagrama tem em comum com o esquema simbólico é o fato de o diagrama representar espacialmente um objeto abstrato e inextenso. Porém nada mais há, aqui, do que uma localização determinada no espaço. Essa localização serve de amarra, de ligação, de orientação para nossa memória, mas não desempenha papel nenhum em nosso pensamento.

4º) Das *sinestesias* e *sinopsias*, ou seja, imagens provocadas regularmente pela audição dos nomes próprios, das vogais etc.

5º) Dos *fenômenos autossimbólicos*. É o nome dado por Silberer[120] às visões hipnagógicas que simbolizam um pensamento imediatamente anterior. Flach distingue dois tipos de simbolização hipnagógica. O primeiro agruparia símbolos bastante próximos dos esquemas simbólicos. No segundo, haveria simples ilustrações do pensamento.

A distinção essencial estabelecida por Flach entre ilustrações, representações esquemáticas, diagramas, sinestesias, fenômenos autossimbólicos por um lado e esquemas simbólicos por outro equivale em linhas gerais ao seguinte: os primeiros não expressam o pensamento, são ligados à ideação por vínculos externos e, aliás, bastante frouxos (em linhas gerais o que chamamos vínculos de *associação*); os segundos são produto direto do pensamento e sua expressão exata no plano da imagem. Isso equivale a admitir que há imagens providas de uma função simbólica e outras que não têm nenhum tipo de função, sobrevivências, ligações fortuitas, estereotipias. Abaixo do plano dos esquemas simbólicos, Flach restabelece as "gravuras" de Binet.

Não partilhamos de sua opinião. A imagem é uma consciência. Se aceitamos esse princípio, que sentido reservar à associação de ideias? A associação apresenta-se como uma ligação causal entre dois conteúdos. Mas, justamente,

---

120. Herbert Silberer. *Der Traum*. Stuttgart, 1919.

Terceira parte – O papel da imagem na vida psíquica

não pode haver ligação causal entre duas consciências: uma consciência não pode ser provocada *de fora* por outra consciência; mas ela mesma se constitui segundo sua intencionalidade própria e o único vínculo que a pode unir à consciência anterior é um vínculo de *motivação*. Daí, não se deve falar em automatismo e estereótipos. Binet e os psicólogos de Würzburg tendiam a constituir a imagem, em face do pensamento, como um fenômeno desprovido de sentido. Mas, se a imagem é uma consciência, ela deve, como todos os outros tipos de consciência, caracterizar-se por um sentido próprio. Seu aparecimento depois de um pensamento nunca é efeito de uma ligação fortuita; ela tem um papel. Sem dúvida, esse papel é mais fácil de determinar no caso do esquema simbólico do que no de uma gravura. Mas, se nossas premissas estão corretas, deve haver uma função para todas as imagens que não se dão como esquemas. Os diagramas deixam-se facilmente reduzir aos esquemas simbólicos. Flach quase o admite quando, depois de distinguir a maioria dos diagramas dos esquemas simbólicos e recusar-lhes qualquer outra função que não a de "orientação para nossa memória", ele faz uma exceção. A propósito de um diagrama que representa os meses do ano, por exemplo, quando se perguntou ao sujeito por que estavam faltando três meses e ele respondeu: "Porque todos os anos eram três meses de aborrecimento, na minha infância".

Evidentemente esse diagrama é claramente simbólico. Mas não o serão todos os diagramas, mesmo que mais discretamente? Para muitos sujeitos, os meses estão completos mas dispostos segundo uma linha ascendente, descendente, quebrada, curva, reta etc. Todas essas disposições têm um sentido que corresponde, na maioria das vezes, à maneira como o ano é dividido pelas ocupações profissionais do sujeito. Em suma, os diagramas que representam os meses ou os dias da semana para o sujeito expressam regularmente o modo como a sequência dos meses ou dos dias da semana aparece para ele; é o ano ou a semana aparecendo em sua estrutura concreta. O mesmo ocorre nas sinestesias, no caso, por exemplo, em que uma vogal evoca para um sujeito uma certa cor. A sinestesia nunca é dada como produzida por pura associação. A cor se dá como o sentido da vogal.

> Um senhor de quarenta anos, que experimenta cores muito precisas para *a, o* e *u* não experimenta para *i*; todavia, ele compreende que a rigor se possa ver o som branco ou amarelo mas estima que, "para achá-lo vermelho, precisaria ter o espírito malfeito e a imaginação perversa"[121].

Ao tentar explicar as sinestesias pelo que ele chama de "identidade de fundo emocional", Flournoy não se dá conta do tipo de resistência lógica que experimentamos quando queremos mudar a cor que a vogal evoca. É que, de fato, a cor se dá como o som "em pessoa", exatamente como o "mar escuro" se dava como o proletariado em pessoa. Naturalmente se trataria de uma consciência mais afetiva do que intelectual e a imagem traduziria a reação pessoal do sujeito à vogal. Não vemos, aliás, por que Flach, que admite o sentido simbólico da cor em sua discussão da experiência *14* ("compromisso: [...] tinha uma cor suja verde-acinzentada"), ou da experiência *21* ("Baudelaire: [...] uma mancha de cor azul-esverdeada do tipo da cor do vitríolo"), já não o admitiria ao se tratar de uma sinestesia. E, além disso, fora a complicação, que diferença há entre a experiência *21* "Baudelaire" e uma simples sinestesia? Sem dúvida, o esquema simbólico se constitui, em geral, como determinação do espaço. Mas isso se deve simplesmente ao fato de as compreensões de ordem puramente intelectual se traduzirem de preferência por movimentos. O saber, como vimos, vem impregnar diretamente as sensações cinestésicas. Mas existe também uma compreensão "pelo coração", e é esta que se expressa pelas sinopsias.

Convém, enfim, constatar que imagens que apresentam todas as características de "gravura" podem desempenhar o papel de esquema simbólico. O próprio Flach o reconhece: um sujeito ao qual ele pede que lhe forneça uma breve

---

121. Cit. por Flournoy. *Des phénomènes de synopsie*, p. 65.

Terceira parte – O papel da imagem na vida psíquica   175

característica da filosofia de Fichte representa "o eu criando o não-eu para superá-lo" por um trabalhador batendo com o martelo numa parede; e Flach é obrigado a admitir que funcionalmente essa ilustração de pensamento é assimilável a um esquema.

Portanto, se deixarmos de lado os fenômenos de autossimbolismo, tão duvidosos e tão difíceis de estudar, um primeiro exame nos levará às duas seguintes constatações: em primeiro lugar o domínio do esquema simbólico é muito mais extenso do que Flach pretende e devemos fazer entrar nele todos os fenômenos vizinhos que ele tentou afastar; em segundo lugar, a distinção entre esquema e gravura não é categórica; trata-se mais de casos-limite ligados por formas transitórias; não devemos, portanto, concebê-los como exercendo funções radicalmente diferentes.

De todo modo, se compararmos um esquema com uma ilustração, encontraremos entre os dois tipos de imagens diferenças consideráveis. Suponhamos que me peçam para definir em algumas palavras o período histórico chamado Renascimento. Pode ser que eu produza uma imagem indeterminada de movimento, algo como um jato de água que se abre e volta a cair; posso ver também o desabrochar de uma flor. Nos dois casos, chamaremos minha imagem de esquema simbólico. Sem dúvida, há mais no segundo caso do que no primeiro: além do sentido simbólico, a imagem tem um outro sentido que se pode captar de fora, por exemplo, se o sujeito desenhar sua imagem. Mas esse sentido suplementar não é pensado por ele mesmo: na medida em que é consciente, é mais uma qualidade que confiro ao objeto.

Mas posso produzir também outro tipo de imagem: por exemplo, diante do enunciado da palavra "Renascimento", posso "ver" o *Davi* de Michelangelo. A diferença essencial, aqui, é que *Davi não é* o Renascimento. Só o sujeito pode dizer se a imagem é simbólica do Renascimento ou se, de algum modo, é uma imagem *lateral*; só ele pode nos informar se o *Davi* de Michelangelo é pensado por ele mesmo ou como símbolo. Suponhamos que o *Davi* de Michelangelo seja apreendido por ele mesmo. Nessa própria apreensão, é preciso que haja uma intenção particular, uma vez que, justamente, a apreensão poderia ser simbólica. A apreensão simbolizante conferiria a *Davi* o sentido "Renascimento"; a apreensão não simbolizante o constitui como "estátua de Michelangelo que se encontra em tal museu de Florença etc." Se meu primeiro objetivo era dar uma breve definição do que entendo por "Renascimento", sou obrigado então a reconhecer que meu pensamento se desviou. Mas esse desvio não pode se fazer no nível da imagem constituída: é no nível do saber, no próprio nível da atividade de ideação que se opera a mudança de direção; e, longe de ser provocada pelo aparecimento da imagem, essa mudança é a condição indispensável desse aparecimento. É, portanto, um desvio espontâneo que o pensamento dá a si mesmo e que não pode ser efeito do acaso ou de uma pressão exterior: é preciso que esse desvio tenha um sentido funcional. Por que um pensamento que busca tornar presente para si o conteúdo do conceito "Renascimento" fez esse rodeio, por que tardou em formar a imagem dessa estátua?

Convém fazer uma descrição da maneira pela qual essa imagem me aparece. Observamos em primeiro lugar que ela se dá como ligada pela unidade de uma mesma pesquisa às produções anteriores da consciência: em resumo, esse *Davi* não se apresenta simplesmente como tal mas como uma etapa da compreensão do termo "Renascimento". E o próprio termo etapa é uma rubrica do conjunto das significações contraditórias da estátua. Num certo sentido, de fato, ela se apresenta como uma unidade entre outras cujo conjunto constitui a extensão total do termo estudado. É um ponto de partida para uma revista sistemática de todas as obras de arte que eu possa conhecer e que foram produzidas na época do Renascimento. Mas, por outro lado, a imagem tenta nos reter nela: nesse *Davi* mesmo eu poderia encontrar a solução do problema. O *Davi*, sem se dar explicitamente pelo Renascimento, pretende vagamente encerrar em si o sentido daquela época, da maneira como dizemos, por exemplo: se você visitar o Castelo de Berlim vai compreender o sentido da Prússia de

Bismark. No limite dessa pretensão e por uma espécie de participação, a estátua visada pode aparecer como *sendo* o Renascimento.

Só que essa maneira de *ser* o Renascimento não pode ter a pureza de um esquema simbólico. No esquema, de fato, as determinações espaciais não têm outro sentido que não o que elas representam, ou, se porventura tiverem uma significação própria (flor, trabalhador batendo com um martelo), essa significação só tem valor dentro dos limites do conceito simbolizado e como um meio mais sutil de torná-lo presente. Para o *Davi*, ao contrário, a maneira de aparecer como *Davi* é completamente independente do Renascimento. O próprio sentido de *Davi como Davi* remete a uma infinidade de conhecimentos que neste caso não podem servir. Essa estátua de Michelangelo dá-se para mim como o *Davi* que eu vi na minha viagem à Itália, como a obra de um escultor do qual também conheço algumas outras obras, como uma produção artística que posso classificar entre outras etc., e, enfim, como um acontecimento único de minha vida a partir do qual eu poderia reconstituir toda uma atmosfera, toda uma época desaparecida. Sem dúvida, tudo isso não é explícito, é um sentido afetivo que poderia ser desenvolvido. Mas isso basta para que esse *Davi* que, de certo modo, *é* ou *tende a ser* "o Renascimento" também se dê como algo que poderia fazer desviar meu pensamento e me arrastar para muito longe de minha tarefa atual, em suma, como o correlato de uma consciência que poderia perder o equilíbrio e deslizar, por exemplo, para o devaneio. De modo que a estátua mais parece *ser* o Renascimento por um vínculo místico de participação.

Parece-nos, portanto, ao termo desta breve descrição, que a imagem de ilustração é produzida como o primeiro tateio de um pensamento inferior e que as ambiguidades de sua significação vêm das incertezas de um pensamento que ainda não se elevou até a clara visão do que é um conceito. Parece-nos, de fato, que nossa primeira resposta a uma pergunta abstrata, sob risco de se corrigir imediatamente, é sempre – pelo menos de direito – uma resposta inferior, pré-lógica e empírica ao mesmo tempo. Simultaneamente essa resposta não tem unidade porque o pensamento está indeciso e hesita entre vários meios – todos igualmente insuficientes – para produzir um conceito. Sócrates perguntava a Hípias: "O que é a Beleza?", e Hípias respondia: "É uma bela mulher, é um belo cavalo etc." Essa resposta nos parece marcar não só uma etapa histórica do desenvolvimento do pensamento humano, mas ainda uma etapa necessária (embora o hábito de reflexão possa abreviá-la) na produção de um pensamento concreto individual. Essa primeira resposta do pensamento toma naturalmente a forma de imagem. Muitas pessoas interrogadas sobre a natureza da Beleza produzirão em si a imagem de *Vênus de Milo*, e é como se respondessem: "A beleza é a *Vênus de Milo*".

Mas esse é apenas um dos aspectos da imagem de ilustração: ela é produzida, além do mais, por um pensamento ininteligente, que tenta rapidamente reunir o máximo de conhecimentos sobre a questão colocada; é como se disséssemos: "Beleza? Bem: há a *Vênus de Milo*, há..." e nunca avançamos mais por causa das tendências contraditórias que constituem a imagem. Sob esse novo aspecto, em todo caso, apreendemos uma nova maneira que o pensamento tem de se representar o conceito: seria apenas a soma das unidades da classe que ele designa.

Mas o próprio fato de esses conhecimentos (*Vênus de Milo*, *Davi* etc.) se apresentarem sob uma forma imaginada e não puramente verbal significa mais e melhor. Coloque alguém numa sala de museu onde estejam reunidas várias obras-primas do Renascimento; em seguida, peça-lhe que dê uma breve característica do que foi essa época artística; é quase certo que, antes de responder, a pessoa vai lançar o olhar sobre uma das estátuas ou um dos quadros presentes. Por quê? Ela mesma não saberá dizer: é um esforço para observar, para se reportar à própria coisa e examiná-la, é uma primazia dada à experiência, uma maneira de afirmar um empirismo ingênuo que, também ele, é uma das etapas inferiores do pensamento. Na ausência dessas obras-primas, a reação será a mesma: a

Terceira parte – O papel da imagem na vida psíquica

pessoa vai *tornar presente para si* a estátua de *Davi*, ou seja, o pensamento tomará forma de consciência imaginante. Só que o que o pensamento torna presente em sua pressa é um objeto que ele mesmo não sabe muito bem se *é* a beleza ou um *exemplar* de coisas belas, ou se de seu exame é possível extrair uma compreensão do conceito "beleza". O resultado dessas incertezas é uma imagem que se coloca por si mesma ao mesmo tempo em que como etapa da compreensão. O pensamento, aliás, pela compreensão verdadeira vai abandonar repentinamente esse caminho e, por um esforço criador, considerar o próprio Renascimento como presente em pessoa: então aparecerá o esquema. O que mudou, em suma, não é o papel da imagem, que é sempre, mesmo, o correlato de uma consciência: é a natureza do pensamento. A partir da imagem de ilustração, portanto, há sempre dois caminhos possíveis: um caminho pelo qual o pensamento se perde em devaneios abandonando a primeira instrução, outro que o leva à compreensão propriamente dita. É essa anulação sempre possível do pensamento em nível da imagem que impressionou psicólogos como Binet e os fez concluir que a imagem era um estorvo para o pensamento. Mas o responsável por esse desequilíbrio do pensamento é o próprio pensamento – não a imagem.

III – Imagem e pensamento

Não tentaremos saber se todo pensamento irrefletido toma forma de imagem. Basta-nos ter constatado que a imagem é como uma encarnação do pensamento irrefletido. A consciência imaginante representa um certo tipo de pensamento: um pensamento que se constitui no e por seu objeto. Todo pensamento novo concernente a esse objeto se apresentará, na consciência imaginante, como uma nova determinação apreendida no objeto. Mas, naturalmente, trata-se aqui apenas de quase apreensões. De fato, o pensamento não se constata *no* objeto, mas, antes, ele *aparece objeto*. Se o desenvolvimento de uma ideia se faz sob forma de uma série de consciências imaginantes sinteticamente ligadas, disso resultará para o objeto em imagem uma espécie de vida. Ele aparecerá ora sob um aspecto, ora sob outro, ora com uma determinação, ora com outra. Julgar que um cocheiro cujo rosto representamos obscuramente tinha bigode é ver aparecer seu rosto como tendo bigode. Há uma forma imaginante do julgamento que não é senão a adição de novas qualidades ao objeto, acompanhada pelo sentimento de se arriscar, de se comprometer ou de se responsabilizar. Essas observações nos permitem esboçar uma solução do problema das relações entre a imagem e o conceito. Se pensarmos, em modo imaginante, em objetos individuais, são esses próprios objetos que aparecerão para nossa consciência. Aparecerão como são, ou seja, como realidades espaciais com determinações de forma, de cor etc. Nunca terão, aliás, a individualidade e a unicidade que caracterizam os objetos da percepção. Haverá contaminações, uma espécie de vaga, de indeterminação básica: tentamos explicar essa estrutura essencial da imagem na terceira parte desta obra. Ao mesmo tempo, o objeto se dá como não estando presente em pessoa, como *objeto ausente*. Seja como for, ele é a forma que o pensamento assume para aparecer para nossa consciência. Se agora pensarmos numa classe, como "cavalo", "homem" etc., é a própria classe que nos aparecerá. Na verdade, é raro pensarmos numa única classe. A maioria das vezes nossos pensamentos são apreensões de relações entre classes. Podemos dizer que o pensamento de um conceito isolado é sempre resultado de exercícios artificiais. No entanto, esse pensamento é sempre possível e podem-se produzir três casos: no primeiro, perdemos o sentido do conceito procurado ou o abordamos indiretamente. Nesse caso, nossas primeiras aproximações se apresentarão sob a forma de objetos individuais pertencentes à extensão desse conceito. Se tento pensar o conceito "homem", poderei me orientar produzindo a imagem de um homem específico ou a imagem de determinada geografia que representa o homem branco etc. Tentamos, no capítulo anterior, explicar esse tipo de pensamento. Mas pode ser que em seguida nosso pensamento capte diretamente o próprio conceito. Este – é o segundo caso – poderá aparecer então sob forma de um objeto no espaço. Mas esse objeto não

Terceira parte – O papel da imagem na vida psíquica

será individualizado, já não será este ou aquele homem, será *o homem*, a classe feita homem. O objeto de nossa consciência imaginante será, naturalmente, um homem indeterminado, que não terá nada em comum com a imagem compósita de Galton, mas cuja própria essência será a indeterminação. Será como a consciência fugaz de ter um homem diante de nós, sem que possamos nem queiramos saber seu aspecto, sua cor, seu tamanho etc. Essa maneira de abordar o conceito em extensão é, sem dúvida, de um nível de pensamento ainda bastante baixo. Mas se em terceiro lugar o abordamos imediatamente em compreensão, ou seja, como sistema de relações, ele nos aparecerá então como um conjunto de puras determinações do espaço que não terão outra função que não a de *apresentá-lo*: ou seja, ele tomará a forma de um esquema simbólico. Mas conceitos como "homem", "cavalo" etc., são carregados demais de sensível e pobres demais em conteúdo lógico para que nos elevemos com frequência a esse terceiro estágio. O esquema simbólico só aparece com um esforço de compreensão, ou seja, por ocasião de pensamentos abstratos. Essas três maneiras que o conceito tem de aparecer para o pensamento irrefletido correspondem, portanto, a três atitudes nitidamente definidas da consciência. Na primeira eu me oriento, busco ao meu redor. Na segunda permaneço entre os objetos, mas faço aparecer a própria classe, a coleção desses objetos enquanto tal para minha consciência. Na terceira, afasto-me nitidamente das coisas (como unidades ou como coleção) para me voltar para as relações. As relações entre o conceito e a imagem, portanto, não colocam nenhum problema. De fato, não há *conceitos* e *imagens*. Mas há, para o conceito, duas maneiras de aparecer: como puro pensamento no terreno reflexivo e, no terreno irrefletido, como imagem.

Mas coloca-se uma questão mais grave: na imagem, o pensamento constitui a si mesmo como coisa. Disso não resultarão para ele profundas mudanças? É possível admitir que um pensamento puro refletido e um pensamento espacializado tenham rigorosamente a mesma significação? O pensamento em imagem não seria uma forma inferior de pensamento? Na verdade, é preciso distinguir dois casos, e essa maneira que o pensamento tem de ser preso numa representação espacial acarretará consequências diferentes para o curso posterior da consciência, conforme ela suporte com dificuldade esse aprisionamento e tente libertar-se dele ou se deixe absorver pela imagem como a água pela areia. No primeiro caso, o sujeito, no próprio momento em que ele forma a imagem, tem consciência da insuficiência desse meio de pensar e já busca se libertar. Eis, por exemplo, uma interessante observação do Sr. R.A., professor *agrégé* de Filosofia: "Tenho a impressão de atingir a plena compreensão do pensamento essencial de Brunschvicg ao ler as páginas de *L'Orientation du rationalisme*, que retomam o tema de Schopenhauer: 'Só há objeto para o espectador'. Quando, ultrapassando a ordem do conhecimento, o Sr. Brunschvicg, na própria ordem do ser, faz sair as duas realidades correlatas (sujeito e objeto) de uma atividade espiritual, de uma corrente original, acreditei entender o extremo ápice de seu pensamento e me lembro de uma imagem que, de certo modo, ilustrava meu esforço de inteligência. No centro, uma espécie de representação esquemática, geométrica de um movimento e depois, para além, dos dois lados daquela linha movente, dois pontos simétricos, ou melhor, dois círculos muito semelhantes ao círculo interior de um alvo. Sem dúvida, aquela imagem não estava no primeiro plano na consciência clara. No entanto, eu a distinguia mas a sentia insuficiente porque ainda tingida de um resto de materialidade, mas parece-me que minha impressão de compreender provinha essencialmente do movimento do pensamento para apreender a imagem e para a superar. Eu sentia que se pudesse ter pensado o equivalente espiritual daquela imagem sem ajuda de nenhuma representação sensível teria realmente compreendido o Sr. Brunschvicg, pois eu precisaria ver 'com os olhos da alma' a natureza e o espírito (no segundo sentido), sair daquele impulso primitivo espiritual e criador"[122].

---

122. Encontrei desde então em muitos estudantes e professores esse esforço para superar a imagem no próprio momento em que a formamos; tive, principalmente, uma observação interessante do Sr. L. de R., estudante de filosofia.

Terceira parte – O papel da imagem na vida psíquica

A descrição de R.A. não permite duvidar de que estamos diante de um esquema simbólico. Se nos reportarmos aos capítulos anteriores, veremos que todas as características do esquema se encontram aqui. Mas a consciência de R.A. contém mais uma determinação, que não encontramos até agora em nenhuma das descrições de Flach: o esquema dá a si mesmo como provisório, insuficiente, como uma etapa a ser superada. Mas não dizíamos que o esquema simbólico *era* a essência que ele representava? Como é possível então que ele se dê ao mesmo tempo como sendo essa essência (a gênese num movimento espiritual do par-objeto) e como não sendo? Parece, no entanto, que essa estrutura de consciência é muito frequente entre os filósofos, ou seja, entre os homens que têm o grande hábito de "pensar sobre o pensamento", como diz Goethe, isto é, profundamente impregnados pelo caráter imaterial do pensamento, que sabem de longa data que ele escapa a todo esforço para representá-lo, defini-lo, captá-lo e que, por conseguinte, quando falam dele, só se utilizam com sobriedade e com alguma aversão de comparações e de metáforas. Neles, portanto, o esquema simbólico já não aparece como sendo seu pensamento, mas antes como sendo o aspecto mais superficial e mais enganador desse pensamento. Sem dúvida ele está ali inteiro, mas sob uma forma que poderia enganar. Por conseguinte, o esquema se dá como um fora fugaz do pensamento, que por sua vez aparece como não podendo ser esgotado por nenhum dos "foras" que adotará e, enfim, como radicalmente heterogêneo a suas aparições.

Disso podem resultar duas atitudes para o pesquisador em relação a seu próprio pensamento. Ele pode limitar-se a entender o esquema como uma direção possível, como a porta aberta para uma série de pesquisas posteriores, a indicação de uma natureza a ser apreendida para além dos aspectos materiais. Neste caso, o esquema possui um dinamismo próprio que vem do fato de ele comportar sua própria superação. Mas, ao mesmo tempo, a *compreensão* não é dada em ato, é apenas esboçada como possível, como estando no desfecho da liberação de todas as imagens. Com muita frequência a compreensão é *apenas isto*: o esquema mais a ideia de que se pode, de que se deve ir adiante.

Ou então o sujeito efetua realmente as operações que devem liberar seu pensamento de seus entraves materiais. Ele se desprende do esquema, conservando seu pensamento. Mas, se permanece na atitude irrefletida, ou seja, se tem apenas consciência *do* objeto (essência particular ou universal, relações entre essências etc.) sobre o qual forma pensamentos, ele não pode se afastar de um esquema simbólico para construir outro, e assim por diante, infinitamente. Cedo ou tarde ele se deterá nessas operações. Mas isso não tem importância se o sujeito mantém presente essa insatisfação de toda imagem, cuja importância acabamos de ver, se é capaz de dizer a si mesmo, no momento em que se detém, o que Gide quer escrever no final de *Faux Monnayeurs* [*Os moedeiros falsos*]: "Poderia continuar". Nesse caso, a essência que procuramos apreender aparece como não estando em nenhuma das formas que tomou, nem na infinidade das que poderia ter tomado. Ela é *outra*, radicalmente outra. E, pelo próprio fato de *o sujeito afirmar incessantemente essa heterogeneidade*, todos esses revestimentos imaginados, todos esses esquemas não trazem perigo para o pensamento. Todavia o pensamento, embora possamos nos expressar sobre ele sem levar em conta as imagens nas quais se revela, nunca nos é acessível diretamente se alguma vez tomamos a atitude imaginante ao formá-lo. Iremos sempre de uma imagem a outra. A compreensão é um movimento que nunca termina, é a reação do espírito a uma imagem por uma outra imagem, a esta por outra imagem e assim por diante, sucessivamente, até o infinito. Para substituir essa regressão infinita pela intuição simples de um pensamento nu, é preciso operar uma mudança radical de atitude, uma verdadeira revolução, ou seja, passar do plano irrefletido para o plano refletido. Nesse plano, de fato, o pensamento, ao mesmo tempo em que aparece, dá-se como pensamento; assim é inteiramente transparente para si mesmo. Mas não podemos nunca encontrar nenhuma via de passagem que nos permita elevar-nos gradualmente da irreflexão para o pensamento refletido, ou seja, da ideia como imagem à ideia como ideia. O ato simples de intelecção no plano refletido tem como correlato a ideia infinita de aproximações por símbolos no plano da irreflexão. Dessa equivalência resulta que os dois processos, nos dois planos, são equivalentes para o progresso do conhecimento.

É completamente diferente quando o esquema absorve o pensamento e se apresenta como *sendo* ele mesmo a essência ou a relação que se quer determinar. *O pensamento irrefletido é uma posse*. Pensar uma essência, uma relação, é, neste plano, produzi-las "em carne e osso", constituí-las em sua realidade viva (e naturalmente sob a "categoria de ausência" que definimos no primeiro capítulo de nossa primeira parte) e é, ao mesmo tempo, vê-las, possuí-las. Mas, simultaneamente, é constituí-las *sob uma certa forma* e considerar essa forma como exprimindo exatamente a natureza delas, como *sendo* a natureza delas. Aqui o pensamento se encerra na imagem e a imagem se dá como adequada ao pensamento. Daí uma distorção – possível a todo momento – do curso posterior da consciência. De fato, o objeto considerado (essência, relação, complexos de relações etc.) não se apresenta apenas como uma estrutura ideal: é também uma estrutura material. Ou melhor, estrutura ideal e estrutura material são uma só coisa. Mas a estrutura material implica certas determinações do espaço, certas simetrias, certas relações de posição, às vezes até mesmo a existência de coisas ou personagens (cf. acima, p. ex., o trabalhador que bate com o martelo). Enquanto a evolução dessas determinações continuar sendo regida pelo *sentido ideal* da imagem, enquanto as transformações do esquema continuarem sendo comandadas pelas do pensamento, o desenvolvimento da ideia não vai se alterar. Mas essa subordinação das estruturas materiais às estruturas ideais só é possível se entendemos as estruturas materiais como não esgotando as estruturas ideais, se colocamos uma independência relativa de umas em relação às outras. Isso se produz apenas na atitude que descrevemos nas páginas precedentes quando o sujeito, mesmo na atitude irrefletida, mantém uma espécie de lembrança vaga, de saber vazio com respeito à natureza da ideia pura em geral. Mas na imensa maioria dos casos, a estrutura material se dá como *sendo* a estrutura ideal e o desenvolvimento da figura, do esquema em sua natureza espacial é dada como rigorosamente idêntica ao desenvolvimento da ideia. Vê-se o perigo; basta uma ligeira preferência, basta considerar um instante por elas mesmas as relações espaciais do esquema e deixá-las se afirmarem ou se modificarem segundo as leis próprias da espacialidade: o pensamento é irremediavelmente distorcido, já não seguimos a ideia diretamente, pensamos por analogia. Pareceu-nos que essa degradação imperceptível do pensamento é uma das causas mais frequentes de erro, particularmente em filosofia e em psicologia.

Na atitude imaginante, de fato, encontramo-nos em presença de um objeto que se dá como análogo aos que podem nos aparecer na percepção. Esse objeto, enquanto constituído como uma *coisa* (puras determinações do espaço geométrico, objeto comum, planta, animal, pessoa), é o correlato de um certo saber (empírico – leis físicas, biológicas – ou *a priori* – leis geométricas) que serviu para constituí-lo mas que não se esgotou nessa constituição. Esse saber preside aos desenvolvimentos posteriores da imagem, é ele que os orienta nesta ou naquela direção, ou que resiste quando queremos modificar a imagem arbitrariamente. Em suma, uma vez que constituo a imagem de um objeto, o objeto tende a se comportar como imagem, como fazem na realidade os outros objetos da mesma classe. Flach cita belos exemplos, mas não parece compreender a importância deles: "O sujeito representa, por exemplo, bolas lançadas ao ar. Sente então em seus membros a resistência que o ar opõe às bolas para impedi-las de subir. Não fizemos pesquisas mais aprofundadas sobre as sinestesias porque verificou-se que esses fenômenos pertencem propriamente à intuição e não constituem uma característica importante do esquema simbólico como tal. Eles decorrem também dos casos de ilustrações de pensamento por simples associação".

Na realidade, no excelente exemplo citado por Flach, não se trata de modo algum de associações, mas da explicação de um saber que só toma consciência de si mesmo sob forma de imagem. O sujeito apenas visa com pleno conhecimento de causa a trajetória das bolas lançadas ao ar. Mas ele não pode pensar essa trajetória sem pensar ao mesmo tempo a resistência do ar; e esta, embora não se tenha expressamente *querido* representá-la, o corpo a imita como complemento indispensável do objeto. Assim a imagem, deixada a si mesma, tem suas próprias leis de desenvolvimento, que por sua vez dependem do saber que serviu para constituí-la. Aqui vai uma observação que fará percebê-lo melhor.

> Eu queria falar de um carro que subia bem as encostas e eu procurava uma expressão que traduzisse esse julgamento abstrato – informulado – que eu achava cômico. "Ele sobe as encostas como se fosse atraído pela gravidade, como se caísse para cima e não para baixo." Tive uma imagem: via o carro subir uma encosta; tinha o sentimento de que ele subia sozinho e sem motor. Mas justamente eu não conseguia imaginar essa inversão da gravidade; a imagem resistia e me oferecia apenas um equivalente: eu tinha o obscuro sentimento da presença, no alto da encosta, de um objeto mal-definido, espécie de ímã que atraía o carro. Como essa imagem não era a que eu queria produzir, o resultado foi uma oscilação e não consegui encontrar a expressão adequada. Tive então que procurar um viés, e disse: "Nas subidas somos obrigados a frear". Essa introdução de um elemento novo modificou minha imagem e lhe deu um matiz completamente diferente, os elementos, por sua vez, continuando os mesmos; em vez de ser atraído por um ímã, o mesmo carro subia a encosta sozinho: já não era uma máquina, mas um ser animado que se deslocava espontaneamente e cujo ardor eu devia moderar.

Nesse exemplo, o sujeito quis construir, como intermediário entre o pensamento abstrato "inversão da gravidade" e sua expressão verbal, uma imagem concreta da qual o essencial passaria depois para o discurso. Mas essa imagem não se deixou construir porque entrara em sua natureza contradizer os saberes concretos que tivessem presidido à sua formação; sua estrutura buscada foi perdida, deslizou-se para a direita ou para a esquerda, atingiu-se o carro-animal-vivo, o carro imantado, mas a gravidade invertida, embora concebida, não foi captada em imagem. Dessas leis concretas que presidem ao desenvolvimento individual de cada imagem, nada é mais típico do que a transformação do carro em ser animado depois da frase "nas subidas somos obrigados a frear". O carro que deveríamos frear nas subidas deixava, por isso mesmo, de aparecer como máquina. O simples fato de imaginar o freio e essas circunstâncias se completava espontaneamente pela anexação à máquina que era freada de uma espécie de força viva. Assim, embora o espírito seja sempre livre para fazer variar qualquer elemento da imagem, não se deve achar que ele possa, a seu bel-prazer, alterar ao mesmo tempo *todos* os elementos. Tudo acontece como se as transformações da imagem fossem regidas com bastante rigor por leis de *compossibilidade*. Essas leis não podem ser determinadas *a priori* e dependem dos saberes que entram em combinação.

Vamos voltar agora a nosso problema: quando produzo, no decorrer de minhas reflexões, uma imagem do tipo das que Flach chama "simbólicas" (quer se trate de um esquema ou de qualquer outra representação), ao que parece há nessa imagem um conflito entre o que ela é e o que ela representa, entre as possibilidades de desenvolvimento que lhe vêm da ideia de que ela encarna e seu dinamismo próprio. Por um lado, pedras, um martelo, uma flor podem ser símbolos de uma multidão de essências abstratas; por outro lado, essa flor, essas pedras, esse martelo têm sua natureza própria e tendem a se desenvolver em imagem em conformidade com essa natureza. Quando conservo no próprio seio das imagens a insatisfação de que falamos, o pensamento não padece dessa ambiguidade porque não dou tempo para a imagem se desenvolver de acordo com suas próprias leis, abandono-a assim que a formo; nunca me satisfaço com ela. Sempre pronto a se enredar na materialidade da imagem, o

Terceira parte – O papel da imagem na vida psíquica

pensamento escapa fluindo para outra imagem, desta para outra e assim por diante. Mas na maioria dos casos essa desconfiança da imagem, que é como uma lembrança da reflexão, não aparece. Então, as leis de desenvolvimento próprias da imagem são frequentemente confundidas com as leis da essência considerada. Se essa essência aparece sob a forma de uma pedra que rola por um declive, essa queda da pedra, que extrai toda a sua necessidade de meu saber físico, desenvolve e reforça o símbolo, confere-lhe seu rigor. A observação seguinte mostrará os perigos dessa substituição:

> Eu gostaria de me convencer da ideia segundo a qual todo oprimido ou todo grupo de oprimidos extrai da própria opressão sofrida forças para rechaçá-la. Mas eu tinha a nítida impressão de que tal teoria era arbitrária e sentia uma espécie de incômodo. Fiz um novo esforço de reflexão: nesse momento surgiu a imagem de uma mola comprimida. Ao mesmo tempo sentia em meus músculos a força latente da mola. Ela se distenderia com violência tanto maior quanto mais fortemente fosse comprimida. Durante um momento senti com toda evidência a inevitabilidade da ideia da qual, um instante antes, eu não conseguia me persuadir[123].

É disso que se trata: o oprimido *é* a mola. Mas, por outro lado, *na* mola comprimida já podemos ler com evidência a força com que ela se distenderá: uma mola comprimida representa claramente energia potencial. Essa energia potencial será evidentemente a do oprimido, uma vez que o oprimido *é* a mola. Vê-se claramente, aqui, a contaminação entre as leis da imagem e as da essência representada. Essa ideia de energia potencial que aumenta na proporção da força exercida sobre o objeto é *apresentada* pela mola, é na mola que podemos apreendê-la. Vamos mudar o termo de comparação; em vez da mola vamos tomar, por exemplo, um organismo:

---

123. Observação de R.S., estudante.

teremos uma intuição absolutamente inversa, algo que poderia se expressar por esta frase: "A opressão avilta e degrada os que a sofrem". Mas a imagem da mola deixada por sua conta e vista pura e simplesmente como imagem da mola tampouco poderia bastar para nos persuadir. Sem dúvida a mola acumula força. Mas nunca o suficiente para poder se desvencilhar do peso que pesa sobre ela, pois a força que ela acumula é *sempre inferior* à que a comprime. A conclusão que teríamos então na imagem seria esta: "O oprimido ganha em força e em valor pelo próprio fato da opressão, mas ele nunca chegará a se desvencilhar de seu jugo".

De fato, como pude perceber ao reproduzir em mim mesmo o esquema da mola, há mais do que isso. A imagem é falseada pelo sentido: a energia que se acumula na mola comprimida, não a sentimos como puro armazenamento passivo, mas como uma força viva que cresce *com o tempo*. Aqui a imagem da mola já não é simples imagem da mola. Ela é, além disso, alguma coisa indefinível: uma imagem de mola viva. Sem dúvida há nisso uma contradição, mas acreditamos ter mostrado na terceira parte que não há imagem sem íntima contradição. É nessa própria contradição e por ela que se constitui a impressão de evidência. Assim a imagem traz em si um poder persuasivo enganoso, que vem da ambiguidade de sua natureza.

IV – Imagem e percepção

No início desta obra mostramos as dificuldades suscitadas por qualquer tentativa de constituir a percepção por um amálgama de sensações e de imagens. Compreendemos agora por que essas teorias são inadmissíveis: é que a imagem e a percepção, longe de serem dois fatores psíquicos elementares de qualidade semelhante e que entram simplesmente em combinações diferentes, representam as duas grandes atitudes irredutíveis da consciência. Segue-se daí que elas se excluem uma à outra. Já observamos que, quando visávamos Pierre em imagem através de um quadro, deixávamos por isso mesmo de *perceber* o quadro. Mas a estrutura das imagens ditas "mentais" é a mesma que a das imagens cujo *analogon* é externo: a formação de uma consciência imaginante é acompanhada, tanto neste caso como no anterior, por um desaparecimento de uma consciência perceptiva e reciprocamente. Enquanto *vejo* esta mesa, não posso formar a imagem de Pierre; mas, se de repente o Pierre irreal surge diante de mim, a mesa que está sob meus olhos desaparece. Sai de cena. Assim esses dois objetos, a mesa real e o Pierre irreal, podem apenas se alternar como correlatos de consciências radicalmente distintas: Como a imagem, nessas condições, poderia concorrer para formar a percepção?

Em todo caso, é evidente que *percebo* sempre *mais e diferentemente* do que *vejo*. É esse fato incontestável – e que nos parece constituir a própria estrutura da percepção – que os antigos psicólogos tentaram explicar pela introdução de imagens na percepção, ou seja, supondo que completamos o aporte estritamente sensível projetando nos objetos qualidades irreais. Naturalmente essa explicação exigia que uma assimilação rigorosa entre imagem e sensação fosse sempre possível – pelo menos teoricamente. Se é verdade que há nisso, como tentamos mostrar, um enorme contrassenso, é preciso buscar novas hipóteses. Vamos nos limitar a indicar as direções possíveis da pesquisa.

Em primeiro lugar, os trabalhos de Koehler, Wertheimer e Koffka permitem já agora explicar, pela persistência de estruturas formais através de nossas variações de posição, certas constantes anômalas da percepção. Um estudo aprofundado dessas formas decerto nos permitiria compreender por que percebemos *de modo diferente* do que vemos.

Resta explicar por que a percepção *encerra* mais. O problema seria simplificado se aceitássemos, de uma vez por todas, renunciar a esse ser de razão que é a sensação pura. Poderíamos então dizer, com Husserl, que a percepção é o ato pelo qual a consciência se coloca em presença de um objeto têmporo-espacial. Ora, na própria constituição desse objeto entra uma multidão de intenções vazias que não colocam objetos novos, mas que determinam o objeto presente em relação a aspectos presentemente não percebidos. Por exemplo, é claro que este cinzeiro que está a meu lado tem uma "parte de baixo", que ele repousa sobre a mesa *por essa parte de baixo*, que essa parte de baixo é de porcelana branca etc. Esses conhecimentos diversos vêm seja de um saber mnemônico seja de inferências antepredicativas. Mas o que se deve notar é que esse saber, seja qual for sua origem, continua informulado, antepredicativo: não é que ele seja inconsciente, mas ele cola no objeto, funde-se ao ato da percepção. O que é visado nunca é explicitamente o aspecto invisível da coisa; é determinado aspecto visível da coisa enquanto um aspecto invisível que corresponde a ele, é a face superior do cinzeiro enquanto sua própria estrutura de face superior que implica a existência de uma "parte de baixo". Evidentemente são essas intenções que dão à percepção sua plenitude e riqueza. Sem elas, Husserl diz muito acertadamente que os conteúdos psíquicos permaneceriam "anônimos". Mas elas não deixam de ser heterogêneas às consciências imaginantes: elas não se formulam, não colocam nada à parte e limitam-se a projetar no objeto, a título de estrutura constituinte, qualidades muito pouco determinadas, quase simples possibilidades de desenvolvimento (como o fato de uma cadeira ter dois pés além dos que vemos, de os arabescos do papel de parede se prolongarem também atrás do armário, de o homem que vejo de costas também poder ser visto de frente etc.). Vemos que não se trata, aqui, nem de uma imagem que cai no inconsciente nem de uma imagem reduzida.

Sem dúvida essas intenções podem fazer surgir imagens, e esta é, provavelmente, a origem do erro que denunciamos. Elas são até mesmo a condição de toda imagem concernente aos objetos da percepção, no sentido de que todo saber é a condição das imagens correspondentes. Só que, se quero representar o papel de parede *atrás* do armário, as intenções vazias implicadas na percepção dos arabescos deverão se desprender, se colocar por si, *se explicitar* e *se degradar*. Ao mesmo tempo, deixarão de se fundir ao ato perceptivo para se constituir num ato *sui generis* da consciência. Do

Terceira parte – O papel da imagem na vida psíquica

mesmo modo, os arabescos escondidos já não constituirão uma qualidade dos arabescos visíveis – a saber, a *de ter uma sequência, de continuar sem interrupção*. Mas eles aparecerão isoladamente para a consciência, como um objeto autônomo. Há portanto, na percepção, o início de uma infinidade de imagens; mas estas só podem se constituir à custa do aniquilamento das consciências perceptivas.

Em resumo, podemos dizer que a atitude imaginante representa uma função particular da vida psíquica. Se determinada imagem aparece em lugar de simples palavras, de pensamentos verbais ou de pensamentos puros, nunca é o resultado de uma associação fortuita: trata-se sempre de uma atitude global e *sui generis* que tem um sentido e uma utilidade. É absurdo dizer que uma imagem pode prejudicar ou frear o pensamento, a não ser que se entenda que o pensamento prejudica a si mesmo, perde-se por si mesmo em meandros e desvios; é que, de fato, entre imagem e pensamento não há oposição, mas apenas a relação de uma espécie com o gênero que a subsume. O pensamento toma a forma imaginada quando pretende ser intuitivo, quando pretende basear suas afirmações na *visão* de um objeto. Nesse caso, ele tenta fazer o objeto comparecer diante dele para *vê-lo*, ou, melhor ainda, para *possuí-lo*. Mas essa tentativa, em que todo pensamento, aliás, correria o risco de se atolar, é sempre um fracasso: os objetos são afetados pelo caráter de irrealidade. Disso resulta que nossa atitude diante da imagem será radicalmente diferente de nossa atitude diante das coisas. O amor, o ódio, o desejo, a vontade serão quase-amor, quase-ódio etc., como a observação do objeto irreal é uma quase-observação. Essa conduta diante do irreal será agora objeto de nosso estudo, sob o nome de vida imaginária.

Quarta parte

A vida imaginária

I – O objeto irreal

O ato de imaginação, como acabamos de ver, é um ato mágico. É um encantamento destinado a fazer aparecer o objeto no qual pensamos, a coisa que desejamos, de modo que possamos tomar posse dela. Nesse ato há sempre algo de imperioso e de infantil, uma recusa a se dar conta da distância, das dificuldades. Assim, a criança bem pequena, de sua cama, age sobre o mundo por meio de ordens e pedidos. A essas ordens da consciência os objetos obedecem. Mas eles têm um modo de existência muito particular que tentaremos descrever.

Primeiro, meu encantamento tendia a obtê-los inteiros, a reproduzir sua existência integral. Em seguida, esses objetos não aparecem, como na percepção, sob um ângulo particular; não se dão *de um ponto de vista*; tento fazê-los nascer como são em si. Não tenho o que fazer com Pierre "visto às sete horas da noite, de perfil, na sexta-feira passada", nem de Pierre "avistado ontem da minha janela"[124]. O que quero, o que obtenho, é Pierre simplesmente. Isso não quer dizer que Pierre não me aparecerá com uma certa posição, talvez até num certo lugar. Mas os objetos de nossas consciências imaginantes são como as silhuetas desenhadas pelas crianças: o rosto é visto de perfil e, no entanto, marcaram-se os dois olhos. Em suma, os objetos imaginados são vistos de vários lados ao mesmo tempo; ou melhor – pois essa multiplicação dos pontos de vista, dos lados, não dá conta exatamente da intenção imaginante –, são "presentificados" sob um aspecto totalitário. Há, de certo modo, como que o esboço de um ponto de vista sobre eles que se desvanece, se dilui. Não são sensíveis, mas quase-sensíveis.

Quanto ao mais, o objeto em imagem é um irreal. Sem dúvida está presente mas, ao mesmo tempo, está fora de

---

124. Pode acontecer, entretanto, que eu procure exatamente representar determinado aspecto de Pierre. Mas então será preciso haver uma especificação particular.

alcance. Não posso tocá-lo, mudá-lo de lugar: ou melhor, posso, mas sob condição de fazê-lo irrealmente, de renunciar a usar minhas próprias mãos, para recorrer a mãos fantasmas que distribuirão a esse rosto toques irreais: para agir sobre esses objetos irreais é preciso que eu mesmo me desdobre, que eu *me irrealize*. Mas, além disso, nenhum desses objetos reclama de mim uma ação, uma conduta. Eles não são pesados nem prementes, nem coercivos: são pura passividade, eles esperam. A vida débil que lhes insuflamos vem de nós, de nossa espontaneidade. Se nos afastamos deles, eles se aniquilam; veremos no próximo capítulo que eles são totalmente *inativos*: termos finais, nunca são termos de origem. Mesmo entre eles, não são causa nem efeito.

Talvez se queira objetar a esse desenrolar de imagens "por associação", que supõe uma espécie de passividade da mente. Se represento um assassinato, "vejo" a faca se enfiar; "vejo" o sangue escorrer e o corpo da vítima cair. Sem dúvida, mas não vejo isso sem querer: produzo-o espontaneamente, porque *o penso*. Esses detalhes não aparecem por causa de uma tendência do objeto a se completar automaticamente, no sentido em que Wolff declara: *reditur integra perceptio*, mas por causa de uma nova consciência formada sobre o objeto imaginado. É isso que mostram os trabalhos de Janet sobre os psicastênicos: o caráter trágico da obsessão vem do fato de o espírito se forçar a reproduzir o objeto do qual tem medo. Não há reaparição mecânica da imagem obsedante nem monoideísmo no sentido clássico do termo: mas a obsessão é *desejada*, reproduzida por uma espécie de vertigem, por um espasmo da espontaneidade.

Esse objeto passivo, mantido vivo artificialmente mas que a todo momento está prestes a desaparecer, não pode preencher os desejos. No entanto, ele não é completamente inútil: constituir um objeto irreal é uma maneira de enganar os desejos por um instante para em seguida os exasperar, um pouco como a água do mar faz com a sede. Se desejo ver um amigo, vou fazê-lo comparecer irrealmente. É uma forma de *simular* o saciamento. Mas o saciamento é só simulado pois,

Quarta parte – A vida imaginária

de fato, meu amigo não está ali realmente. Não dou nada ao desejo; mais ainda, é o desejo que constitui o objeto na maior parte: à medida que projeta o objeto irreal à sua frente, ele se define como desejo. Primeiro é só Pierre que desejo ver. Mas meu desejo torna-se desejo de tal sorriso, de tal fisionomia. Assim ele se limita e se exaspera ao mesmo tempo e o objeto irreal é precisamente – pelo menos no que concerne a seu aspecto efetivo – a limitação e a exasperação desse desejo. Também é apenas uma miragem, e o desejo, no ato imaginante, nutre-se de si mesmo. Mais exatamente, o objeto em imagem é uma *falta definida*; desenha-se em oco. Uma parede branca *em imagem* é uma parede branca *que falta na percepção*.

Não queremos dizer que o próprio Pierre seja irreal. É um ser de carne e osso que está em seu quarto em Paris neste minuto. As intenções imaginantes que o visam são igualmente reais, é real o *analogon* afetivo-motor que elas animam. Também não se deve achar que há dois Pierre, o Pierre real da Rua d'Ulm e o Pierre irreal que é o correlato de minha consciência atual. O único Pierre que conheço e que viso é o que é real, que habita realmente aquele quarto real em Paris. Portanto, é esse que invoco e que me aparece. Mas ele não me aparece *aqui*. Ele não está neste aposento onde estou escrevendo. Ele me aparece em seu quarto real, no quarto em que ele está realmente. Mas então, dirão, já não há irreal? É preciso entender: Pierre e seu quarto, reais enquanto situados em Paris, a trezentos quilômetros de minha posição real, já não o são enquanto me aparecem atualmente. Mesmo que eu pensasse, ao evocar Pierre em imagem: "Infelizmente ele não está aqui", não se deve entender que estou fazendo distinção entre o Pierre em imagem e o Pierre de carne e osso. Só há um Pierre e é esse, justamente, que não está aqui; *não estar aqui* é sua qualidade essencial: em um momento Pierre me é dado como estando na Rua D..., ou seja, como ausente. Esse absenteísmo de Pierre, que percebo diretamente e que constitui a estrutura essencial de minha imagem, é justamente um matiz que o colore inteiro, é o que chamamos de sua irrealidade. De modo geral, não é apenas a própria matéria do objeto que é irreal: todas as determinações de espaço e de tempo às quais ele está submetido participam dessa irrealidade.

Quanto ao espaço, não é preciso dizer. Todos podem ver que o espaço da imagem não é o da percepção. Todavia, como restam algumas dificuldades para um certo número de casos particulares, é preciso esboçarmos uma discussão geral do problema. Se de repente acontece me lembrar do meu amigo Pierre, vou "vê-lo" com seu terno cinza, nesta ou naquela atitude. Mas na maioria das vezes ele não me aparecerá num lugar determinado. Não é que falte toda determinação de espaço, pois Pierre tem certas qualidades de posição. Mas as determinações *topográficas* são incompletas ou faltam completamente. Talvez haja a tentação a dizer: Pierre me aparece à esquerda, a alguns metros de mim, à altura de meus olhos, de minhas mãos. Muitas descrições feitas por sujeitos instruídos (por ocasião das pesquisas dos psicólogos de Würzburg ou de Spaier) contêm a menção a essas pretensas localizações. Mas é fácil desvendar o erro desses sujeitos: ao admitir, de fato, que Pierre aparece à minha esquerda, ele não aparece ao mesmo tempo à direita da poltrona que está realmente diante de mim. Essa localização, portanto, é necessariamente ilusória. O que o explica é que, para fazer surgir Pierre em imagem, devemos *informar* certas impressões cinestésicas que nos dão informações sobre os movimentos de nossas mãos, de nossos globos oculares etc. Tentamos descrever o processo dessas "animações" na terceira parte desta obra. Ora, ao lado dessas impressões "informadas" restam outras que pertencem aos mesmos órgãos e que mantêm toda a sua significação cinestésica, que chegam à nossa consciência também como informações sobre nossas mãos, sobre nossos olhos. E estas últimas são tão próximas das primeiras que se fundem a elas imperceptivelmente. Por exemplo, posso interpretar os movimentos de meus globos oculares como a forma estática M; deve-se entender por isso que animo por uma intenção nova as impressões que me vêm da contração dos orbiculares e do rolamento dos olhos contra as órbitas. Mas outras regiões das órbitas, os músculos superci-

Quarta parte – A vida imaginária

liares etc., me fornecem impressões cinestésicas inalteradas, de modo que o *analogon* não pode se desligar inteiramente de seu entorno cinestésico. Faz-se então, por contaminação, uma espécie de localização lateral e espontânea do objeto em imagem, e é por isso que o situo "à esquerda", "à direita", "em cima" ou "embaixo". Mas essas determinações espaciais, embora às vezes possam esconder o caráter irreal do espaço imaginado, não podem de modo algum qualificar o objeto irreal.

Se descartarmos essas falsas localizações, será mais fácil compreendermos um caráter importante do objeto: o que poderíamos chamar de seu coeficiente de profundidade. Pierre em imagem me aparece a uma certa distância. Aqui a contaminação do *analogon* motor por sua vizinhança não pode servir de explicação válida. Mas, aliás, Pierre está a uma dada distância de *mim*? Não é possível; ele não tem nenhuma relação comigo, pois é irreal; ele não está nem a cinco nem a cem metros de mim. Dirão que ele me aparece como "visto por mim a cinco metros"? Mas, justamente, quando produzo Pierre em imagem não tenho de modo algum a ideia de que o *vejo*, tento me pôr em comunicação imediata com um absoluto. Pierre não está a cinco metros de ninguém; ele aparece com a estatura e o aspecto que teria na percepção se estivesse a cinco metros de mim, só isso. É uma espécie de qualidade absoluta. Tentamos mostrar há pouco que o objeto aparecia na imagem como um complexo de qualidades absolutas. Mas, por outro lado, cada uma dessas qualidades absolutas extrai sua origem de uma aparência sensível do objeto, portanto, de uma qualidade relativa; a imagem não cria condições de existência absolutas para o objeto: ela leva ao absoluto as qualidades sensíveis, sem, no entanto, despojá-las de sua relatividade essencial. Disso resulta naturalmente uma contradição, mas que não salta à vista por causa do caráter confuso do objeto irreal. Já na percepção, atribuo a Pierre um tamanho absoluto e uma distância natural em relação a mim. Por conseguinte, quando reproduzo Pierre em imagem, dou-lhe seu tamanho absoluto e sua distância natural. Mas essas qualidades já não aparecerão como relações de Pierre com outros objetos, elas se interiorizaram: a distância absoluta, o tamanho absoluto tornaram-se características intrínsecas do objeto. Tanto isso é verdade que posso reproduzir em imagem meu amigo R., que é muito pequeno, com *a pequenez de sua estatura* e com sua distância absoluta, ainda que eu não faça aparecer nenhum objeto que possa fazer reconhecer essa pequenez. Na percepção eu jamais poderei saber se um objeto é grande ou pequeno enquanto não tiver o meio de compará-lo com outros objetos ou comigo mesmo. O objeto em imagem, ao contrário, traz sua pequenez interiorizada. Sem dúvida, posso fazer variar, em imagem, o tamanho e a distância dos objetos. Mas, quando por exemplo imagino um homem visto de longe e que se aproxima, o que varia são qualidades internas desse homem irreal: sua cor, sua visibilidade, sua distância absoluta. Não pode ser sua distância em relação a mim, a qual não existe.

Assim, somos levados por essa análise a reconhecer que o espaço em imagem tem um caráter muito mais qualitativo do que a extensão da percepção[125]: toda determinação espacial de um objeto em imagem se apresenta como uma propriedade absoluta. Isso vai ao encontro da observação que fazíamos num capítulo anterior: não se pode contar em imagem as colunas do Panthéon. O espaço do objeto irreal não tem partes. Mas, dirão, não é preciso dizer que para todo objeto irreal a fórmula de Berkeley *"esse est percipi"* é verdadeira sem reservas, e, nesse caso, não deveremos observar que a consciência não confere expressamente ao objeto irreal esse espaço sem partes? Na verdade, do espaço real a consciência não afirma nada expressamente: ela visa o objeto, e o objeto se apresenta como uma totalidade concreta que envolve, entre outras qualidades, a extensão. O espaço do objeto, assim como sua cor ou sua forma, é portanto irreal.

Suponhamos agora que eu produza em imagem Pierre no seu quarto da Rua D... A questão aqui é mais complicada, pois

---

125. Que, por sua vez, está longe de ser quantidade pura.

Quarta parte – A vida imaginária

uma determinação espacial topográfica vem se acrescentar à extensão absoluta do objeto irreal. Observamos, a propósito disso, que essa localização é produzida por uma intenção especial que vem se acrescentar às intenções imaginantes centrais. Trata-se de uma especificação a mais. Pode acontecer que sem essa explicação o objeto me apareça com uma vaga atmosfera espacial: Pierre está vagamente "rodeado por seu quarto". Mas o quarto, vagamente incluído no *analogon* afetivo, não é explicitamente afirmado. Para que seja dado de fato como o continente de Pierre, é preciso que ele seja correlato de um ato de afirmação específico, sinteticamente unido ao ato de consciência que constitui Pierre em imagem. Mas, uma vez feita essa afirmação, o quarto que aparece não se dá em suas relações com o espaço real em que vivo. Apenas poderíamos assinalar um vago sentimento de direção que, aliás, não acompanha necessariamente o objeto. Quanto ao mais, naturalmente, o quarto aparecendo com proporções "normais", ou melhor, em "tamanho natural", nunca é situado em relação a meu espaço real: senão a distância até meu corpo seria pelo menos esboçada sob forma de perspectiva, já que o quarto não me aparece aqui onde estou, mas lá, onde ele está. Na realidade, ele é colocado a partir de Pierre, como entorno *dele*, como meio *dele*. Certamente não se pode fazer do quarto uma qualidade intrínseca de Pierre e, no entanto, o quarto não tem com Pierre relações de pura contiguidade, de exteriorização. Produzido por uma intenção secundária, que só tem sentido em relação à intenção central, o quarto poderia se chamar um *pertencimento* do objeto principal. Naturalmente o que viso é o quarto verdadeiro, assim como viso o Pierre verdadeiro. Mas o quarto se dá como ausente; e ao mesmo tempo seu caráter é profundamente modificado, uma vez que a relação externa de contiguidade que o liga a Pierre é transformada numa relação interna de pertencimento.

Talvez seja mais difícil admitir que o tempo do objeto em imagem é um irreal. O objeto não é, de fato, contemporâneo da consciência que o forma e o tempo dela não é real?

Todavia, para raciocinar corretamente nesta matéria, é preciso recorrer mais uma vez ao princípio que nos guiou até agora: o objeto da consciência difere em natureza da consciência de que ele é correlato. Portanto, não está provado de modo algum que o tempo de fluxo da consciência de imagem seja o mesmo que o tempo do objeto imaginado. Veremos, ao contrário, com base em alguns exemplos, que essas duas durações são radicalmente apartadas.

Há objetos irreais que aparecem para a consciência sem nenhuma determinação temporal. Se, por exemplo, represento um centauro, esse objeto irreal não pertence nem ao presente, nem ao passado, nem ao futuro. Além disso, ele não dura diante da consciência que flui, ele permanece invariável. Quanto a mim, que represento o centauro, eu mudo, sou submetido a solicitações exteriores, mantenho diante de mim o objeto irreal com maior ou menor esforço: mas, de um segundo para outro de meu próprio tempo, o centauro não variou, não envelheceu, não "ganhou" um segundo a mais: é um intemporal. Seríamos tentados a lhe dar o *meu* presente, como dávamos há pouco o *meu* espaço a Pierre em imagem. Mas logo em seguida adivinhamos que seria cometer o mesmo erro. Certamente a consciência para a qual esse centauro aparece é presente. Mas o centauro não é: ele não comporta nenhuma determinação temporal.

Outros objetos, sem serem mais localizados, contêm uma espécie de duração contraída, comprimida, síntese intemporal de durações particulares. Por exemplo, o sorriso de Pierre, que represento neste momento, não é nem seu sorriso de ontem à noite, nem seu sorriso de hoje de manhã. Também não se trata de um conceito, mas de um objeto irreal que junta numa síntese invariável os diversos sorrisos que duraram e que desapareceram. De modo que, em sua própria imutabilidade, ele conserva uma "espessura" de duração que o distingue do centauro de que acabamos de falar.

Esses objetos, de todo modo, permanecem imóveis diante do fluxo da consciência. No extremo oposto, encontraríamos objetos que fluem mais depressa do que a consciência.

Quarta parte – A vida imaginária

Sabe-se que nossos sonhos, em sua maioria, são muito curtos. No entanto, o drama onírico pode ocupar várias horas, vários dias. É impossível fazer esse drama que se desenrola através de um dia todo coincidir com o fluir rápido da consciência que o sonha. Tentaremos talvez reduzir a duração do sonho à da consciência onírica, fazendo da *história* sonhada um rápido desfile de imagens. Mas a explicação é muito ambígua. O que entendemos aqui por imagem? Queremos falar da consciência imaginante ou do objeto imaginado? Caso se trate da consciência imaginante, é evidente que ela não pode fluir nem mais nem menos depressa do que flui: tudo o que se pode dizer é que ela preenche absolutamente sua duração e que é essa própria plenitude que mede essa duração. No que diz respeito ao objeto imaginado, poderemos de fato falar em sucessão mais rápida? Mas não estamos no cinema, em que a projeção de um filme rodado mais rapidamente dá a impressão de "desaceleração". Os objetos, ao contrário, fluem mais *lentamente* que a consciência real, uma vez que ela vive realmente alguns segundos enquanto o mundo irreal dura várias horas. Jamais um desfile de imagens muito rápido dará a impressão de uma duração muito longa, se esse desfile for relacionado ao tempo da consciência. O erro vem do fato de se identificar imagem e consciência. Supõe-se então que uma sucessão muito rápida de imagens seja, ao mesmo tempo, uma sucessão muito rápida de consciências, e, como por hipótese (uma vez que quem dorme está cortado do mundo) falta qualquer elemento de comparação, acredita-se que sejam mantidas as relações entre os diferentes conteúdos. Essa tese, que nos remete ao princípio de imanência e a todas as suas consequências contraditórias, deve ser abandonada. Será inútil objetar que o objeto irreal é constituído por algumas cenas truncadas que eu *imagino* que formem um todo coerente. Pois não queremos dizer coisa diferente. Certo, eu imagino que essas cenas tenham uma duração muito longa. É preciso admitir aqui, portanto, um fenômeno de *crença*, um ato posicional. A duração dos objetos irreais é o estrito correlato desse ato de crença: eu *acredito* que essas cenas truncadas se soldem umas às outras em um todo coerente, ou seja, eu junto as cenas presentes às cenas passadas por intenções vazias acompanhadas de atos posicionais[126]. Além disso, eu *acredito* que essas cenas ocupem juntas uma duração de várias horas. Assim a duração do objeto em imagem é o correlato transcendente de um ato posicional especial e participa, por conseguinte, da irrealidade do objeto[127].

Essa conclusão se depreenderia também do exame dos casos intermediários, daqueles em que a duração irreal do objeto e a duração real da consciência fluem paralelamente, no mesmo ritmo. Posso levar dez minutos para imaginar uma cena que durou dez minutos. Mas seria pueril pensar que por causa disso ela será mais minuciosamente detalhada. Pouco importa o tempo *que eu levo* para reconstituí-la. O que importa é a determinação de duração irreal que lhe dou.

Há um absenteísmo do tempo assim como do espaço. No limite, o tempo de uma cena irreal repetindo exatamente uma cena real que se desenrola presentemente continuará sendo um tempo irreal. Se, enquanto Pierre se serve de bebida às minhas costas, eu represento que ele está se servindo de bebida *neste momento*, os dois presentes, o presente irreal e o presente real, não coincidem. De um lado temos os elementos reais da consciência e o gesto real de Pierre que são contemporâneos; de outro, o presente do gesto irreal. Entre esses dois presentes, não há simultaneidade[128]. A apreensão de um coincide com o aniquilamento de outro.

---

126. Essas intenções são análogas às que constituem uma forma estática a partir de impressões cinestésicas.

127. Objetarão que essa duração no sonho é dada como real, assim como os objetos que o ocupam. Essa objeção baseia-se numa incompreensão da natureza profunda do sonho. Veremos adiante o que pensar disso.

128. Não ocorre o mesmo, é claro, quanto às intenções que, na percepção, visam *nos objetos* percebidos qualidades não percebidas, mas cuja existência nós afirmamos. Estas são dadas já na origem como existindo no tempo e no espaço dos objetos percebidos. Um exemplo simples mostrará a diferença: vejo Pierre de costas. Essa própria percepção das costas de Pierre implica que ele tenha uma face; uma "frente" e o rosto de Pierre etc. são visados já em minha percepção de suas costas. São dados virtualmen-

Quarta parte – A vida imaginária

Essas diversas características da duração irreal só são plenamente compreensíveis se concebemos essa duração, tal como o espaço irreal, como sem partes. Também ela é uma qualidade do objeto e, assim como não podemos alinhar em imagem as colunas do Panthéon, não podemos explicitar e contar os instantes de uma ação irreal. Trata-se mais de uma consciência vaga de fluxo e de um coeficiente de duração projetado num objeto como propriedade absoluta. Não creiamos, entretanto, que essa duração sem partes se assemelhe de alguma forma à duração bergsoniana. Ela se assemelharia mais ao tempo espacializado que esse filósofo descreve em *Données immédiates de la conscience* [*Ensaio sobre os dados imediatos da consciência*]. É que, de fato, a duração do objeto imaginado, em consequência do princípio de quase-observação, sofreu uma alteração radical em sua estrutura, ou melhor, uma inversão: o acontecimento, o gesto que queremos realizar em imagem, aparece como comandando os instantes anteriores. Sei aonde vou e o que quero produzir. Eis por que nenhum desenvolvimento da imagem pode me surpreender, quer eu produza uma cena fictícia, quer eu faça aparecer uma cena passada. Nos dois casos, os instantes anteriores com seus conteúdos servem como meios para reproduzir os instantes posteriores considerados como fins.

Há muitos casos, aliás, em que o tempo do objeto é sucessão pura sem localização temporal. Se represento a corrida de um centauro ou uma batalha naval, esses objetos não pertencem a nenhum momento da duração. Não são passados nem futuros e, sobretudo, não são presentes. Presente só há *eu real* enquanto os represento para mim. Eles, sem vínculos, sem relações temporais, com nenhum outro objeto nem com minha própria duração, caracterizam-se apenas por uma

---

te no mesmo espaço. Mas se quero representar o rosto de Pierre de maneira explícita, deixo imediatamente o domínio da percepção, o rosto de Pierre se "descola", de certo modo, do corpo que vejo de costas, ele me é dado irrealmente num espaço irreal. O mesmo ocorre, naturalmente, quanto às determinações temporais.

duração interna, pela pura relação antes-depois, que se limita a marcar a relação dos diferentes estados da ação.

Assim, o tempo dos objetos irreais é também irreal. Não tem nenhuma característica do tempo da percepção: ele não *flui* (à maneira da duração deste torrão de açúcar que está derretendo), pode estender-se ou contrair-se à vontade permanecendo o mesmo, ele não é irreversível. É uma sombra de tempo, que bem combina com essa sombra de objeto, com sua sombra de espaço. Nada separa mais decisivamente de mim o objeto irreal: o mundo imaginário é inteiramente isolado, só posso entrar nele me irrealizando.

Quando falamos do *mundo* dos objetos irreais, empregamos, para maior comodidade, uma expressão inexata. Um mundo é um todo ligado, no qual cada objeto tem seu lugar determinado e mantém relações com os outros objetos. A própria ideia de mundo implica para seus objetos a dupla condição seguinte: é preciso que eles sejam rigorosamente individuados; é preciso que estejam em equilíbrio com um meio. Por isso não há mundo real, porque nenhum objeto irreal preenche essa dupla condição.

Primeiro eles não são individuados. Neles há, ao mesmo tempo, demasiado e não o suficiente. Primeiro, demasiado: esses objetos-fantasmas são ambíguos, fugazes, ao mesmo tempo eles mesmos e outra coisa que não eles mesmos, fazem-se os suportes de qualidades contraditórias. Com frequência, levando a termo a análise reflexiva, descobrimos que eram vários em um. Essa ambiguidade essencial do objeto irreal nos parece um dos principais fatores do medo de imaginação. Uma percepção clara e distinta é, de certo ponto de vista, eminentemente asseguradora. Sem dúvida, um tigre que aparece repentinamente dará medo: mas é um medo diferente. Se temos medo à noite, sozinhos, é porque os objetos imaginários que nos assombram são, por natureza, *duvidosos*. E esse caráter duvidoso deve-se a que um objeto em imagem nunca é francamente ele mesmo. Tudo aquilo de que temos medo desse modo é *impossível*, uma vez que os objetos escapam ao princípio de individuação.

Diríamos de bom grado que essa ambiguidade constitui a única profundidade do objeto em imagem. Ela representa nele como que uma aparência de opacidade.

Pois, quanto ao mais, não há o suficiente num objeto irreal para que ele constitua uma individualidade rigorosa. Nenhuma de suas qualidades é levada a termo. É o que chamamos, na segunda parte desta obra, de *pobreza essencial*. Quando percebo Pierre, sempre me é possível aproximar-me dele a ponto de ver os grãos de sua pele, de observar seus poros à lupa, e, quando chego a isso, ainda há para mim a possibilidade teórica de examinar suas células ao microscópio, e assim por diante, ao infinito. Esse infinito está implicitamente contido em minha percepção atual, ele a ultrapassa infinitamente por tudo o que posso explicitar dele a cada instante. É isso que constitui a "massividade" dos objetos reais. Ao contrário, o caráter de Pierre em imagem é ser disperso. Esse objeto que pretendo produzir em sua totalidade e como um absoluto reduz-se, no fundo, a algumas parcas relações, algumas determinações espaciais e temporais, que sem dúvida têm um aspecto sensível mas que estão *detidas*, que não contêm nada mais do que aquilo que coloquei explicitamente – exceto a vaga ambiguidade de que acabo de falar. Sem dúvida posso ainda afirmar que, se eu quisesse, poderia me aproximar desse objeto irreal, observá-lo à lupa (irrealmente), ao microscópio. Mas sei também que as novas qualidades que aparecerão não estão *já* no objeto no estado implícito. Elas se acrescentarão a ele sinteticamente e será preciso haver uma intenção particular de minha consciência para afirmar que o novo objeto que me aparece é também o antigo visto sob novo aspecto. Posso portanto, a cada instante, interromper a existência do objeto irreal; não sou arrastado contra a minha vontade à explicação de suas qualidades: ele só existe na medida em que o sei e o quero. É por essa razão que as mudanças voluntárias que eu poderia trazer ao objeto só podem produzir dois tipos de efeitos: ou não trarão ao objeto outra mudança além delas mesmas, ou acarretarão nele alterações radicais afetando sua identidade. Por exemplo, se dou a Pierre em imagem um nariz chato ou arrebitado, disso não resultará um novo aspecto para seu rosto. Ou, ao contrário, se tento representar meu amigo com nariz quebrado, pode acontecer que não dê certo e que, levado a completar a forma assim produzida, eu faça aparecer um rosto de boxeador que já não é de modo algum o de Pierre: tal como acontece nos sonhos, em que a menor mudança dos traços do rosto acarreta uma mudança de personalidade. Nos dois casos, não consegui o que visava, ou seja, a verdadeira transformação do rosto de Pierre, uma transformação na qual alguma coisa permanece e alguma coisa desaparece e na qual o que permanece assume um valor novo, um aspecto novo, ao mesmo tempo conservando sua identidade. As mudanças irreais são ineficientes ou radicais: é o que poderíamos chamar de lei do tudo ou nada. Haveria um limiar abaixo do qual as mudanças não seriam eficientes para a forma total e acima do qual acarretariam a constituição de uma forma nova, sem relação com a anterior. Mas o próprio limiar e a posição de equilíbrio não podem ser atingidos[129].

Contudo, com frequência ouve-se dizer: "Sim, imagino muito bem como seria a cara dele de cartola etc." Goethe, igualmente, dizia poder produzir uma flor em botão, fazê-la crescer, desabrochar, se abrir, se fechar, desfolhá-la etc. Mas parece-nos que essas afirmações que contradizem nossa tese não são absolutamente verdadeiras. Sem dúvida fazemos aparecer uma cartola e também a figura de Pierre. Talvez os vejamos simultaneamente, talvez até consigamos ver o rosto de Pierre em cima de uma cartola. Mas o que nunca veremos em imagem é *o efeito* de uma cartola *sobre* o rosto de Pierre: seria preciso de fato uma parte de passividade e de ignorância nessa contemplação; seria preciso que em dado momento pudéssemos parar de *produzir* essa forma sintética para *constatar* o resultado. Assim, o pintor que colocou uma pincelada no seu quadro recua e se esquece como pintor para

---

129. É por isso que não conseguimos decidir a ortografia de uma palavra sem a escrever. É impossível, para mim, sentir diante do objeto irreal a mudança de fisionomia acarretada pelo acréscimo de uma ou de várias letras.

Quarta parte – A vida imaginária

experimentar o resultado como espectador. É isso que é impossível para a consciência imaginante. Só que, e teremos que voltar a isso, o espírito supera essa impossibilidade; ele se faz uma espécie de esforço espasmódico para realizar o contato, e esse esforço não alcança seu alvo, mas é ao mesmo tempo como que a indicação da síntese que seria preciso fazer: esta aparece como um limite, um ideal; seria preciso manter juntos, num mesmo ato, rosto e cartola. Vamos conseguir, estamos chegando ao alvo, quase adivinhamos o efeito que devemos obter. Mas de repente tudo desmorona, deixando o sujeito nervoso mas não derrotado; ou tudo muda e aparece uma cara embaixo de uma cartola, só que não é a de Pierre. Nem por isso deixamos de declarar "eu represento muito bem como seria a cara dele", porque parece que estávamos muito perto do alvo, um pouco aquém, um pouco além – e que bastaria uma pequena correção da pontaria para alcançá-lo.

No entanto, dirão, posso fazer esses objetos irreais se moverem. É que é preciso distinguir entre vontade e espontaneidade. A consciência imaginante é um ato que se forma de uma só vez por vontade ou espontaneidade pré-voluntária. Mas só a espontaneidade pré-voluntária pode trazer desenvolvimentos posteriores dessa consciência sem que o objeto primitivo se desagregue. Posso produzir por *fiat* voluntário um objeto irreal em movimento, sob a condição expressa de que o movimento apareça ao mesmo tempo em que o objeto: é que então o movimento (criado de uma só vez por apreensão imaginante de dados cinestésicos) constitui o próprio estofo do objeto; poderíamos dizer que o que me aparece não é um punho em movimento, mas um movimento que é punho. Mas é impossível para mim animar posteriormente por vontade um objeto irreal que se deu incialmente como imóvel. Todavia, o que a vontade não pode obter poderá ser produzido pela livre espontaneidade da consciência. Sabe-se que, de fato, os elementos reais, noéticos, da consciência imaginante são saber, movimento, afetividade. Uma consciência imaginante pode aparecer subitamente; ela pode por si mesma variar livremente conservando por um momento sua estrutura essencial: por exemplo, pode haver livre-desenvolvimento do fato afetivo, evolução do saber etc. Para o objeto irreal que é correlato dessa consciência resultarão variações que durarão, respeitando sua identidade, enquanto a estrutura essencial da consciência se conservar. Mas deve-se acrescentar que, no estado de vigília normal, essas estruturas não demoram a se desagregar e que os objetos em imagens não têm vida muito longa. Parece-nos que é possível identificar essas livres transformações do objeto em imagem com o que Kant chama, em *Crítica do juízo*, de livre-jogo da imaginação. Mas a vontade retoma logo seus direitos: queremos desenvolver a imagem e tudo se quebra (exceto algumas vezes, nas alucinações hipnagógicas, quando a consciência se prende. Agastado por ver uma roda luminosa que virava no sentido dos ponteiros do relógio, aconteceu-me querer fazê-la girar em sentido inverso e não conseguir. Naturalmente, não se deve entender esse estranho fenômeno como uma resistência do objeto à consciência, mas como uma resistência da consciência a si mesma – como quando o fato de não querer produzir a representação obsedante nos leva naturalmente a produzi-la).

Assim, posso produzir à vontade – ou quase – o objeto irreal que quero, mas não posso fazer dele o que quero. Se eu quiser transformá-lo, será preciso criar outros objetos; e, entre uns e os outros, necessariamente haverá falhas. Daí um caráter descontínuo, irregular do objeto em imagem: ele aparece, desaparece, volta e já não é o mesmo; é imóvel, e é inútil eu querer lhe dar movimento: só consigo produzir um movimento sem móvel, que é inútil eu tentar lhe atribuir. Depois, de repente, eis que ele reaparece em movimento. Mas todas essas mudanças não vêm dele: também os movimentos daquela bela mancha roxa que fica em meus olhos depois que olho para a lâmpada elétrica não vêm dela, vêm dos movimentos espontâneos e dos movimentos voluntários de meus globos oculares. Assim, no objeto irreal há uma só potência, e ela é negativa. É uma força de resistência passiva. O objeto não é individuado: eis uma primeira razão para que o irreal não se constitua como mundo. Em segundo lugar, todo objeto irreal que traz consigo seu tempo e seu espaço apresenta-se sem nenhuma solidariedade com nenhum outro objeto. Ele não é nada que eu seja obrigado a aceitar ao mesmo tempo em que ele e por ele: ele não tem meio, é independente, isolado – por falta e não por excesso; não age sobre nada, nada age sobre ele: é *sem consequência*, no verdadeiro sentido da palavra. Se quero representar em imagem uma cena um pouco longa, deverei produzir por sacadas objetos isolados em sua totalidade, e estabelecer entre esses objetos, à base de intenções vazias e de decretos, ligações "intramundanas".

Assim, a consciência é constantemente rodeada por um cortejo de objetos-fantasmas. Esses objetos, embora tenham todos à primeira vista um aspecto sensível, não são os mesmos que os da percepção. Sem dúvida eles podem ser plantas ou animais, mas também virtudes, gêneros, relações. Uma vez que fixamos nossos olhares em um deles, encontramo-nos diante de seres estranhos que escapam às leis do mundo. Eles se dão sempre como totalidades indivisíveis, como absolutos. Ambíguos, pobres e secos ao mesmo tempo. Parecem e desaparecem por sacadas, dão-se como um perpétuo "outro lugar", como uma evasão perpétua. Mas a evasão à qual eles convidam não é de modo algum a que nos faria fugir à nossa condição atual, a nossas preocupações, nossos aborrecimentos; eles nos oferecem escapar a toda coação de *mundo*, parecem apresentar-se como uma negação da condição *de estar no mundo*[130], como um antimundo.

II – Os comportamentos diante do irreal

Com frequência observou-se que: "A evocação de imagens acionadas por um mecanismo associativo central de excitações sensoriais pode ter o mesmo efeito de um estímulo direto. Já assinalamos que a ideia de escuridão acar-

---

130. Traduzimos assim o *"in-der-Welt-sein"* de Heidegger. Veremos na conclusão que se trata apenas de uma aparência e que toda imagem, ao contrário, deve constituir-se "sobre o fundo do mundo".

retava uma dilatação das pupilas; a imagem de um objeto aproximado, reflexos de acomodação com convergência e retração da pupila; o pensamento de um objeto aversivo, a reação de vômito; e a expectativa de um prato saboroso quando se está com apetite, uma salivação imediata"[131].

Segundo esse texto – e muitos outros análogos –, a imagem, isto é, o objeto irreal provocaria simplesmente comportamentos, à maneira da percepção. Queiramos ou não, deste modo de ver decorre que a imagem é um pedaço separado, uma peça do mundo real. Só uma sensação renascente, sem dúvida mais fraca que uma percepção, poderá provocar o movimento real e perceptível que é uma dilatação das pupilas. Para nós, que já na origem fizemos a distinção entre consciência imaginante real e o objeto irreal, é impossível admitir uma relação causal que vá do objeto à consciência. O irreal só pode ser visto, tocado, cheirado irrealmente. Reciprocamente, ele só pode agir sobre um ser irreal. Entretanto, é inegável que os diferentes reflexos citados ocorrem por ocasião da constituição de imagens. Mas em toda imagem há uma camada de existências reais: é o que chamamos consciência imaginante. Não deveríamos, antes, procurar desse lado a origem real desses movimentos reais?

Devem-se distinguir duas camadas numa atitude imaginante completa: a camada primária ou constituinte e a camada secundária, que comumente chamamos de reação à imagem. No terreno da percepção distinguiríamos igualmente o ato perceptivo propriamente dito e as reações afetivas ou ideomotoras que se juntam na unidade de uma mesma sínte-

---

131. Piéron em *Le Nouveau Traité* de Dumas, tomo II, p. 38. Devemos observar que muitas experiências foram feitas por nós sem que nunca pudéssemos constatar essa dilatação das pupilas dos sujeitos. Até nos perguntamos se não se trata de uma dessas lendas psicológicas como tantas que se encontram, infelizmente, em obras das mais sérias. Mas, como sempre é possível dizer que nossas experiências foram malfeitas, isentamo-nos de concluir o que quer que seja, tanto mais que o próprio fato não implica nenhuma contradição. Além do mais, há fatos da mesma ordem que são inegáveis e requerem a mesma explicação, como, por exemplo, a ereção do pênis provocada por imagens voluptuosas.

Quarta parte – A vida imaginária

se. Até agora só falamos da camada primária ou constituinte, ou seja, dos elementos reais que, na consciência, correspondem exatamente ao objeto irreal. Mas é preciso lembrar também que podemos reagir em segundo grau, amar, odiar, admirar etc. o objeto irreal que acabamos de constituir, e, embora naturalmente esses sentimentos sejam dados com o *analogon* propriamente dito na unidade de uma mesma consciência, não deixam de representar articulações diferentes, devendo-se atribuir a anterioridade lógica e existencial aos elementos constituintes. Há portanto intenções, movimentos, sentimentos, saberes que representam nossa reação mais ou menos espontânea ao irreal. Os primeiros não são *livres*: obedecem a uma forma diretriz, a uma intenção primeira e são absorvidos na constituição do objeto irreal. Não são visados em si mesmos, não existem de modo algum por si mesmos, mas, através deles, a consciência visa o objeto em imagem. Os outros fatores da síntese psíquica são mais independentes, colocam-se por si mesmos e se desenvolvem livremente. São facilmente reconhecidos, classificados e nomeados: não conferem ao objeto qualidades novas. Por conseguinte, quando falamos dos sentimentos e dos movimentos que acreditamos ser "reações ao objeto irreal", é indispensável fazer a distinção entre essas duas camadas da consciência.

Vômitos, náuseas, dilatação das pupilas, reflexos de convergência ocular, ereção parecem-nos pertencer, com os sentimentos correspondentes, à camada estritamente constituinte. Nada mais fácil de compreender se admitirmos que a imagem não é um simples conteúdo de consciência entre outros, mas é uma *forma psíquica*. Disso resulta que o corpo inteiro colabora para a constituição da imagem. Sem dúvida certos movimentos são mais especialmente indicados para "configurar o objeto"; mas, na constituição imediata desse objeto, entra uma parte de pantomima espontânea. Não é porque o objeto irreal me aparece de perto que meus olhos vão convergir; mas é a convergência de meus olhos que imita a proximidade do objeto. Igualmente, embora um sentimento seja algo bem diferente de um simples transtorno fisiológico, não há sentimentos sem um conjunto de fenômenos corporais. O próprio sentimento de aversão, que se absorve para constituir no objeto a qualidade "aversivo", que se objetiva inteiramente e só toma consciência de si sob forma de propriedade irreal, esse próprio sentimento é produzido pela animação intencional de certos fenômenos fisiológicos. Sem dúvida, na maior parte das pessoas o elemento afetivo que constitui o *analogon* se reduz a um simples abstrato emocional. Nesse caso, o fator afetivo se esgota inteiramente no ato constituinte. Tomaremos consciência somente desse matiz especial do objeto, a qualidade "aversivo"; e tudo o que possamos acrescentar em seguida não conferirá ao objeto nenhuma qualidade nova, pertencerá à camada secundária. É assim que certas pessoas, diante do relato de um acidente ou de uma pintura da miséria, exclamam "é assustador" ou "que horror", e expressam o horror por mímica, por meio de gestos esquemáticos. É evidente que foram pouco tocadas e que o caráter "horrível" ou "assustador" da cena foi conferido às imagens que formaram por meio de um simples esquema afetivo. Mas pode acontecer também que os sentimentos imaginantes sejam violentos e se desenvolvam com força. Nesse caso, eles não se esgotam em constituir o objeto, eles o envolvem, o dominam e o arrastam. As náuseas e os vômitos, por exemplo, não serão efeito do caráter "repugnante" do objeto irreal, mas consequências do livre-desenvolvimento do sentimento imaginante, que de certo modo ultrapassa sua função e, por assim dizer, "exagera". Isso se produz sobretudo quando o terreno afetivo em que a consciência constituinte se alimenta já está preparado. Piéron o reconhece implicitamente quando diz, no texto que citamos, que as imagens de pratos agradáveis fazem salivar "quando se está com apetite". Do mesmo modo, é preciso já estar perturbado, ou quase, para que a evocação de cenas voluptuosas provoque uma ereção. De modo geral não é o objeto irreal que provoca essas manifestações; são as forças constituintes que se prolongam e se expandem bem além de sua função.

O destino dessas manifestações é variável. Pode acontecer que sejam incorporadas, como o sentimento ou a pantomima de que decorrem, à própria constituição do objeto.

Quarta parte – A vida imaginária

Será o caso, por exemplo, de náuseas leves. Mas, se elas ultrapassarem a intensidade normal, essas reações vão chamar a atenção e se colocar por si mesmas. Os vômitos, por exemplo, não podem se fundir simplesmente na atitude imaginante geral e passar despercebidos. Mas é de notar que, no momento em que eles se tornarem o objeto real de nossa consciência, o objeto irreal da consciência anterior terá passado ao estado de lembrança. As consciências se sucederão, portanto, na ordem seguinte: consciência de um objeto irreal repugnante; consciência de vômitos reais dados em ligação com a consciência mnêmica do objeto repugnante. Quer dizer, naturalmente, que o objeto irreal será dado na consciência de vômitos como o autor real desses vômitos reais. Por isso mesmo ele perde sua irrealidade e caímos na ilusão de imanência; assim, a memória lhe confere uma qualidade que a consciência atual não pudera lhe dar: a de *causa real* de fenômenos fisiológicos. É que, como já vimos, a consciência imediata sabe distinguir por natureza o objeto em imagem do objeto real presente, ao passo que a memória confunde esses dois tipos de existência porque os objetos irreais e os objetos reais lhe aparecem a título de lembranças, ou seja, como passados. Pareceu-nos que essas diferenças de força nos sentimentos constituintes explicavam o que chamamos de diferenças de vivacidade na imaginação. Não é verdade que os objetos irreais têm maior ou menor força ou vivacidade conforme as pessoas. Um objeto irreal não pode ter força, já que ele não age. Mas produzir uma imagem mais viva ou menos viva é reagir mais vivamente ou menos ao ato produtor e, ao mesmo tempo, atribuir ao objeto o poder de fazer nascer essas reações.

Todavia, não se deve achar que o objeto irreal, termo último, efeito que nunca é por si mesmo uma causa, seja um puro e simples epifenômeno e que o desenvolvimento da consciência permaneça exatamente o mesmo, quer esse objeto exista ou não. Certamente o irreal sempre recebe e nunca dá. Decerto não há nenhum meio de lhe dar a urgência, as exigências, a dificuldade de um objeto real. No entanto, não se pode ignorar o seguinte fato: antes de produzir um frango assado em imagem, eu estava com fome e, contudo, não estava salivando; antes de produzir uma cena voluptuosa em imagem, talvez eu estivesse perturbado, talvez meu corpo, depois de longa castidade, estivesse com uma espécie de desejo difuso do ato sexual: contudo, eu não estava em ereção. Não se pode negar, portanto, que minha fome, meu desejo sexual, minha aversão tenham sofrido uma mudança importante ao passar pelo estado imaginante. Concentraram-se, definiram-se e sua intensidade aumentou. Resta fazer, portanto, uma descrição fenomenológica: Como a passagem pelo estágio imaginante modifica o desejo desse modo?

Desejo, aversão existem primeiro em estado difuso, sem intencionalidade precisa. Organizando-se com um saber numa forma imaginante, o desejo se define e se concentra. Elucidado pelo saber, projeta para fora de si o seu objeto. Mas deve-se entender por isso que ele toma consciência de si mesmo. O ato pelo qual o sentimento toma consciência de sua natureza exata se limita e se define é o mesmo que o ato pelo qual ele se dá um objeto transcendente. E isso não é difícil compreender: o desejo, de fato, define-se por seu efeito, assim também a repulsa, o desprezo etc. É impossível pensar sem contradição que a imagem poderia ligar-se de fora ao desejo: seria supor que este tivesse uma espécie de anonimato natural, uma indiferença perfeita ao objeto sobre o qual se fixasse.

Ao passo que o estado afetivo *sendo consciência* não pode existir sem um correlato transcendente. Todavia, quando o sentimento é dirigido para uma coisa real, atualmente percebida, a coisa lhe devolve, como uma tela, a luz que ele lhe dispensa. E até, por um jogo de ida e volta, o sentimento se enriquece incessantemente, ao mesmo tempo em que o objeto se impregna de qualidades afetivas[132]. Seguem-se, quanto ao sentimento, uma profundidade e uma riqueza particulares. O estado afetivo segue o avanço da atenção,

---

132. Tais como "gracioso, perturbador, simpático, leve, pesado, fino, inquietante, horrível, repugnante" etc.

Quarta parte – A vida imaginária

desenvolve-se com cada nova descoberta da percepção, assimila todos os aspectos do objeto; consequentemente, seu desenvolvimento é imprevisível porque, mesmo espontâneo, é subordinado ao desenvolvimento de seu correlato real: a cada instante a percepção o supera e o sustenta, e sua densidade e sua profundidade provêm do fato de ele se confundir com o objeto percebido: cada qualidade afetiva é tão profundamente incorporada ao objeto que é impossível distinguir o que é sentido do que é percebido.

Quando da constituição do objeto irreal, o saber desempenha o papel da percepção, é a ele que o sentimento se incorpora. Assim nasce o objeto irreal. Cabe aqui dizer o que afirmamos reiteradamente: o objeto irreal existe, ele existe como irreal, como inativo, sem dúvida; mas sua existência é inegável. O sentimento, portanto, comporta-se diante do irreal como diante do real. Procura fundir-se a ele, unir-se a seus contornos, alimentar-se nele. Só que esse irreal tão preciso, tão definido, é *um vazio*; ou, por assim dizer, é simples reflexo do sentimento. Esse sentimento, portanto, alimenta-se em seu próprio reflexo. Porque se conhece agora como aversão a tal prato, ele vai se desenvolver até a náusea. Poderíamos falar aqui de uma espécie de dialética afetiva. Mas, naturalmente, o papel do objeto difere totalmente do que era no mundo da percepção. Então, minha repugnância, guiando minha aversão, fazia-me descobrir no prato real mil detalhes repugnantes, que acabavam provocando vômitos. No caso da aversão imaginante, ao contrário, o objeto é indispensável, mas como *testemunha*. Ele é colocado para além dos desenvolvimentos afetivos, como a unidade desses desenvolvimentos, mas, sem ele, a reação da aversão não pode se produzir por si mesma. Se a aversão a ser reforçada se infla desmedidamente e chega ao vômito, é porque está diante do objeto irreal: reage por si mesma como aversão por esse objeto. Quanto ao motor *real* desse desenvolvimento, é uma espécie de vertigem: porque ela se sabe *tal* aversão, sem receber o mesmo enriquecimento, no vazio, a aversão se infla. Portanto, há nessa repugnância diante do irreal algo de *sui generis*. Ela é irredutível a uma repugnância diante da percepção. Há nela primeiro uma espécie de liberdade ou, se preferirmos, de autonomia: ela determina a si mesma. Mas não é só isso: ela participa, de certo modo, do vazio do objeto ao qual se dirige. Pode inflar-se até a náusea, nada impedirá que se infle *por si mesma*. Falta-lhe aquela parte de passividade que compõe a riqueza dos sentimentos que constituem o real. Sustenta a si mesma por uma espécie de autocriação contínua, por uma espécie de tensão sem descanso: não pode deixar-se levar sem se desvanecer com seu objeto, ela se exaure em se afirmar e ao mesmo tempo em se inflar, em reagir a si mesma. Daí um desgaste nervoso considerável. Cada um, aliás, consultando sua experiência, pode reconhecer que é exaustivo manter diante de si o caráter repugnante ou gracioso de um objeto irreal. Mas, dirão, ao menos pelos vômitos nós passamos. Sim, sem dúvida, na mesma medida em que passamos por nossos nervosismos, nossas ideias obsedantes ou pelas "chatices" que desfiamos. É uma espontaneidade que escapa ao nosso controle. Mas nada de positivo da parte do objeto vem compensar, de uma ponta à outra do desenvolvimento, essa qualidade de *nada* que caracteriza todo o processo; nós nos emocionamos, nos exaltamos, vomitamos *por causa de nada*.

Suponhamos um objeto real, este livro, por exemplo. Ele é inteiramente impregnado por nossa afetividade e, como tal, aparece-nos com esta ou aquela qualidade afetiva. Essas qualidades entram na constituição do objeto percebido e, como tais, não podem se desligar, aparecer separadamente aos olhos da reflexão. Acabamos de examinar a camada correspondente na consciência imaginante. Mas, diante deste livro, não permaneço inativo, comporto-me desta ou daquela maneira: eu o pego ou o deposito, não gosto da sua encadernação, faço julgamentos de fato ou de valor. Essas diversas reações não visam constituí-lo mas, antes, a marcar nossa orientação em relação a ele. Sem dúvida, elas aparecem para a consciência irrefletida como qualidades desse objeto. Mas essas qualidades se dão diretamente como relações conosco: este livro é o livro *de que eu gosto*, que coloquei sobre a mesa, que preciso ler hoje à noite. Por outro lado, elas são apenas colocadas sobre o objeto e se desligam facilmente

Quarta parte – A vida imaginária

para se darem em si e por si, como julgamentos, volições, aos olhos da reflexão. É só aqui que podemos falar em *comportamento* no sentido rigoroso do termo, porque esse comportamento é separável e pode aparecer como tal para a consciência reflexiva.

Existem, naturalmente, comportamentos semelhantes diante do irreal. Convém distingui-los ciosamente do simples desenvolvimento do sentimento imaginante. Será fácil compreendermos a diferença se considerarmos os dois casos seguintes: no primeiro, por exemplo, um pensamento qualquer desperta meu amor por Annie ou minha indignação contra Pierre. Esse amor ou essa indignação une-se sinteticamente a um saber, passa pelo estágio imaginante e faz nascer o rosto irreal de Annie ou o gesto que Pierre fez ontem. Nesse caso a imagem se dá como o sentido, o tema, o polo de unificação de desenvolvimentos afetivos espontâneos. Sem dúvida, estes são marcados por um "vazio" essencial; sem dúvida, esgotam-se logo ou mudam de natureza por falta de se alimentarem num objeto real. Mas todo o processo foi livre, irrefletido, automático, no sentido que demos acima a esse termo. Em suma, é o amor que tenho por Annie que faz aparecer seu rosto irreal, e não o rosto irreal de Annie que provoca um arroubo de amor por ela. Do mesmo modo, se Pierre teve ontem um gesto ofensivo que me perturbou, o que renasce primeiro é a indignação ou a vergonha. Esses sentimentos tateiam às cegas por um momento para se compreenderem e depois, iluminados por seu encontro com um saber, fazem brotar de si mesmos o gesto ofensivo.

Mas pode ocorrer um segundo caso: uma vez constituída a imagem, posso reagir a ela deliberadamente por um sentimento novo, um julgamento novo, que não é levado com o objeto irreal na unidade de um mesmo movimento constitutivo, mas que se coloca nitidamente como uma *reação*, ou seja, um começo, o aparecimento de uma forma sintética nova. Por exemplo, posso produzir uma imagem que não tenha em si mesma uma forte carga afetiva e, diante desse objeto irreal, indignar-me ou alegrar-me. Ontem, por exemplo, um gesto gracioso de Annie provocou em mim um arroubo de ternura. Sem dúvida minha ternura pode, ao renascer, fazer renascer irrealmente o gesto carregado de afetividade. Sem dúvida, também, posso fazer renascer irrealmente *tanto* o gesto *como* a ternura, que manterão, ambos, sua data e seu "absenteísmo"[133]. Pode ser também que eu reproduza o gesto *para fazer renascer* a ternura. Nesse caso, o que eu viso não é a ternura de ontem, tampouco o gesto de Annie por ele mesmo; quero sentir uma ternura real, presente, mas análoga à de ontem. Quero poder, como se diz muito acertadamente na linguagem corrente, "reencontrar" meus sentimentos de ontem. É essa nova situação que queremos abordar.

Quando reproduzimos o gesto encantador que, ontem, nos emocionou, parece-nos que a situação que renasce é rigorosamente a mesma que a da véspera: O gesto que, real, nos causou uma impressão tão forte, por que ele não a repetiria agora que está aqui em imagem? Todavia, o processo é radicalmente diferente. No primeiro caso, ou seja, ontem, foi o gesto real que provocou minha ternura. Ela me apareceu como um fenômeno completamente inesperado, embora natural. Ao mesmo tempo, o arroubo se deu ora sob forma de uma qualidade do objeto ora sob seu aspecto subjetivo, e, provavelmente, foi sob o aspecto objetivo que apareceu

---

133. Por muito tempo nos opusemos à existência de uma memória afetiva. Mas nossas reflexões sobre a imaginação nos fizeram mudar de opinião. Não é verdade que, quando me lembro de minha vergonha de ontem, só haja na minha consciência um saber presente ou um abstrato emocional presente (ou um sentimento completo), mas o abstrato emocional serve de matéria para uma intencionalidade que visa através dele o sentimento que tive ontem. Em outras palavras, o sentimento real não se dá obrigatoriamente por si mesmo; ele pode servir de *hylé*, sob condição de que não seja forte demais. Nesse caso, estaremos lidando com uma consciência imaginante cujo correlato será o sentimento de ontem irrealmente presente. Admitimos, portanto, a existência de uma memória e de uma imaginação afetivas. Pois é por um processo semelhante que tentaremos realizar os sentimentos de um estrangeiro, ou de um louco, ou de um criminoso etc. Não é certo que nos limitemos a produzir um abstrato emocional em nós. Queremos tornar presentes para nós no estado irreal os sentimentos do louco, do criminoso etc., enquanto pertencentes a ele.

Quarta parte – A vida imaginária

primeiro. Hoje, ao contrário, a ternura aparece primeiro como fim, mesmo que de maneira mais ou menos clara; o saber reflexivo, portanto, precede o próprio sentimento e o sentimento é visado sob sua forma reflexiva. O objeto, além do mais, é reproduzido justamente para que provoque o sentimento. Em suma, já conhecemos sua ligação com esse estado afetivo e fazemos aparecer o objeto enquanto ele contém, como uma de suas qualidades, o poder de fazer nascer aquele arroubo de ternura. Trata-se, naturalmente, de uma determinação ainda abstrata, é uma virtualidade no objeto. Mas segue-se que o objeto reproduzido já não é exatamente o mesmo que o que queremos reproduzir. O gesto de ontem, de fato, só se deu como provocando minha ternura no decorrer de sua realização, ou seja, depois de uma certa duração e, precisamente, quando a ternura apareceu. Ao contrário, o poder do objeto irreal aparece com ele, como uma de suas qualidades absolutas. Em suma, os desenvolvimentos posteriores de meu estado afetivo são previstos e toda a evolução desse estado depende de minha previsão. Não é que sempre ela lhe obedeça, mas, quando não lhe obedece, está consciente de lhe desobedecer.

No entanto, por outro lado, sabemos que o objeto irreal não pode exercer ação causal; em outras palavras, essa ternura que quero reencontrar, o objeto irreal não pode produzi-la. Uma vez que ele é reconstituído, é preciso que eu me determine a ser terno diante dele. Em suma, vou afirmar que o objeto irreal age sobre mim, tendo consciência imediatamente de que não há, de que não pode haver ação real, de que me crispo para imitar essa ação. Talvez apareça um sentimento que chamarei ternura, em que desejarei reconhecer o arroubo de ontem. Mas já não é um "afeto", no sentido de que o objeto *já não me afeta*. Meu sentimento, ainda aqui, é inteiramente atividade, inteiramente tensão; é mais encenado do que sentido. Afirmo que estou terno, sei que devo estar, realizo em mim a ternura. Mas essa ternura não recai sobre o objeto irreal, não vem alimentar-se na profundidade inesgotável do real: mantém-se separada do objeto, suspensa; dá-se à reflexão como um esforço para reencontrar o gesto irreal que permanece fora do seu alcance e que ela não consegue atingir. O que procuramos inutilmente interpretar aqui é a receptividade, a *paixão* no sentido que o século XVII dava a esse termo. Poderíamos falar de uma dança diante do irreal, como um corpo de baile dança em torno de uma estátua. As bailarinas abrem os braços, estendem as mãos, sorriem, oferecem-se inteiras, se recompõem e se afastam; mas a estátua não se afeta: não há relação real entre ela e o corpo de baile. Igualmente nosso comportamento diante do objeto não pode atingi-lo, qualificá-lo na verdade, assim como não pode nos tocar de volta: pois ele está no céu do irreal, completamente fora de alcance. Disso resulta, para nossa ternura, não uma falta de sinceridade, mas, antes, uma falta de descontração, de docilidade, de riqueza. O objeto não a sustenta, não a alimenta, não lhe comunica a força, a sutileza, a imprevisibilidade que constitui toda a profundidade de um sentimento-paixão. Entre o sentimento-paixão e o sentimento-ação há sempre a diferença que se pode constatar entre a dor real de um canceroso e a algia do psicastênico que acredita sofrer de câncer. Sem dúvida poderemos encontrar, no caso da algia, um indivíduo absolutamente desenfreado, que perdeu todo o controle, desvairado de medo, de nervosismo e de desespero. Nada disso – nem seus sobressaltos, nem seus gritos quando se toca no membro que ele acredita doente – é encenado no sentido absoluto da palavra, ou seja, não se trata nem de "ludismo" nem de mitomania. É bem verdade que o infeliz não pode impedir-se de berrar, menos ainda do que poderia, talvez, se estivesse realmente padecendo de dor. Mas nada – nem seus sobressaltos, nem seus estertores – poderá fazer com que ele tenha dor realmente. A dor está ali, sem dúvida, mas *diante dele*, em imagem, inativa, passiva, irreal; ele se debate *diante dela* contra si mesmo, mas nenhum de seus gritos, nenhum de seus gestos é provocado por ela. E ao mesmo tempo ele *sabe*; ele sabe que não está padecendo de dor; e toda sua energia – ao contrário da energia do canceroso real, que visará diminuir os efeitos da dor – é empregada em padecer mais. Ele grita para *fazer vir* a dor, gesticula para que ela venha habitar seu corpo. Inútil: nada vem preencher

Quarta parte – A vida imaginária

aquela impressão exasperante de vazio, que constitui a própria razão e a natureza profunda de sua crise.

De tudo o que foi dito, podemos concluir que há uma diferença de natureza entre os sentimentos diante do real e os sentimentos diante do imaginário. Por exemplo, um amor varia completamente conforme seu objeto esteja presente ou ausente.

Quando Annie vai embora, meus sentimentos por ela mudam de natureza. Sem dúvida continuo a lhes dar o nome de amor, sem dúvida nego essa mudança, afirmo que amo Annie tanto e da mesma maneira como quando ela está presente. Mas não é assim. Naturalmente o saber e os comportamentos gerais se mantêm intactos. Sei que Annie tem esta ou aquela qualidade, continuo a confiar nela, por exemplo, escrevo-lhe tudo o que me acontece; se for o caso, defenderei seus interesses como se ela estivesse presente. É preciso, além do mais, reconhecer a existência de sentimentos-paixões autênticos: a tristeza, a melancolia, até o desespero em que essa ausência me lança. É que, de fato, mais do que a Annie irreal e ausente, e o vazio presente e real de nossa vida que os provoca, é o fato, por exemplo, de que determinados gestos, determinadas atitudes que tínhamos apenas esboçado caem sem objetivo, deixando-nos uma impressão de intolerável inutilidade. Mas esse conjunto representa, de certo modo, o negativo do amor. Em todo caso, o elemento positivo (os arroubos *para* Annie) modificou-se profundamente. Meu amor-paixão estava submetido a seu objeto: como tal eu o *aprendia* incessantemente, incessantemente ele me surpreendia, a cada instante eu precisava refazê-lo, readaptar-me a ele: ele vivia da própria vida de Annie. Enquanto foi possível acreditar que a imagem de Annie fosse Annie renascida, podia parecer evidente que aquela Annie provocaria quase as mesmas reações em mim que a Annie verdadeira. Mas agora sabemos que Annie em imagem é incomparável à Annie tal como a percepção a revela. Ela sofreu a mudança da irrealidade e nosso sentimento sofreu uma mudança correlata. Em primeiro lugar ele se *deteve*: ele já "não se faz", só pode passar pelas formas que já tomou; de certo modo, tornou-se escolástico, é possível dar-lhe um nome, classificar suas manifestações: elas já não ultrapassarão suas definições, são exatamente limitadas pelo saber que temos delas. Ao mesmo tempo, o sentimento se *degradou*, pois sua riqueza, sua profundidade inesgotável vinham do objeto: havia sempre mais para amar no objeto que de fato eu não amava e eu o sabia, de modo que o amor, tal como se apresentava diante do real, estava sob a unidade temática de uma ideia no sentido kantiano: a ideia de que Annie como realidade individual é inesgotável e, correlativamente, meu amor por ela é inesgotável. Assim, o sentimento que a cada instante ultrapassava a si mesmo era rodeado por uma ampla auréola de possibilidades. Mas essas possibilidades desapareceram exatamente como o objeto real. Por uma inversão essencial, agora é o sentimento que produz seu objeto e Annie irreal já não é senão o estrito correlato de meus sentimentos por ela. Segue-se que o sentimento *nunca mais é nada além do que é*. Tem agora uma pobreza profunda. Enfim, passou da passiva à ativa: ele se encena, ele se imita; nós o queremos, acreditamos nele. A cada instante ele se dá como um grande esforço para fazer renascer Annie em carne e osso, porque bem sabe que então também ele retomaria corpo, se reencarnaria. Aos poucos o sentimento vai se esquematizar e se cristalizar em suas formas rígidas e, correlativamente, as imagens que temos de Annie vão se banalizar[134]. A evolução normal do saber e do sentimento exige que depois de um certo tempo esse amor perca sua *nuança* própria: torna-se *amor* em geral e, de certo modo, se racionaliza: é agora o sentimento polivalente descrito pelos psicólogos e pelos romancistas, tornou-se típico; é que Annie já não está presente para lhe conferir a individualidade que fazia dele uma consciência irredutível. E, mesmo que nesse momento eu continue a me comportar como se amasse Annie, permanecendo fiel a ela, escrevendo-lhe todos os dias, dedicando-lhe todos os meus

---

134. Cf. o livro de Philippe, *L'Image*, extraordinário para a época.

Quarta parte – A vida imaginária

pensamentos, sofrendo por estar sozinho, algo terá desaparecido, meu amor terá sofrido um empobrecimento radical. Seco, escolástico, abstrato, inclinado para um objeto irreal que, por sua vez, perdeu sua individualidade; ele evolui lentamente para o vazio absoluto. É por volta desse momento que escrevemos: "Já não me sinto perto de você, perdi sua imagem, estou mais separado de você do que nunca". Essa é a razão, acreditamos, pela qual as cartas são esperadas com tanta impaciência: não é tanto pelas notícias que elas dão (supondo, naturalmente, que não tenhamos nada de preciso a temer ou a desejar) quanto por seu caráter real e concreto. O papel de carta, os signos pretos, o perfume etc., tudo isso substitui o *analogon* afetivo enfraquecido; através de tudo isso viso uma Annie mais real. Já vimos o papel imaginante que os signos podem desempenhar. Ao mesmo tempo em que se empobrece e se esquematiza, esse amor torna-se muito mais *fácil*. Em toda pessoa que amamos, em razão de sua própria riqueza inesgotável, há algo que nos ultrapassa, uma independência, uma impenetrabilidade que exige esforços sempre renovados de aproximação. O objeto irreal não conserva nada dessa impenetrabilidade, nunca mais é mais do que sabemos dele. Sem dúvida afirmamos, nos primeiros tempos, essa impenetrabilidade, esse caráter *estranho* da pessoa amada. Mas não *sentimos* nada disso. Trata-se de um puro saber que logo se atenua e permanece em suspenso, por não encontrar uma matéria afetiva à qual se fixar. De modo que o objeto irreal, ao se banalizar, vai tornar-se muito mais conforme a nossos desejos do que Annie jamais foi. A volta de Annie fará eclodir toda essa construção formal. Depois de um período de readaptação, que pode ser mais longo ou menos longo, o sentimento degradado vai dar lugar ao sentimento real. Talvez possamos sentir falta, por um momento, da complacência e da simplicidade de Annie em imagem. Mas é porque teremos perdido a lembrança do empobrecimento afetivo que era seu correlato indispensável.

Assim podemos, por causa da própria diferença extraordinária que separa o objeto em imagem do real, distinguir duas classes irredutíveis de sentimentos: os sentimentos verdadeiros e os sentimentos *imaginários*. Por esse último adjetivo não entendemos que os próprios sentimentos são irreais, mas que nunca aparecem a não ser diante dos objetos irreais e que basta a aparição do real para que fujam imediatamente, como o sol dissipa as sombras da noite. Esses sentimentos cuja essência é serem *degradados*, pobres, irregulares, espasmódicos, esquemáticos têm necessidade do não-ser para existirem. Uma pessoa se enfurecerá em pensamentos contra seu inimigo, o fará sofrer moralmente e fisicamente, e ficará sem defesa quando se encontrar realmente em sua presença. O que aconteceu? Nada, só que o inimigo, agora, existe realmente. Há pouco só o sentimento dava sentido à imagem. O irreal só estava ali para permitir que o ódio se objetivasse. Agora o presente transborda o sentimento por todos os lados e o ódio fica em suspenso, desnorteado. Não está ali o que ele odiava; o ódio não está adaptado àquele homem de carne e osso, bem vivo, novo, imprevisível. Odiava apenas um fantasma talhado exatamente à medida dele e que era sua réplica exata, seu sentido. Não reconhece aquele homem novo que se opõe a ele. Proust mostrou bem o abismo que separa o imaginário do real, fez ver que não se pode encontrar passagem de um para outro e que o real é sempre acompanhado pelo desmoronamento do imaginário, mesmo que não haja contradição entre eles, porque a incompatibilidade provém de sua natureza e não de seu conteúdo. Deve-se acrescentar que, devido à própria pobreza essencial das imagens, as ações imaginárias que projeto só têm as consequências que quero lhes dar. Se bato em imagem no meu inimigo, o sangue não correrá ou só correrá tanto quanto eu quiser. Mas, diante do inimigo real, diante da carne real, vou pressentir que correrá sangue real e isso será o suficiente para me deter. Há, portanto, um hiato contínuo entre a preparação de uma ação e a própria ação. Mesmo que a situação real seja mais ou menos a que eu tinha imaginado, ela difere em natureza de minhas imaginações. Não me surpreende o acontecimento, mas a mudança de universo. Ao mesmo tempo, os móveis da ação projetada desaparecem ou mudam de

Quarta parte – A vida imaginária

sinal, pois eram apenas imaginários. Se, apesar de tudo, faço a ação projetada, é quase sempre porque sou pego desprevenido e não tenho outra à disposição. Ou ainda é por uma espécie de obstinação que cega e não quer dar atenção à mudança ocorrida. Daí os comportamentos rígidos e duros das pessoas que "dizem o que têm a dizer" sem considerar o interlocutor, para não abandonar completamente o terreno do imaginário antes de terem-se comprometido demais para poder recuar. Assim, convém distinguir em nós duas personalidades nitidamente distintas: o eu imaginário, com suas tendências e seus desejos, e o eu real. A cada instante, em contato com a realidade, nosso eu imaginário se rompe e desaparece, cedendo lugar ao eu real. Pois o real e o imaginário, por essência, não podem coexistir. Trata-se de dois tipos de objetos, de sentimentos e de comportamentos inteiramente irredutíveis.

Dito isso, podemos pensar que deveremos classificar os indivíduos em duas grandes categorias, conforme prefiram levar uma vida imaginária ou uma vida real. Mas é preciso compreender o que significa a preferência pelo imaginário. Não se trata absolutamente de apenas preferir certos objetos a outros. Não se deve achar, por exemplo, que o esquizofrênico e, de modo geral, os sonhadores mórbidos tentam substituir o conteúdo real de sua vida por um conteúdo irreal mais sedutor, mais brilhante, e que procuram esquecer o caráter irreal de suas imagens comportando-se em relação a elas como se fossem objetos atualmente e realmente presentes. Preferir o imaginário não é apenas preferir uma riqueza, uma beleza, um luxo em imagem à mediocridade presente *apesar* de seu caráter irreal. É adotar também sentimentos e um comportamento "imaginários" *por causa* de seu caráter imaginário. Não escolhemos apenas esta ou aquela imagem, escolhemos o *estado* imaginário com tudo o que ele comporta; não fugimos apenas do conteúdo do real (pobreza, amor frustrado, fracasso de nossas empreitadas etc.), fugimos da própria forma do real, de seu caráter de *presença*, do tipo de reação que ele demanda de nós, da subordinação de nossos comportamentos ao objeto, da inesgotabilidade das percepções, de sua independência, da própria maneira que nossos sentimentos têm de se desenvolver. Essa vida artificial, inflexível, lenta, escolástica, que para a maioria das pessoas não passa de um mal menor, é justamente ela que um esquizofrênico deseja. O sonhador mórbido que imagina ser rei não se adaptaria a uma realeza efetiva, nem mesmo com uma tirania em que todos os seus desejos fossem satisfeitos. É que, de fato, um desejo nunca é satisfeito ao pé da letra, justamente por causa do abismo que separa o real do imaginário. O objeto que eu desejava pode até me ser dado, mas num outro plano de existência ao qual deverei me adaptar. Eis que agora ele está diante de mim: se não fosse pressionado pela ação, eu deveria hesitar por muito tempo, surpreso, sem reconhecer essa realidade cheia e rica de consequências; deveria perguntar a mim mesmo: "Era *isso* mesmo que eu queria?" O sonhador mórbido, por sua vez, não hesitará: não era *isso* que ele queria. Primeiro o presente exige uma adaptação que ele já não é capaz de fornecer; é preciso até haver uma espécie de indeterminação de nossos sentimentos, uma real plasticidade: é que o real é sempre novo, sempre *imprevisível*[135]. Eu desejava que Annie viesse; mas a Annie que eu desejava era apenas o correlato de meu desejo. Aqui está ela, mas ela ultrapassa meu desejo por todo lado, é necessária toda uma reaprendizagem. Os sentimentos do sonhador mórbido, ao contrário, são solenes e fixos; voltam sempre com a mesma forma e o mesmo rótulo; o doente teve todo o tempo para construí-los; nada é deixado neles por acaso; não se adaptariam à menor derrogação. Correlativamente, as características dos objetos irreais que lhes correspondem são imobilizadas para sempre. Assim, o sonhador pode escolher na loja de acessórios os sentimentos que quer vestir e os objetos que lhes correspondem, como o ator escolhe seu figurino:

---

135. Não tanto porque, como se costuma dizer, prevemos o futuro com o passado: esse argumento só valia contra a antiga concepção das imagens. Mas, antes, porque prevemos o real com o irreal, ou seja, aquilo cuja riqueza é infinita, por meio de esquemas de pobreza essencial.

Quarta parte – A vida imaginária

hoje vai ser a ambição, amanhã o desejo amoroso. Só a "pobreza essencial" dos objetos em imagem pode satisfazer docilmente o sentimento, sem jamais o surpreender, nem o decepcionar, nem o guiar. Só os objetos irreais podem se aniquilar quando o capricho do sonhador cessa, pois são apenas seu reflexo; só eles não têm outras consequências a não ser as que queremos extrair deles. Seria errado, portanto, tomar o mundo do esquizofrênico por uma torrente de imagens de uma riqueza e um brilho que compensariam a monotonia do real: é um mundo pobre e meticuloso, em que as mesmas cenas se repetem incansavelmente, até o mínimo detalhe, acompanhadas pelo mesmo cerimonial em que tudo é estabelecido antecipadamente, revisto; em que, principalmente, nada pode escapar, resistir nem surpreender[136]. Em suma, se o esquizofrênico imagina tantas cenas amorosas, não é só porque seu amor real foi frustrado: antes de tudo é porque ele já não é capaz de amar.

III – Patologia da imaginação

O esquizofrênico sabe muito bem que os objetos dos quais se cerca são irreais: é até por isso que ele os faz aparecer. A esse respeito, a observação de Marie B.[137] é significativa:

---

136. Com respeito a essa pobreza essencial dos devaneios, cf. *Moments d'une Psychanalyse*, de Blanche Reverchon-Jouve e Pierre-Jean Jouve, na R.N.F., mar./1933: "A partir da guerra (1915) e com a idade de 11 anos, a Srta. H. foi se apegando a um devaneio único que aos poucos se sistematizou, reuniu uma certa variedade de elementos, tornando-se cada vez mais duro e mais rigoroso; era um devaneio cujo interesse ela mantinha por meio de todos os tipos de buscas nos dicionários e nas revistas quando sua fantasia lhe faltava. Sua vida fora impelida tão fatalmente ao devaneio que, fora das horas que passava na cama, sonhando, ela ia às bibliotecas para encontrar novos elementos de que precisava para enriquecer, aumentar constantemente a trama do devaneio" (p. 356). O caso da Srta. H., aliás, é muito interessante; só podemos lamentar que a psicanálise o tenha esmagado sob sua interpretação grosseira, pretensiosa e absurda.

137. Boret & Robin. "Les Rêveries morbides". *Annales médicopsychol.*, mar./1924. A Srta. H., que citamos acima, também não se engana quanto

> Lembro-me da crise que tive certa vez: eu disse que era a rainha da Espanha. No fundo eu bem sabia que não era verdade. Era como uma criança brincando de boneca que sabe que sua boneca não está viva mas quer se persuadir disso [...] tudo me parecia encantado [...] eu era como uma atriz que, representando um papel, se tivesse metido na pele de seu personagem. Estava convencida [...] não completamente. Estava vivendo num mundo imaginário.

Portanto, não encontramos aqui nenhuma dificuldade. É completamente diferente nos casos de sonhos noturnos, de alucinações, de pareidolias: poderíamos até dizer que, ao substituirmos as antigas teorias sobre a imagem por uma hipótese nova, caímos na dificuldade inversa. Assimilando a imagem à sensação, Taine não tem nenhuma dificuldade para explicar a alucinação: de fato, a percepção já é "uma alucinação verdadeira". Ele só encontra dificuldades quando é preciso explicar como entre todas as alucinações, algumas verdadeiras, outras falsas, distinguimos de modo imediato as imagens e as percepções. Inversamente, nós, que tomamos como ponto de partida o fato de esses sujeitos reconhecerem imediatamente suas imagens como tais, não corremos o risco de encontrar na alucinação nossa dificuldade? Não se trata nesse caso, de fato, de uma imagem que já não reconhecemos como imagem? Mas convém, antes, esclarecer essa questão.

Se é verdade que o alucinado "toma uma imagem por uma percepção", o que significam as palavras "tomar por uma percepção"? Deveremos entender, como certos psicólogos, que o alucinado confere a *exterioridade* à sua imagem, "projeta" sua imagem no mundo das percepções? Seria simplesmente absurdo. De fato, imagem é, como vimos, um termo vago que significa ao mesmo tempo uma consciên-

---

à realidade de suas imagens: "A Srta. H. continua sabendo que se trata de uma história fictícia, mas também ela acha que essa história contém a verdade no que lhe concerne" (ibid., p. 362-363).

Quarta parte – A vida imaginária

cia e seu correlato transcendente. Nesse caso, a que então o alucinado poderia dar a exterioridade? Certamente não seria à consciência: de fato, não é possível o que é consciência dar-se por outra coisa que não consciência. O *cogito* cartesiano mantém seus direitos mesmo entre os psicopatas. Mas o objeto da consciência imaginante tampouco pode ser exteriorizada, em razão de já o ser por natureza. Se formo a consciência imaginante *de* Pierre, Pierre traz consigo seu espaço irreal e se coloca diante da consciência, ele é *exterior*[138] a ela. O problema, portanto, é outro: o objeto da imagem difere do objeto da percepção: 1º) uma vez que tem seu espaço próprio, ao passo que existe um espaço infinito comum a todos os objetos percebidos; 2º) uma vez que se dá imediatamente como irreal, ao passo que o objeto da percepção suscita originalmente, como diz Husserl, uma pretensão à realidade (*Seinsanspruch*). Essa irrealidade do objeto imaginado é correlata a uma intuição imediata de espontaneidade. A consciência tem uma consciência de si *não-tética*[139] como atividade criativa. Essa consciência de espontaneidade não apareceu como uma consciência transversal, que é a mesma que a consciência do objeto; é a própria estrutura do estado psíquico; e a maneira pela qual a colocávamos tornava-a independente do estado de saúde ou de doença mental do sujeito. A questão, portanto, coloca-se da seguinte maneira: Como abandonamos nossa consciência de espontaneidade, como nos sentimos passivos diante das imagens que de fato nós formamos; é verdade que conferíamos a *realidade*, isto é, uma presença de carne e osso aos objetos que se dão a uma consciência sadia como ausentes? Enfim, uma vez que, como vimos[140], a percepção e a consciência imaginante são duas atitudes alternantes, é possível fundirmos o espaço da imagem ao da percepção no caso de alucinação, como faria um alucinado que dissesse, por exemplo: "Nesta cadeira (real) eu vi o diabo (irreal)"?

---

138. Cf. acima.

139. Cf. acima, primeira parte, cap. 1, seção V.

140. Quarta parte, seção V.

A esta última pergunta podemos responder imediatamente: nada prova, de fato, que o doente realize a fusão dos dois espaços. Afinal, não temos outras garantias além do que ele diz, mas tudo parece sujeito a cautela. Primeiro, como observa Janet, quase nunca acontece que o doente tenha alucinações *em presença* do médico (pelo menos alucinações visuais) – o que podemos interpretar do seguinte modo: uma atividade sistematizada no domínio do real parece excluir as alucinações. É o que dá, ao que parece, uma certa eficácia aos "truques" empregados pelos doentes para impedir as alucinações. Determinado doente, que resmunga e concentra a atenção no que diz, a rigor pode retardar em alguns instantes o surgimento das vozes que o ameaçam ou o insultam. Mais impressionante, talvez, é a observação de Dumas sobre os delírios confusionais causados pelos traumas de guerra. O Soldado Crivelli, por exemplo, à primeira vista parece ter-se dado conta das grandes massas do quarto em que se encontra para instalar o cenário de seu delírio. Mas, de fato, quando o médico modifica o aspecto do quarto, as mudanças não têm nenhum efeito sobre o curso do delírio. Ao contrário, se o Professor Dumas o interpela com voz forte e bem de perto: "Assoe-se", o doente para de delirar por um momento e se assoa docilmente. Então, tudo parece falar, aqui, em favor de uma alternância da percepção e do delírio. Sem dúvida haverá quem objete que a confusão onírica é mais próxima do sonho do que da alucinação. Não queremos discordar. Mas o que nos importa aqui é esclarecer certas característica que poderiam ser comuns a essas duas formas patológicas. Em suma, parece-nos que a alucinação coincide com uma repentina anulação da realidade percebida. Ela não toma lugar *no* mundo real: ela o exclui. É o que Lagache, comentando Janet, expressa muito bem em seu livro recente[141].

---

141. Lagache. *Les Hallucinations verbales et la Parole.* Alcan, 1934. Cf. tb. Janet. *L'Hallucination dans le délire de persécution.* Revue de Philo., 1932.

Quarta parte – A vida imaginária   235

> A alucinação auditiva não tem a congruência da percepção auditiva com as circunstâncias do entorno e, sobretudo, o caráter presente da percepção; o perseguido raramente se acredita insultado por uma pessoa presente que lhe fala corretamente; é mais tarde que a distinção entre o "insultar" e o "ser insultado" se torna delicada; também é raro assistir às alucinações auditivas [...].

Todavia, não nos parece que se deva reduzir a alucinação, como Janet parece tentado a fazer (pelo menos quanto à alucinação auditiva, estando a alucinação motora verbal completamente à parte), ao relato acompanhado de crença que o doente faz dela. Há mesmo um ato alucinatório, em nossa opinião; mas esse ato é um acontecimento puro que aparece repentinamente para o doente enquanto suas percepções desaparecem. Em todo caso o doente, contando as alucinações sensoriais, vai localizá-las no espaço da percepção. Mas primeiro, como bem mostrou Lagache, com respeito às alucinações verbais:

> [...] A espacialização não é uma qualidade principal da alucinação auditiva, mas depende, por um lado, dos dados intelectuais e, por outro, de atitudes motoras. Assim, a distância é infinitamente variável, e o doente, conforme a situação, localiza suas vozes numa cidade distante ou atrás da parede, no teto, debaixo do assoalho, debaixo do travesseiro[142].

Essas observações bastariam para mostrar o caráter *irreal* da localização. Em suma, a espacialização da alucinação assemelha-se muito à localização da imagem. A palavra pronunciada pode ter sido dita numa cidade distante. E, no entanto, foi ouvida. Aliás, foi mesmo ouvida? Não mais do que Pierre em imagem foi visto. Mais uma vez, Lagache faz algumas observações preciosas:

---

142. Op. cit., p. 164.

Toda alucinação verbal comporta uma atitude receptiva em relação a um conteúdo ideoverbal ou verbal considerado pelo alucinado como de origem estranha. Ora, no tocante a palavras, ter uma atitude receptiva é ouvir. Toda alucinação verbal é auditiva, se pretendemos designar por isso apenas uma atitude receptiva, sem prejulgar a sensorialidade, as características acústicas das palavras ouvidas[143].

Em outros termos, a palavra insultante "aparece" para o sujeito. Está ali e o sujeito a recebe, está em estado de receptividade em relação a ela. Mas essa receptividade não implica necessariamente a sensorialidade.

Além disso, mesmo nos casos em que a localização se faz em relação ao espaço real (no quarto do doente, p. ex.), é preciso dizer que essa localização se faz *posteriormente*. Para nós, a alucinação visual ou auditiva é acompanhada por um desmoronamento provisório da percepção. Mas, quando o choque alucinatório passa, o mundo reaparece[144]. Parece natural, portanto, que o doente, ao falar do espetáculo que acaba de lhe aparecer, o dá como uma parte do mundo que o cerca: "estou *aqui*, eu que acabei de ver o diabo" converte-se facilmente em "acabei de ver o diabo *aqui*".

Aliás, o que significa *estar aqui* para um alucinado? Porque ele enumera corretamente os móveis do aposento devemos acreditar que os percebe como nós? Não esqueçamos, aliás, um tipo curioso de alucinações que se dão como existências absolutas sem características espaçotemporais: as alucinações psíquicas.

Assim, seja qual for o lado para o qual nos voltamos, a localização das alucinações nos aparece como um pro-

---

143. Op. cit., p. 89.

144. O Doutor T., especialista em doenças do sistema nervoso, falava-nos de um doente que, depois de um caso de encefalite, era capaz de se adaptar corretamente a uma situação social (p. ex., a uma conversa com seu médico), mas que, assim que era deixado sozinho, recaía numa sonolência acompanhada por alucinações.

Quarta parte – A vida imaginária

blema secundário, em princípio sem grande dificuldade e que se subordinaria a esta questão muito mais geral: *Como pode o doente acreditar na realidade de uma imagem que se dá por essência como um irreal?*

O próprio enunciado do problema nos mostra que se trata de uma alteração da *crença* ou, se preferirmos, da tese. Mas não nos enganemos: a tese constitutiva da imagem não pode ser alterada; pouco importa que a consciência seja "mórbida" ou não; é uma necessidade essencial que o objeto irreal seja constituído como irreal; a espontaneidade da consciência, como dissemos com frequência, é a mesma coisa que a consciência dessa espontaneidade e, por conseguinte, não se pode destruir uma sem destruir a outra. Por essa razão, as excelentes explicações de Lagache sobre a alucinação motora verbal não podem ser suficientes quando se trata da alucinação auditiva (se é que existe alguma que seja realmente independente das alucinações verbais), da alucinação visual e da alucinação psíquica. Neste ponto é preciso voltar à distinção de Descartes: podemos falar sem saber que estamos falando, respirar sem saber que estamos respirando. Mas não posso *pensar que estou falando sem saber que estou pensando que estou falando.* Por conseguinte, o recurso do que Lagache chama de introspecção (i. é, "a orientação" do sujeito para o problema psicológico e a participação dele na solução) aos sentimentos (de influência, de imposição de alucinação), à diminuição da vigilância, não pode alcançar o fato de que a produção do objeto irreal coincide com a consciência de sua irrealidade. No caso da alucinação motora verbal, ao contrário, não há necessidade de outra explicação para mostrar a palavra enquanto movimentos se desligando do sujeito e opondo-se a ele.

Chegamos, portanto, a uma primeira conclusão: na alucinação, no sonho, nada pode destruir a irrealidade do objeto em imagem como correlato imediato da consciência imaginante. Parece, portanto, depois desse primeiro exame, que chegamos a um impasse e que precisamos mudar alguma coisa em nossa teoria ou abandonar alguma de nossas exigências.

Mas talvez a alucinação não se caracterize por uma alteração da estrutura primária da imagem; talvez ela se dê mais como uma alteração radical da atitude da consciência no tocante ao irreal. Em suma, talvez se trate de uma alteração radical de toda a consciência e a mudança de atitude diante do irreal só possa aparecer como contrapartida de um enfraquecimento do sentido do real. Uma simples observação nos fará pressenti-lo. Lagache observa que "em alguns casos nenhum dado fenomenológico parece distinguir a palavra alienada da palavra normal; o doente sabe de início que não era ele que estava falando, como se o tivesse decidido, sem que possamos apreender os dados concretos que determinam e motivam sua decisão".

E ele cita um doente, Paul L., cuja voz "continua a mesma quando os outros lhe falam mas (que) *sabe* quando são eles que estão falando e quando é ele". Naturalmente trata-se aqui das alucinações motoras que, por mais de uma razão, nos interessam menos. Mas pode-se, a propósito, colocar a seguinte questão: Se Paul L. *sabe* imediatamente, sem mudar de voz e "como se tivesse decidido", que outra pessoa está lhe falando, se pode praticar tão facilmente "a objetivação social intencional" de que fala Janet, isso não se deverá a que, no próprio momento em que nos parece perceber normalmente, *de fato* ele não percebe como nós[145]? Chama a atenção que, no início de seu diálogo, ele decreta: sou eu que estou falando. E como é verdade, de fato, que naquele momento é ele que está falando, somos tentados a concluir que essas operações psíquicas se efetuam corretamente. Depois, quando no instante seguinte ele continua falando e afirma que as palavras ditas foram pronunciadas por outro que não ele, supomos que ele apresente um processo patológico. Mas não se pode deixar de notar que a voz que ele afirma lhe pertencer está *no mesmo plano*

---

145. Isso provém do próprio fato de que, no momento em que ele afirma que é ele quem está falando, também afirma que está falando com X, o qual está ausente. Isso basta para fazer do ativo algo de rigorosamente anormal.

Quarta parte – A vida imaginária

que a voz a qual ele afirma estar ouvindo, o que é condição essencial do *diálogo* que ele afirma manter. Por conseguinte, se uma nos é dada como alucinação, deveremos, por mais paradoxal que possa parecer de início, aceitar a outra também como tal; ao dar os sons que emite como produzidos por ele mesmo, o doente está alucinando tanto quanto ao atribuí-los a outro. De fato, para que determinada frase apareça, para o doente, ao mesmo tempo *em relação com* a frase anterior e como pronunciada por outra pessoa que não ele, toda a conversa deve ter um caráter alucinatório, ele deve, de certo modo, *sonhar* que as frases que atribui a si mesmo são dele, mais do que saber; caso contrário, a passagem de um interlocutor para outro viria acompanhada de desníveis tão bruscos que a conversa já não seria possível[146]. Mas o que entender, nesse caso, a não ser que ele é como o tal louco que, segundo os estoicos, "diz que é de dia em pleno dia", e que na verdade ele não *percebeu* nada nessa conversa. Todas essas observações são aplicáveis às alucinações visuais e auditivas. Sem dúvida há momentos em que o doente, falando com o médico, parece perceber corretamente; mas então, também, ele não tem alucinações. Quando alucina, está sozinho, solto: acaso o acontecimento alucinatório propriamente dito não se destaca como um distúrbio positivo sobre um fundo de apatia perceptiva em que os objetos aparecem como irreais? De modo que, para nós, se a alucinação vai ao encontro do mundo da percepção é na medida em que este já não é percebido, mas sonhado pelo doente enquanto se tornou um irreal.

Talvez entendamos melhor as consequências dessa ideia se compararmos a alucinação com um fenômeno que nos parece ter estrutura análoga: a obsessão.

---

146. Igualmente não se deve achar que na conversa imaginada por um esquizofrênico seu interlocutor seja irreal, ao passo que ele mantém um coeficiente de realidade; os dois são irreais e as frases que ambos pronunciam (ainda que possam de fato ser murmuradas) são irreais. Cf. tb., adiante, o papel do Eu no sonho.

Por muito tempo, sem dúvida, opôs-se o caráter estereotipado da obsessão à inesgotável imaginária da alucinação. Mas isso era dar como certos os relatos dos doentes. De fato, os psiquiatras contemporâneos estão mais ou menos de acordo quanto à pobreza do material alucinatório. Deixando de lado as alucinações motoras verbais, encontramos quase sempre, nas alucinações auditivas, um conjunto de insultos muito banais, "vaca, ladrão, beberrão etc.", e, nas alucinações visuais, algumas formas e alguns personagens, sempre os mesmos. Assim, a alucinação se apresenta como a reaparição intermitente de certos objetos (sonoros e visuais). Ela se aproxima nitidamente, portanto, da obsessão, que também pode ser, por sua vez, a aparição intermitente de cenas mais ou menos estereotipadas. A diferença não está em que o objeto da obsessão teria caráter subjetivo, ao passo que o objeto da alucinação seria exteriorizado. É muito evidente, por exemplo, que a cena de profanação da hóstia representada por um determinado doente de Janet[147] é imediatamente exteriorizada (ou seja, projetada num espaço irreal). Isso resulta da própria noção de imagem. Por outro lado, a crer em muitos psicólogos, alucinação e obsessão *impõem-se* ao espírito. Mas, justamente, é neste ponto que devemos fazer reservas e procurar saber o que significa exatamente "impor-se".

A partir dos trabalhos de Janet, compreendeu-se que a obsessão não é um corpo estranho que vem ocupar a consciência a despeito dela, como um cálculo de fígado. De fato, a obsessão *é uma consciência*; por conseguinte, ela tem as mesmas características de espontaneidade e de autonomia que todas as outras consciências. Na maioria dos casos é uma consciência imaginante sobre a qual se lançou o interdito, isto é, que o psicastênico se proibiu de formar. É justamente *por isso* que ele a forma. No fundo, o conteúdo da obsessão importa muito pouco (tão pouco que, às vezes, não há conteúdo algum, como no caso daquele doente que tinha obsessão de cometer um crime pavoroso e que nunca pudera

---

147. Cf. *La Psychasthénie*, tomo 1.

Quarta parte – A vida imaginária

nem mesmo imaginar que crime era esse); o que importa é a espécie de vertigem que a própria interdição provoca no doente. Sua consciência é tomada, como a do sonho, mas de maneira diferente: é o próprio medo da obsessão que a faz renascer; todo esforço para "não pensar mais nela" transforma-se espontaneamente em pensamento obsessivo; se, às vezes por um só instante, esquecemos, de repente nos pegamos a nos perguntar: "Mas como estou calmo! Por que estou tão calmo? É que esqueci... etc.", e reproduzimos *por vertigem* o objeto obsessivo. A consciência é, de certo modo, vítima de si mesma, presa numa espécie de círculo vicioso, e todos os esforços que ela faz para expulsar o pensamento obsessivo são justamente os meios mais eficazes para fazê-lo renascer. O doente é perfeitamente consciente desse círculo vicioso e várias observações dos sujeitos de Janet provam que compreenderam muito bem que são ao mesmo tempo vítimas e carrascos. É nesse sentido, e apenas nesse sentido, que a obsessão "se impõe" à consciência. Por nenhum segundo sequer o psicastênico perde a consciência de sua espontaneidade, nem ao menos a impressão formal de personalidade. Por nenhum instante ele toma os objetos em imagem por objetos reais. Se alguns afirmam que suas obsessões têm caráter alucinatório, é uma mentira que Janet claramente detectou. Paralelamente, o sentido do real não se embotou: mesmo os despersonalizados percebem muito corretamente. Entretanto, alguma coisa desapareceu: o sentimento de pertencimento ao eu, o que Claparède chama de *moïté** (identidade). A ligação dos fenômenos ao eu e ao não-eu efetua-se corretamente mas, por assim dizer, sobre fundo neutro. A oposição violenta do eu e do não-eu, tão perceptível para o homem normal, se atenua. É que o eu já não é uma síntese harmoniosa de investidas sobre o mundo exterior. Há espasmos do eu, uma espontaneidade que se libera; produz-se como que uma resistência do eu a si mesmo[148].

---

* Termo composto por *moi* + *ité*, que em português seria "eu + dade". Encontram-se em alguns textos em português a tradução desse termo por "identidade", em inglês por *selfhood*. No entanto, como se trata de um neologismo de Claparède, optamos por conservá-lo no original [N.T.].

148. Sob a influência de certas condições, no entanto, os psicastênicos podem apresentar de modo passageiro um delírio de influência.

Passando aos alucinados, encontraremos primeiro espasmos da consciência que, de repente, fazem aparecer uma consciência imaginante "auditiva" ou "visual". Sem dúvida nenhuma, essas consciências são espontâneas: não pode haver outras consciências. Sem dúvida trata-se também de uma estereotipia que tem como causa uma vertigem obsessiva. De fato, a alucinação obedece ao princípio de quase-observação. O doente que apresenta alucinações motoras verbais *sabe* quem está falando por sua boca sem que haja variação da voz[149]. Portanto, ele é invadido por esse saber; não apreende o conteúdo de suas alucinações, mas de repente sua atitude global se transforma: já não é ele quem fala, é X ou Y. Naturalmente, o mesmo ocorre nas alucinações auditivas e visuais, com mais razão nas alucinações psíquicas, nas quais o próprio doente, não estando desnorteado pela quase-sensorialidade das aparições, insiste nesse caráter. Há, portanto, por parte do doente, uma *intenção* dirigida à imagem que pode ser anterior à constituição do objeto imaginado, uma passagem do intencional à consciência imaginante. O doente não se surpreende com sua alucinação, não a contempla: ele a realiza. E sem dúvida ele a realiza, como o obsessivo, justamente porque quer escapar. Cabe até nos perguntarmos se, muitas vezes, o doente não sabe de antemão em que momento do dia a alucinação se produzirá: ele deve esperá-la e ela vem porque ele a espera. A alucinação, portanto, até certo ponto suporta a comparação com a obsessão: tanto nesta como naquela, a consciência é atraída pela ideia de que poderia produzir um certo objeto. Só que, no caso do alucinado, sobreveio uma mudança muito importante: a desintegração.

Sem dúvida a unidade da consciência se manteve, ou seja, a ligação sintética dos momentos psíquicos sucessivos.

---

149. A voz pode variar, passar do agudo ao grave, p. ex., mas não é indispensável.

Quarta parte – A vida imaginária

Essa unidade da consciência é a condição dos transtornos mentais tal como do funcionamento normal do pensamento. Mas ela forma o fundo indiferente sobre o qual se destaca, no caso de uma psicose de alucinação, a rebelião das espontaneidades. As formas superiores de integração psíquica desapareceram. Significa que já não há desenvolvimento harmonioso e contínuo do pensamento, realizado pela síntese pessoal e ao longo do qual outros pensamentos poderiam ser colocados como possíveis, ou seja, considerados por um instante sem serem *realizados*. Mas o curso do pensamento, embora pretenda ainda um desenvolvimento, é rompido a cada instante por pensamentos laterais, adventícios, que já não podem ficar suspensos no estado de possíveis, mas que se realizam na contracorrente. Trata-se sempre de vertigens, mas já não é toda uma personalidade que entra em luta consigo mesma: são sistemas parciais que já não podem se manter no estado de simples possíveis mas que, assim que concebidos, levam a consciência a realizá-los. Aqui, mais ainda do que em todos os outros casos, é preciso evitar uma interpretação mecânica: a consciência mórbida continua sendo uma consciência, ou seja, uma espontaneidade incondicional. Todos esses fenômenos foram descritos por Clérambault sob o nome de "pequeno automatismo mental"[150].

> A alucinação auditiva propriamente dita e a alucinação psicomotora são fenômenos tardios no discurso do automatismo mental [...] As intuições, o pensamento antecipado, o eco do pensamento e os *nonsense* são os fenômenos iniciais do automatismo mental [...] Alguns fatos do automatismo mental são bem conhecidos (cf. Séglas). Outros fenômenos do automatismo mental foram deixados na sombra: por um lado os fenômenos verbais, como palavras explosivas, jogos silábicos, ladainhas, absurdos e disparates; por outro

---

150. Clérambault. "Psychose à base d'automatisme et syndromes d'automatisme". *Annales médico-psychologiques*, 1927, p. 193.

lado, fenômenos puramente psíquicos, intuições abstratas, suspensões do pensamento abstrato, desfiar mudo de lembranças. Essas são, geralmente, as formas iniciais do automatismo mental. Os processos ideoverbais, como comentários sobre atos e lembranças, perguntas, pensamentos que se respondem, em geral são mais tardios[151].

Esses transtornos psíquicos fazem surgir ou desenvolvem no alucinado um sentimento e um comportamento que o diferenciam absolutamente do psicastênico: o que chamamos de síndrome de influência. O doente acredita-se submetido à influência de uma ou de várias pessoas. Mas o que raramente se esclareceu completamente foi que essa "crença" numa influência é uma maneira, para o doente, de afirmar ainda mais a espontaneidade de seus pensamentos e de todos os seus atos psíquicos. Quando um doente declara "me dão maus pensamentos, me fazem formar pensamentos obscenos", não se deve achar que ele sinta esses maus pensamentos estagnados nele ou flutuando como pedaços de madeira na água. Ele sente sua espontaneidade e não pensa em negá-la. Apenas constata que essa espontaneidade se manifesta isoladamente, na contracorrente, rompendo a unidade, se não da consciência, pelo menos da vida pessoal. É esse o sentido profundo da ideia de influência: o doente sente *ao mesmo tempo em que* é ele, enquanto espontaneidade viva, que produz esses pensamentos e, ao mesmo tempo, que ele não os quis. Daí a expressão "me fazem pensar..." Assim, a síndrome de influência não é mais que o reconhecimento, pelo doente, da existência de uma contraespontaneidade. A experiência pura e inefável do doente (o que corresponde ao *cogito*) lhe dá sempre esse pensamento absurdo ou inoportuno como alguma coisa a cujo propósito é possível efetuar o *cogito*; mas ao mesmo tempo ela lhe escapa, ele não é responsável por ela, não a reconhece.

---

151. Cit. por Lagache, op. cit., p. 119.

Quarta parte – A vida imaginária

É sobre esse fundo de influência que aparecem as primeiras alucinações. Pode-se, mesmo nesse estágio, chamá-las de "alucinações"? "Me fazem ver...", ele diz, falando das alucinações visuais. Também aqui a intuição de espontaneidade não é abandonada. É formada uma imagem que é dada como imagem, que conservou seu caráter irreal. Simplesmente ela se coloca por si, ela detém o curso dos pensamentos. Mas o doente não perdeu de vista que seus perseguidores só podem lhe dar esta ou aquela "visão", esta ou aquela "audição" por intermédio de sua própria atividade criadora. Parece, aliás, que nesse nível a personalidade sofre apenas alterações leves e rápidas. É possível que só haja liberação de espontaneidades *laterais*, *marginais*, por ocasião de uma forte concentração do sujeito. Pude constatar, por ocasião de uma injeção de mescalina que me fiz administrar, um breve fenômeno alucinatório. Ele apresentava, justamente, esse caráter lateral: alguém cantava num aposento vizinho e, quando agucei os ouvidos para ouvir – cessando completamente, por isso mesmo, de *olhar* à minha frente –, três nuvenzinhas paralelas apareceram diante de mim. O fenômeno desapareceu naturalmente assim que tentei captá-lo. Não era compatível com a plena e clara consciência visual. Só podia existir *furtivamente*, e aliás ele se dava como tal; na maneira como aquelas três brumazinhas se revelavam à minha lembrança, logo depois de desaparecerem, havia alguma coisa ao mesmo tempo inconsistente e misteriosa, a qual, ao que me parece, não fazia mais do que traduzir a existência dessa espontaneidade *à margem* da consciência.

Quando passamos às verdadeiras alucinações (vozes ouvidas, aparições etc.), a desintegração é muito maior. Sem dúvida a unidade da consciência continua intacta, com o que possibilita os disparates, as contradições etc.[152] Mas essas novas formas de ligação sintética são incompatíveis com a existência de uma síntese pessoal e de um pensamento orientado. A primeira condição da alucinação parece-

---

152. A contradição sendo uma síntese supõe uma forma geral de unificação.

-nos ser uma espécie de vacilação da consciência pessoal. O doente está sozinho, de repente seus pensamentos se embaraçam, se dispersam; a ligação sintética por concentração é substituída por uma ligação difusa e degradada por participação; essa queda de potencial leva à consciência uma espécie de nivelação; ao mesmo tempo e correlativamente, a percepção se obscurece e se turva: o objeto e o sujeito desaparecem juntos. É possível conceber que essa vida crepuscular, incompatível com a atenção ou a concepção de possíveis enquanto tais, prolonga-se por um momento sem outra mudança. Pode-se admitir também o surgimento *de* fenômenos de fascinação ou de autossugestão. Mas no caso que nos ocupa há simplesmente formação brusca de um sistema psíquico parcial e absurdo. Esse sistema é necessariamente parcial porque não pode ser objeto de nenhuma concentração da consciência. Já não há centro consciencial nem unidade temática, e é justamente *por isso* que ele aparece. Ele se dá em sua própria estrutura como antitemático, ou seja, como algo que não pode fornecer o tema de uma concentração de consciência. Vamos explicar: toda percepção se dá como podendo ser *observada*; todo pensamento se dá como podendo ser *meditado*, ou seja, mantido à distância e considerado. Esses sistemas, ao contrário, *não podem de modo algum ser observados*, pois são os correlatos de uma nivelação da consciência; só aparecem numa consciência sem estrutura, uma vez que justamente são a negação de toda estrutura. Também se dão sempre com um caráter de "furtividade" que é constitutivo de seu ser; sua essência é serem inapreensíveis, ou seja, nunca se colocarem *diante* de uma consciência pessoal. São palavras que ouvimos mas que não podemos escutar, rostos que vemos mas que não podemos enxergar. Daí as características frequentes que os próprios doentes dão: "Era uma voz sussurrante, falam comigo por telefone etc."

A segunda característica desses sistemas, como dissemos, é o absurdo. Apresentam-se como disparates, jogos de palavras e trocadilhos, insultos repentinos etc. É esse próprio absurdo que nos dá a chave de sua formação. Para nós,

Quarta parte – A vida imaginária

de fato, toda existência, na consciência, deve expressar-se em termos de consciência e não podemos admitir uma espontaneidade que, mesmo quando as superestruturas são alcançadas, brote de uma zona de sombra sem estar consciente de si. Essa maneira de conceber a espontaneidade não passa de uma maneira implícita de admitir a existência de um inconsciente. Parece-nos, portanto, que esses sistemas absurdos são a maneira pela qual a consciência pensa seu estado presente, ou seja, essa nivelação crepuscular. Mas não se trata de um pensamento normal, que coloca o objeto diante do sujeito, não se trata de um pensamento *sobre* esse estado crepuscular. No entanto, em algum lugar dessa consciência incapaz de se concentrar, nas margens, isolado e furtivo, aparece um sistema parcial que *é* o pensamento desse estado crepuscular ou, se quisermos, que é esse próprio estado crepuscular. Trata-se de um sistema imaginante simbólico[153] que tem como correlato um objeto irreal – frase absurda, trocadilho, aparição inoportuna. Ele aparece e se dá como espontaneidade, mas, antes de tudo, como espontaneidade impessoal. Na verdade, estamos longe da distinção de subjetivo e objetivo. Esses dois mundos desmoronaram: estamos aqui diante de um terceiro tipo de existência para cuja caracterização faltam palavras. O mais simples talvez fosse chamá-los aparições laterais irreais, correlatas de uma consciência impessoal.

Isto é o que poderíamos chamar de *acontecimento puro* da alucinação. Mas esse acontecimento não coincide com a experiência pura da alucinação; de fato, uma experiência implica a existência de uma consciência temática de unidade pessoal; esse tipo de consciência, ao contrário, é negada pelo acontecimento alucinatório, que se produz sempre na ausência do sujeito. Em suma, *a alucinação se apresenta como um fenômeno cuja experiência só pode ser feita pela memória*. Trata-se, aliás, da memória imediata, ou seja, não haverá alucinação se esses sistemas parciais con-

---

153. Explicaremos melhor essa simbolização em nossa seção sobre o sonho.

tinuarem a se desenvolver numa consciência neutralizada: nesse caso, estaremos mais perto do sonho. A alucinação implica uma reação brusca da consciência ao sistema parcial por uma brusca concentração com brusco reaparecimento da unidade temática. Ao aparecimento inesperado e absurdo do objeto irreal, uma onda de surpresa ou de horror deve percorrer a consciência, realiza-se um despertar, um agrupamento das forças, um pouco como quando um estalo repentino desperta bruscamente quem está dormindo. A consciência está armada, pronta para observar, mas, naturalmente, o objeto irreal desapareceu, ela só encontra *à sua frente* uma lembrança. Resta então descrever como essa lembrança lhe aparece.

Primeiro, é preciso insistir particularmente no fato de que, se o objeto irreal não está em pessoa diante da consciência, pelo menos se trata de uma lembrança imediata, tão forte e concreta quanto possível, uma dessas lembranças que não dão margem à dúvida, que envolvem a certeza imediata da existência de seu objeto. Mas o caráter essencial com que o objeto irreal é revelado pela lembrança é a exterioridade em relação à consciência pessoal atual. Ele se dá como tendo sido imprevisível e não podendo ser reproduzido à vontade. Não pode entrar na síntese presente, nunca lhe pertencerá. Essa exterioridade e essa independência são evidentemente muito próximas daquelas de um objeto real. Ao mesmo tempo, além disso, o objeto mantém as características de uma espontaneidade: aparece como caprichoso, furtivo e cheio de mistério. Mas, dirão, ele não mantém seu caráter de irreal? Se o mantivesse, esse coeficiente de irrealidade, junto com a imprevisibilidade e a exterioridade, tal como a definimos, só acentuaria o caráter contraditório e fantástico da alucinação. Nem por isso o doente deixaria de traduzir sua experiência em nossa linguagem pelas palavras "eu vi, eu ouvi..." Mas provavelmente o objeto não se dá à lembrança como irreal: de fato, não houve *posição* de irrealidade durante o acontecimento; simplesmente a produção do objeto irreal era acompanhada pela consciência não-tética de irrealidade. Essa consciência não-tética não

Quarta parte – A vida imaginária

passa para a lembrança, pois, conforme explicamos, a lembrança do objeto percebido nos revela um irreal da mesma maneira que uma realidade e, para que um possa ser distinguido do outro, na evocação, é preciso que tenham sido, no momento de sua aparição, objeto de posições explícitas de realidade ou de irrealidade[154]. Parece-nos antes que o objeto alucinatório manterá na lembrança um caráter neutro. O comportamento geral do doente é que vai conferir uma realidade a essas aparições, e não a lembrança imediata. A prova disso é que todo homem pode ter uma alucinação, em caso de esgotamento mental ou de intoxicação alcoólica, mas, justamente, sua lembrança imediata a revela para ele como alucinação. Só que, no caso de psicose de influência, opera-se uma cristalização e o doente vai organizar sua vida em relação às alucinações, isto é, repensá-las e explicá-las. Ao que parece, aliás, essas espontaneidades, por mais imprevisíveis e fragmentárias que sejam, podem carregar-se aos poucos de um certo material ideoafetivo. Deve haver uma ação lenta do doente sobre essas alucinações, como prova o aparecimento de protetores num estágio avançado da psicose alucinatória crônica. Essa ação se opera naturalmente, mais por cementação, participação, do que por ação direta. Em todo caso, tudo indica que numa psicose constituída as alucinações têm um papel *funcional*: sem dúvida, *antes de tudo* o doente se adapta a suas visões, mas as aparições e as vozes se deixam penetrar e, dessa acomodação recíproca, resulta sem dúvida um comportamento geral do doente que poderíamos chamar de comportamento alucinatório.

IV – O sonho

Um problema análogo surge por ocasião do sonho. Descartes formulou-o na "Primeira meditação":

---

154. Naturalmente, essas posições explícitas não precisam ser julgamentos articulados.

> Todavia devo aqui considerar que sou homem e, por conseguinte, costumo dormir e representar em meus sonhos as mesmas coisas, ou às vezes menos verossímeis, que esses insensatos quando despertos. Quantas vezes aconteceu-me sonhar à noite que eu estava neste lugar, que estava vestido, que estava à beira do fogo, embora estivesse nu na minha cama! Parece-me agora que não é com olhos adormecidos que olho este papel, que esta cabeça que estou balançando não está adormecida; que é intencionalmente e com propósito deliberado que estendo esta mão e que a sinto: o que acontece no sono não parece tão claro, tão distinto como tudo isto. Mas, ao pensar com atenção, recordo-me de muitas vezes, dormindo, ter sido enganado por ilusões semelhantes, e, detendo-me nesse pensamento, vejo tão manifestamente que não há indícios pelos quais se possa distinguir nitidamente a vigília do sono que me espanto; e meu espanto é tal que é quase capaz de me persuadir de que estou dormindo[155].

Esse problema poderia ser enunciado assim: se é verdade que o mundo do sonho se dá como um mundo real e percebido, enquanto é constituído por uma imaginária mental, não há pelo menos um caso em que a imagem se dê como percepção, ou seja, um caso em que a produção de uma imagem não seja acompanhada pela consciência não-tética de espontaneidade imaginante? Se fosse assim, nossa teoria da imagem não correria o risco de desmoronar inteiramente? O sonho, é claro, suscita muitas outras questões: por exemplo, a da função simbólica de suas imagens, também a do pensamento que sonha etc. Mas essas questões não dizem respeito diretamente a nosso trabalho; aqui nos limitaremos a tratar do problema da tese do sonho, ou seja, do tipo de afirmação intencional constituída pela consciência "sonhante".

---

155. Descartes. *Méditations* ("Méditation première").

Quarta parte – A vida imaginária

Uma primeira observação pode nos orientar: há um sofisma na passagem de Descartes que citamos. Ainda não sabemos nada do sonho, que é difícil de atingir, uma vez que só podemos descrevê-lo usando a memória desperta. Mas, ao contrário, é um termo da comparação estabelecida por Descartes que posso atingir facilmente: é a consciência que está de vigília e que percebe. Posso a cada instante fazer dela o objeto de uma consciência reflexiva que me informará com certeza sobre sua estrutura. Ora, essa consciência reflexiva me dá imediatamente um conhecimento precioso: é possível que, no sonho, eu imagine que percebo; mas o certo é que, quando estou desperto, não posso duvidar de que percebo. Cada um pode tentar fingir por um instante que está sonhando, que o livro que está lendo é um livro sonhado, e logo verá, sem poder duvidar, que é uma ficção absurda. E, na verdade, seu absurdo não é menor do que o da proposição: talvez eu não exista, proposição que, justamente para Descartes, é verdadeiramente impensável. É que de fato a proposição *cogito ergo sum* resulta – se bem entendida – da intuição de que consciência e existência são uma coisa só. Mas essa consciência concreta que está certa de existir, ela existe e tem consciência de existir na medida em que tem uma certa estrutura individual e temporal. Esse *cogito* pode ser, decerto, a intuição da ligação íntima de certas essências e é assim que a fenomenologia, que é ciência eidética, o concebe. Mas, para que possa ser isso, é preciso primeiro que ele seja uma operação reflexiva individual e concreta que possa ser sempre operada. Ora, pensar que eu existo pensando é fazer uma proposição eidética, da qual a proposição: eu existo percebendo, por exemplo, é uma especificação. Assim, quando percebo, não tenho certeza de que os objetos de minha percepção existem, mas tenho certeza de que os percebo. Devemos observar, aliás, que Descartes não estabelece o caráter duvidoso da percepção com base numa inspeção direta desta, como ele faria se dissesse: quando percebo, nunca sei muito bem se estou percebendo ou sonhando. Ao contrário, ele tem como certo que o homem que percebe é consciente de que percebe. Simplesmente observa que o homem que sonha, por sua vez, tem uma certeza análoga. Sem dúvida existe uma frase familiar: "Eu me belisco para saber se não estou sonhando", mas trata-se unicamente de uma metáfora que não corresponde a nada de concreto no espírito dos que a utilizam.

Ora, a essa evidência da percepção podemos opor em primeiro lugar os casos frequentes em que o próprio sonhante, passando de repente para o plano reflexivo, constata, durante seu sonho, que está sonhando. Logo veremos até que toda aparição da consciência reflexiva no sonho corresponde a um despertar momentâneo[156], embora muitas vezes o peso da consciência que está sonhando seja tal que imediatamente aniquila a consciência reflexiva, como os pesadelos em que a pessoa que está dormindo pensa desesperadamente "estou sonhando", sem conseguir acordar, porque sua consciência reflexiva desaparece na mesma hora e o sujeito volta a ser "tomado" pelo sonho. Esses poucos exemplos bastariam para nos mostrar que a posição de existência do sonhante não pode ser equiparada à do homem desperto, uma vez que a consciência reflexiva, num caso, destrói o sonho pelo próprio fato de o colocar pelo que ele é, ao passo que ela confirma e reforça a consciência refletida no caso da percepção. Mas, se pensarmos bem, notaremos por outro lado que é preciso que as consciências não-téticas do sonho e da vigília difiram, de certo modo, quanto à sua maneira de colocar os objetos. De fato, a consciência reflexiva extrai sua certeza do simples fato de ela desenvolver e colocar como objeto o que é estrutura implícita e não-tética da consciência refletida. Minha certeza reflexiva de sonhar deve-se, portanto, ao fato de que minha consciência primitiva e irrefletida devia conter em si mesma uma espécie de saber latente e não posicional que a reflexão explicitou em seguida. Aliás, se não fosse assim, seria preciso então que

---

156. Poderão me objetar que já aconteceu a todos, no decorrer de um sonho agradável, dizerem a si mesmos: "Desta vez não estou sonhando" e, por conseguinte, a própria reflexão parecer sujeita a erro, no sonho. Veremos adiante o que pensar dessa objeção.

Quarta parte – A vida imaginária

o adormecido concluísse seu julgamento "estou sonhando" com raciocínios e comparações que lhe mostrassem a incoerência ou o absurdo de suas imagens. Mas uma tal hipótese é de uma inverossimilhança que salta aos olhos: para que o sujeito raciocinasse e fizesse comparações, seria preciso que ele estivesse de plena posse de suas faculdades discursivas, portanto, já acordado. Seria absurdo, assim, que no exato momento em que estivesse suficientemente desperto para formular julgamentos de verossimilhança ele dissesse justamente: estou sonhando. Ele só poderia dizer: eu sonhei. Esse caso, aliás, ocorre com frequência, mas é completamente diferente deste com que estamos lidando. O sonho nos aparece imediatamente, portanto, com um caráter de *fragilidade* que não pode pertencer à percepção: ele está à mercê de uma consciência reflexiva. Porém, o que se produz e o salva é que, quase sempre, essa consciência reflexiva não aparece. Teremos que explicar por quê. Todavia, cabe notar aqui que a consciência primeira e irrefletida, se é, ao mesmo tempo em que posição de objeto, consciência não-tética de si mesma, não pode ser sob a forma: "estou sonhando". Em primeiro lugar porque esse julgamento suporia uma tese, em seguida porque essa definição total de uma consciência só pode ser dada pela reflexão. Para compreendermos melhor, vamos utilizar um exemplo que logo nos servirá. Se digo: acredito que Pierre tem amizade por mim, esse é um julgamento refletido. Ele acarreta imediatamente pôr em dúvida o objeto da crença. Posso pensar de imediato: é verdade, eu *acredito*, mas não sei, ele nunca me deu prova disso etc. Estou cético, talvez chegue até a concluir que Pierre não tem amizade por mim. E, certamente, se a amizade de Pierre por mim me aparece como objeto de minha crença, é porque minha consciência não refletida dessa amizade era consciência não-tética de si mesma como simples crença; mas disso não se deve concluir que o ceticismo da reflexão também seja uma estrutura não posicional de consciência irrefletida. Quando tenho consciência da amizade que Pierre tem por mim, tenho consciência dela como um objeto *acreditado*, mas justamente, se acredito nela, é porque não duvido dela. Assim, justamente porque acredito na amizade de Pierre, minha consciência não-tética de acreditar não comporta a mais leve dúvida com respeito a essa amizade. Ela é inteiramente crença. É, portanto, confiança cega, uma vez que acreditar é ter confiança. Simplesmente, enquanto consciência de acreditar, ela não é consciência de saber. Mas essa restrição só pode aparecer aos olhos da reflexão. Também esperamos que a consciência não-tética de estar sonhando não comporte nela, em absoluto, as características restritivas e negativas que encontramos no julgamento: "estou sonhando" ("Estou sonhando", *portanto*, não estou percebendo). Uma consciência não-tética não pode ser negadora de nada, pois está inteiramente preenchida por ela mesma e apenas por ela mesma.

A que chegamos: à certeza de que a tese do sonho não pode ser a da percepção, mesmo que à primeira vista pareça semelhante a ela. Aliás, é o que podemos extrair da simples inspeção de uma consciência reflexiva dirigida para uma consciência perceptiva. Afirmar: estou percebendo é negar que estou sonhando, ou, se quisermos, é uma motivação suficiente e necessária para que eu afirme que não estou sonhando. Mas, se o sonho afirmasse que ele é percepção do mesmo modo e com a mesma certeza que a percepção, o julgamento "estou percebendo" seria apenas provável e deveríamos, mais uma vez, apoiá-lo na comparação entre os objetos percebidos, na coesão das cenas vistas, em sua verossimilhança etc. Mostramos em outro lugar[157] que essas comparações nunca se davam à consciência como operações realmente efetuadas e que, além do mais, não permitiriam distinguir a percepção da imagem. Mostraríamos igualmente que elas não permitiriam distinguir a vigília do sonho. Na realidade, a percepção, como a verdade em Spinoza, é *index sui*, e não poderia ser diferente. E o sonho também se assemelha muito ao erro no spinozismo: o erro pode se dar

---

157. Cf. nosso pequeno livro *L'Imagination* (Alcan).

Quarta parte – A vida imaginária

como verdade, mas basta possuir a verdade para que o erro se dissipe por si mesmo.

Todavia, isso não pode ser suficiente para nós. Se aprofundarmos um pouco nosso estudo do sonho e da percepção, veremos que a diferença que os separa é, de determinado ponto de vista, assimilável à que separa a crença do saber. Quando percebo uma mesa, não *acredito* na existência dessa mesa. Não tenho nenhuma necessidade de acreditar, uma vez que ela está ali em pessoa. Não há um ato suplementar pelo qual, percebendo essa mesa, eu lhe confira uma existência *acreditada ou acreditável*. No próprio ato de percepção a mesa se descobre, se revela, ela me é dada. E a *tese* da consciência perceptiva não deve ser confundida com uma afirmação. A afirmação é do âmbito da espontaneidade voluntária, a tese representa a *nuança* própria da intencionalidade. Ela é o que corresponde, do lado da *noese*, à presença noemática do objeto em pessoa. A evidência própria da percepção, portanto, não é de modo algum uma impressão subjetiva que seja assimilável a uma especificação da crença: a evidência é a presença para a consciência do objeto em pessoa; é o "preenchimento" (*Erfüllung*) da intenção. Do mesmo modo, para uma consciência reflexiva dirigida para uma consciência perceptiva, a natureza perceptiva da consciência refletida também não é objeto de crença. É um dado imediato e evidente. É impossível sair disso. Uma evidência é uma presença. Onde a evidência é dada, a crença não é útil, nem mesmo possível. O sonho, ao contrário, é uma crença. Acredito em tudo que se passa num sonho. Mas não faço mais do que acreditar. Isto é, os objetos não estão presentes em pessoa na minha intuição.

Entretanto, apenas deslocamos o problema. Não faltará quem nos diga, de fato: a que se deve que você possa *acreditar* na realidade das imagens do sonho uma vez que, por outro lado, você as constitui como imagens? Seu caráter intencional de imagens deveria excluir toda possibilidade de acreditar nelas como realidades.

É que eu também disse que o sonho era um fenômeno de crença, mas não uma crença nas imagens *como em realidades*. Para saber exatamente do que se trata, é preciso voltar às imagens hipnagógicas. Essa produção de imagens baseada na apreensão imaginante de fosfenos, de contrações musculares, de palavras interiores, é de uma riqueza suficiente para fornecer a matéria do sonho. E Leroy destacou, como muitos outros autores, que a passagem do hipnagogismo ao sonho muitas vezes é apreensível. São as mesmas imagens, ele diz, simplesmente nossa atitude em relação a elas mudou. Isso é confirmado por numerosas observações: todas as pessoas que têm imagens hipnagógicas poderão dizer que frequentemente se surpreenderam sonhando sem que o próprio conteúdo das imagens hipnagógicas tivesse mudado. Simplesmente, despertadas em sobressalto, tiveram consciência de ter sonhado. Naturalmente o *analogon* representativo vai se enriquecer, ao longo da noite, com as sensações cenestésicas e, finalmente, com todas as sensações bastante fortes para transpor o limiar da consciência e demasiado fracas para provocar o despertar. Serão todas captadas, de fato, não pelo que são, mas como *analogon* de outras realidades. Assim, Proust, acordando de repente, percebe que pronunciou em sonho as palavras "cervo, cervo, Francis Jammes, garfo", mas que essas palavras constituíam uma frase coerente e adaptada à situação sonhada. Ou seja, elas *valiam por* outras palavras que, na realidade, não foram pronunciadas. Do mesmo modo, a coloração vermelha da luz solar passando através de uma cortina é apreendida, num sonho famoso, como *valendo por* sangue. Um erro muito frequente consistiria em acreditar que o sonho é composto por imagens *mentais*. Isso não é verdade: Como admitir que a luz vermelha *provoque a imagem mental* do sangue? Seria preciso, então, que ela permanecesse inconsciente, o que é absurdo, ou que fosse apreendida como luz vermelha, o que suporia o despertar. Na realidade, é a luz vermelha que é apreendida *como* sangue. É a maneira que temos de apreendê-la. Alguns sonhos citados por Janet mostram bem como um mesmo ruído que se prolonga pode ser sucessivamente apreendido

Quarta parte – A vida imaginária

pela consciência como *valendo por* uma multidão de objetos diversos, mas nunca *por ele mesmo*: no sonho, a consciência *não pode perceber*, porque ela não pode sair da atitude imaginante em que se encerrou. Tudo para ela é imagem, mas justamente por causa disso ela não pode dispor de imagens mentais que, embora exclusivas da percepção, só poderiam nascer se uma passagem constante da percepção para a imaginação fosse possível e, poderíamos dizer, sobre o fundo sempre presente da percepção. O sonho é uma consciência que não pode sair da atitude imaginante. Entretanto, é evidente que se produziu uma modificação a partir das imagens hipnagógicas, uma vez que podemos apreender pela reflexão uma passagem do hipnagogismo ao sonho. Caberia admitir que essa modificação é uma mudança da tese? Em outras palavras, o sonho aparece quando tomamos as *imagens* hipnagógicas por sonhos? É isso que declararemos impossível *de facto*. Se a consciência as afirmasse como realidades, ela se constituiria em relação a elas como consciência perceptiva e o resultado imediato seria fazê-las desaparecer. É justamente essa mudança que muitas vezes leva ao despertar: o barulho de um despertador é apreendido primeiro como *analogon* do ruído de uma fonte, de um repicar de sinos, de um rufar de tambor etc. Mas, se acordamos, passamos justamente à *percepção* do ruído do despertador. Isso não quer dizer que façamos julgamentos do tipo: "é o toque de um despertador"; quer dizer apenas que de repente apreendemos o toque *por aquilo que ele é* (ou seja, uma sequência de sons agudos e vibrantes) e não por outra coisa que não seja ele. Pouco importa se depois compreendemos ou não a origem e a causa do barulho: posso ser despertado por um estalo cuja verdadeira causa ignorarei sempre. Talvez até não o apreenda, ao acordar, como *estalo*: essa denominação talvez suponha o funcionamento complicado de operações de identificação e reconhecimento. Simplesmente, ele é suficiente para que eu passe da atitude de sonho à de vigília, basta que eu o apreenda como algo *existente*. Pouco importa, até, que eu me engane: o estalo de um móvel pode ser apreendido, à noite, no meu sonho, como um ruído de passos; a essa altura, posso acordar e interpretar o estalo como um barulho de passos em cima da minha cabeça. No entanto, há um abismo entre essas duas assimilações. No sonho, o estalo é o ruído de passos em imagem; na percepção, ele é realmente apreendido e em si mesmo (ainda que erradamente) como ruído de passos. Alain diz que perceber é sonhar e despertar imediatamente. Mas é um erro grave: uma falsa percepção não é um sonho, corrigir sua percepção não é despertar. Diremos, ao contrário, que o mundo do sonho só se explica se admitimos a consciência que sonha como privada, por essência, da faculdade de perceber. Ela não percebe, não tenta perceber, nem mesmo consegue conceber o que é uma percepção. No entanto, não se deve achar que essa consciência isolada do mundo real, encerrada no imaginário, vá se deixar levar a tomar o imaginário por real, por não poder compará-lo com uma realidade que teria a função de redutor. Essa não é nossa ideia, de maneira nenhuma, em primeiro lugar porque uma imagem se dá pelo que ela é, sem que haja necessidade de encetar uma comparação com a percepção, e, em seguida, porque o que caracteriza a consciência que sonha é ter perdido a própria noção de realidade. Portanto, ela não pode conferir essa qualidade a seja lá o que for de seus noemas. Mas o que queremos mostrar é que o sonho é a realização perfeita de um imaginário fechado. Ou seja, de um imaginário do qual já não podemos sair de modo algum e sobre o qual é impossível adotar um ponto de vista exterior, por menor que seja.

Se consultarmos nossa consciência no momento em que, depois da queda brusca do hipnagogismo no sonho, um barulho vier nos despertar, veremos que o que a faz emitir o julgamento "eu estava sonhando" é a apreensão do caráter "interessante" das imagens hipnagógicas. No hipnagogismo puro esse caráter absolutamente não existia. Por "interessante" não se deve entender: ligado a *mim*, como Leroy parece acreditar. A presença do *eu* no sonho é frequente e quase necessária quando se trata de sonhos "profundos", mas podemos citar muitos sonhos imediatamente posteriores ao adormecimento em que o eu de quem dorme ainda não desem-

Quarta parte – A vida imaginária

penha nenhum papel. Eis aqui um, por exemplo, que me foi mencionado pela Srta. B...: primeiro aparecia uma gravura de livro, representando um escravo de joelhos diante de sua patroa, depois esse escravo ia procurar pus para curar-se da lepra que pegara da patroa; precisava ser pus de uma mulher que o amasse. Durante todo o sonho, a mulher que dormia tinha a impressão de *ler* a narração das aventuras do escravo. Em nenhum momento ela desempenhou algum papel nos acontecimentos. É frequente, aliás, os sonhos – no meu caso, por exemplo – se darem primeiro como uma história que leio ou que me contam. Depois, de repente, identifico-me com um dos personagens da história, que se torna *minha* história. Observe-se a tese neutralizada que caracteriza o sonho da Srta. B... ou o início dos meus. É possível acreditar de fato que a tese se modifica e se torna posição de existência porque subitamente me tornei um dos personagens do sonho? Mas deixemos de lado por um instante o papel do Eu no sonho e, uma vez que há sonhos sem Eu, vejamos em que eles se distinguem das imagens hipnagógicas. Já sabemos que não é nem por sua relação com a pessoa do indivíduo que dorme nem por uma posição brusca das imagens como realidade. Mas basta considerar o sonho da Srta. B... e compará-lo com as imagens pré-oníricas para ver claramente a diferença: uma imagem hipnagógica é isolada, separada das outras imagens; se porventura duas ou três imagens estiverem em relação de interdependência, o conjunto, em todo caso, permanece isolado: não há mundo hipnagógico, as visões pré-oníricas não têm passado, não têm futuro, não há *nada* atrás delas nem a seu lado. Ao mesmo tempo, coloco cada uma delas como imagem. Esse caráter de imagem permanece no sonho da Srta. B...: ela *lê* a história, o que é uma maneira de neutralizar a tese. Só que cada imagem aparece como um momento de um desenrolar temporal que tem um passado *e* um futuro. O escravo não é visto por ele mesmo, como nas imagens pré-oníricas. Nesta, ele apareceria simplesmente como "um escravo". Mas no sonho, quando se apresenta à pessoa que dorme, é como escravo-doente-à-procura-de-pus-para-se-curar. Ao mesmo tempo em que sua imagem remete a um antes e a um depois, ela aparece sobre o fundo de um mundo espacial muito rico: enquanto ele busca seu remédio, não perco de vista que ele tem uma patroa e que sua patroa lhe passou lepra, nem que essa patroa continua existindo em algum lugar. Aliás, a imagem hipnagógica nunca se dá como estando em algum lugar. "Vemos" uma estrela em imagem, e isso a algumas polegadas de nós, mas não sabemos onde essa imagem é imagem, ela não está cercada por um universo imaginário. O personagem do sonho, ao contrário, está sempre *em algum lugar*, mesmo que o lugar em que ele se move seja figurado esquematicamente, como no teatro elisabetano. E esse "algum lugar", por sua vez, é situado em relação a todo um mundo que não é visto, mas que está em toda à sua volta. Assim, a imagem hipnagógica é uma aparição isolada "no ar", por assim dizer, e o sonho é um mundo. Na verdade, há tantos mundos quantos sonhos, muitas vezes até quantas fases de um sonho. Será mais certo dizer que toda imagem de sonho aparece com seu mundo próprio. Isso às vezes é suficiente para diferenciar uma única imagem onírica de uma imagem pré-onírica. Se o rosto do Aga Khan me aparece e eu penso simplesmente que é o rosto do Aga Khan em imagem, é uma visão hipnagógica. Se já sinto por trás desse rosto um mundo carregado de ameaças e promessas, e acordo nesse instante, é um sonho. Mas isso ainda não dá conta inteiramente desse caráter "interessante" do sonho. Por nos fazer entrar repentinamente num mundo temporal, todo sonho se dá para nós como *uma história*. (No caso da aparição do rosto do Aga Khan, era uma história colhida numa só visão e que ainda não tivera tempo de se desenrolar.) Naturalmente, o universo espaço-temporal no qual a história se desenrola é puramente imaginário, não é objeto de nenhuma posição de existência. Na verdade, não é nem mesmo imaginado, no sentido de que a consciência imagina quando ela presentifica alguma coisa através de um *analogon*. Ele é, enquanto mundo imaginário, o correlato de uma *crença*, o adormecido *acredita* que a cena se desenrola num mundo; isso quer dizer que esse mundo é objeto de intenções vazias que se dirigem para ele a partir da imagem central.

Quarta parte – A vida imaginária

Todavia, essas observações não contradizem de modo algum esta grande lei da imaginação: *não há mundo imaginário*. De fato, trata-se apenas de um fenômeno de crença. Não detalhamos esse mundo em imagem, não presentificamos detalhes, nem mesmo pensamos em fazê-lo. Nesse sentido, as imagens permanecem isoladas umas das outras, separadas por sua pobreza essencial, submetidas ao fenômeno de quase-observação, *no vazio*; não mantêm entre elas outras relações além das que a cada momento a consciência pode conceber constituindo-as. Mas isso não elimina o fato de que cada imagem se dá como cercada por uma massa indiferenciada que se coloca como mundo imaginário. Talvez fosse melhor dizer que cada imaginário, no sonho, traz consigo uma qualidade especial e constitutiva de sua natureza, que é "a atmosfera de mundo". Vimos acima que o espaço e o tempo do imaginário se davam como qualidades internas da coisa imaginada. Caberia aqui fazer uma observação análoga: a "mundanidade" da imagem sonhada não consiste numa infinidade de relações que ela sustenta com outras imagens. Trata-se simplesmente de uma propriedade imanente da imagem onírica: há tantos "mundos" quanto imagens, mesmo que a pessoa adormecida, passando de uma imagem para outra imagem, "sonhe" que continua no mesmo mundo. Conviria dizer, portanto: no sonho, cada imagem se cerca de uma atmosfera de mundo. Mas, por maior comodidade, utilizaremos a expressão "mundo do sonho", uma vez que é comumente adotada, simplesmente advertindo para que seja tomada com reservas.

Vemos agora, portanto, a mudança noética da consciência quando ela cai num pré-onirismo no sonho: a imagem hipnagógica era a persuasão repentina em que a consciência caía de repente; eu me persuadia subitamente de que determinada mancha entóptica *era* do peixe em imagem. Agora estou sonhando e essa crença repentina se adensa e se enriquece: de repente fico persuadido de que esse peixe tem uma história, de que foi pescado em determinado rio, de que vai figurar na mesa do arcebispo etc. Rio, peixe, arcebispo, são igualmente imaginários, mas constituem um mundo. Minha consciência é, portanto, consciência de mundo; projetei todo o meu saber, todas as minhas preocupações, todas as minhas lembranças e até a necessidade de estar-no-mundo que se impõe ao ser humano, projetei tudo isso, mas de modo imaginário, na imagem que constituo agora. O que aconteceu foi simplesmente que a consciência foi tomada inteira, entrou inteira no jogo e determinou-se a produzir sínteses com todas as suas riquezas, no entanto, apenas de modo imaginário. Isso nunca é possível a não ser no sonho; mesmo o esquizofrênico, cujo estado se aproxima muito do estado da pessoa que dorme, mantém uma possibilidade de se apreender como estando "a jogar". Mas aqui já não existe a atenção nem seu poder de colocar o objeto como transcendente; a consciência se fascina com um fervilhar de impressões, apreende-as *como* sendo este ou aquele objeto em imagem, como *valendo* por isto ou aquilo, e depois, de repente, ei-la inteira no jogo, apreende essas impressões cintilantes como *valendo por* um objeto que está na extremidade de um mundo cujos contornos se perdem na névoa. Enquanto o sonho durar, a consciência não poderá se determinar a refletir, foi arrastada por sua própria queda e continua indefinidamente a apreender imagens. É essa a verdadeira explicação do simbolismo onírico: se a consciência nunca pode apreender suas próprias preocupações, seus próprios desejos, a não ser sob a forma de símbolos, não é, como Freud acredita, por causa de um recalcamento que a obriga a disfarçá-los: é porque está incapacitada de apreender o que quer que seja de real sob a forma de realidade. Perdeu inteiramente a função do real e tudo o que ela sente, tudo o que ela pensa, só é capaz de sentir e pensar sob a forma imaginada. É por isso também que, como mostrou Halbwachs, no sonho não *lembramos*. Não se trata aqui de quadros sociais. Simplesmente a menor lembrança *real* faria, de repente, toda a realidade se cristalizar diante da consciência, pois a lembrança se situaria, afinal, em relação ao quarto real, à cama real em que estou deitado. A imagem da cristalização pode nos servir duplamente: uma só imagem pré-onírica pode provocar a cristalização de noemas da consciência em noemas de mundos imaginários,

Quarta parte – A vida imaginária

uma só realidade captada ou percebida como realidade faz o mundo real cristalizar diante da consciência, é inteiramente um ou inteiramente outro.

Cabe aqui caracterizar o grau de crença da consciência nesses mundos imaginários ou, se preferirmos, o "peso" desses mundos. Voltemos ao sonho da Srta. B... O simples fato de o sonho se dar como uma *história* deve nos permitir compreender o tipo de crença que lhe atribuímos. Mas a adormecida nos informa mais ainda, ela diz que acredita estar *lendo* essa história. Ela quer dizer que a história se apresenta com o próprio tipo de interesse e de credibilidade que tem uma história lida. A leitura é um tipo de fascinação e, quando leio um romance policial, acredito no que estou lendo. Mas isso não significa que deixo de tomar as aventuras do policial como imaginárias. Simplesmente um mundo inteiro me aparece em imagem através das linhas do livro (já mostrei que as palavras serviam de *analogon*[158]) e esse mundo se fecha sobre minha consciência, já não posso me desvencilhar dele, estou fascinado por ele. É esse tipo de fascínio sem posição de existência que chamo de crença. Além de a consciência ter consciência de si mesma como aprisionada, ela tem consciência de não ter recursos contra si mesma. Esse mundo basta a si mesmo, não pode ser nem dissipado nem corrigido por uma percepção, uma vez que não é do âmbito do real. É sua própria irrealidade que o coloca fora de alcance e lhe confere uma opacidade compacta e uma força. Enquanto a consciência perseverar nessa atitude, ela não poderá nem se dar, nem mesmo conceber nenhum motivo para mudá-la; a passagem para a percepção só pode se fazer pela revolução. Esse é, com mais força ainda, o poder do mundo sonhado: aprendido noematicamente no objeto, esse poder é o correlato da consciência não-tética de fascinação. Por isso o mundo do sonho, como o da leitura, se dá como inteiramente mágico; somos obcecados pelas aventuras dos personagens sonhados como

---

158. Neste livro, segunda parte, seção I – O saber.

pelas dos heróis de romance. Não é que a consciência não-
-tética de imaginar deixe de se apreender como espontaneidade, mas apreende-se como espontaneidade enfeitiçada.
É o que dá ao sonho sua *nuança* própria de fatalidade. Os
acontecimentos se dão como não podendo deixar de acontecer, em correlação com uma consciência que não pode
impedir-se de imaginá-los. A imagem do sonho, entretanto,
continua a apenas possuir estritamente as características
que a consciência lhe confere: o fenômeno de quase-observação é válido aqui como em outros lugares. Só que, ao
mesmo tempo, ela tem um caráter obsessivo que se deve
ao fato de a consciência ter se determinado, por sua própria
fascinação em se formar, um caráter "duvidoso", que vem
de sua natureza mágica, e um caráter fatal cuja origem cabe
explicar melhor.

Num mundo imaginário, não há sonho de *possibilidades*, uma vez que as possibilidades supõem um mundo
real, a partir do qual são pensadas como possibilidades. A
consciência não pode tomar uma distância em relação às
suas próprias imaginações para imaginar uma sequência
possível para a história que está representando: isso seria o
despertar. É o que fazemos, por exemplo, quando, acorda-
dos, imaginamos um fim tranquilizador para um pesadelo
que acabamos de ter. Em suma, a consciência não pode
prever, pois isso seria aqui imaginar na segunda potência,
portanto, ter o conhecimento reflexivo da imaginação do primeiro grau. Toda previsão, a partir de um dado momento da
história, torna-se, pelo próprio fato de aparecer, um episódio
da história. Não posso me deter, conceber um outro fim,
não tenho trégua, não tenho recurso, sou obrigado a contar
a história para mim mesmo: nada é "gratuito". Assim, cada
momento da história se dá como tendo um futuro imaginário, mas um futuro que não posso prever, que virá por si
mesmo, no seu tempo, assombrar a consciência, contra o
qual a consciência se esmagará. Assim, ao contrário do que
se poderia crer, o mundo imaginário se dá como um mundo
sem liberdade; também não é determinado, é o avesso da
liberdade, é fatal. Também não é pela concepção de outros

Quarta parte – A vida imaginária

possíveis que o adormecido se assegura, se livra do apuro. É pela produção imediata, na própria história, de acontecimentos asseguradores. Ele não diz a si mesmo: eu poderia ter um revólver, mas de repente ele está com um revólver na mão. Mas que azar o dele se nesse momento lhe vem um pensamento que, em vigília, se expressaria sob a forma "e se o revólver emperrasse"! Esse "se" não pode existir no sonho: o revólver salvador, no próprio momento em que queremos usá-lo, emperra de repente.

Mas o mundo do sonho não é um mundo fechado, enquanto o próprio sonhante não vem desempenhar seu papel. Também, em sua maioria, os sonhos são como aventuras do próprio adormecido. "Sonhei que eu estava... etc." é, em geral, a frase pela qual começamos a narrar nossos sonhos. Como compreender essa aparição do próprio adormecido nesse mundo imaginário? Deveremos pensar que é de fato *ele*, em pessoa, como consciência real, que se introduz no meio das imagens oníricas? Na verdade, essa hipótese me parece sem sentido. Pois, para que a pessoa adormecida se introduzisse como consciência real no drama imaginário que está se desenrolando no sonho, seria preciso que pudesse ter consciência de si mesma, como ser real, ou seja, existente num mundo real, num tempo real e balizado por lembranças reais. Mas essas condições são justamente as que definem o estado de vigília. Se de repente uma pessoa real se introduz no sonho, o sonho se rompe completamente, a realidade reaparece. Aliás, o que isso quer dizer exatamente? Certamente, minha consciência, em tempo de vigília, é caracterizada por seu "estar-no-mundo", mas, justamente porque esse "estar-no-mundo" caracteriza a relação da consciência com a realidade, ele não pode se aplicar à consciência que está sonhando. Uma consciência não pode "estar" num mundo imaginário, a menos que ela própria seja uma consciência imaginária. Mas o que é uma consciência imaginária senão um certo objeto para uma consciência real? Na verdade, uma consciência que sonha é sempre consciência não-tética de si mesma enquanto fascinada pelo sonho, mas perdeu seu estar-no-mundo e só o reencontrará ao despertar[159].

Na verdade, basta lembrar alguns sonhos constituídos primeiro por cenas impessoais e em que de repente aparece a pessoa do adormecido para compreender a solução do problema. Já aconteceu a cada um sonhar que assistia às aventuras de um personagem imaginário (p. ex., o escravo com quem a Srta. B... sonhava) e depois, de repente, perceber que *ele mesmo* é o escravo. Na verdade, o termo "perceber" é inadequado, pois naturalmente, no decorrer de um sonho, lidamos com fenômenos de quase-observação: depois de motivações diversas, o adormecido é subitamente invadido pela crença de que o escravo, ali, que está fugindo do tigre, é *ele mesmo*, exatamente como no hipnagogismo era subitamente invadido pela crença de que aquela mancha luminosa *era* um rosto de homem. Vamos examinar mais detidamente essa transformação: o escravo, tornando-se eu mesmo, não perde seu caráter constitutivo de irreal. Ao contrário, sou eu que, projetado no escravo, me torno um eu imaginário. Em muitos casos, continuo vendo o escravo que foge, [como no início do sonho. Mas agora ele tem][160] uma *nuança* própria que o penetra inteiramente, uma maneira de ser constitutiva que é o que poderíamos chamar, desviando de seu sentido primeiro, um neologismo de Claparède, de *moïté**. O caráter constitutivo desse escravo é ele ser eu. Mas ele é eu irrealmente, é eu a título imaginário. Para levar a uma melhor compreensão desta questão, poderíamos utilizar mais uma vez uma comparação com a leitura. Todos sabem que, quando leio, identifico-me mais ou menos com

---

159. A questão, na verdade, é muito mais complicada, e a consciência conserva até no sonho seu "estar-no-mundo", pelo menos de certo modo. Mas podemos manter a ideia de um "estar-no-mundo" perdido, pelo menos como indicação metafórica.

160. Já na primeira edição de *L'Imaginaire* houve o salto de uma linha na impressão. Em falta do manuscrito, nós nos arriscamos a preencher a falta por estas palavras entre colchetes (N. ed. fr.).

* A respeito desse termo, cf. N.T. da p. 241.

o herói do romance. Isso é frequente sobretudo quando o romance é escrito na primeira pessoa e os autores sabem usar essa identificação para tornar sua história mais premente, mais urgente para os leitores. Todavia, essa identificação nunca é completa, primeiro porque, na maioria das vezes, os autores empregam um "recuo estético", escrevem o livro "no passado", por exemplo, o que permite ao leitor passar por cima do personagem. Além disso, está sempre presente a possibilidade de uma consciência reflexiva. Segue-se um estado que valeria ser descrito por si mesmo e no qual eu *sou* irrealmente o herói, ao mesmo tempo em que diferente dele; sou eu e um outro. Mas suponhamos por um momento que essas barreiras sejam rompidas: sou invadido pela crença de que aquele que é ameaçado por todos os perigos romanescos é irrealmente, mas *absolutamente* eu mesmo. Nesse momento, o interesse que tenho pelo romance muda de natureza: *eu* é que sou ameaçado, perseguido etc. Assisto a uma aventura que acontece *comigo* irrealmente. Até então, os perigos que o herói corria me fascinavam e provocavam em mim um interesse imenso mas cuja base era ainda – apesar de minha identificação paralela com ele – a simpatia. Agora, o sentimento provocado é um sentimento de pertencimento. Nesse mundo imaginário, em que para entrar é preciso ser irreal, um eu irreal me representa, sofre, está em perigo, até se arrisca a uma morte irreal que dará fim ao mesmo tempo a ele mesmo e ao mundo que o cerca. Uma parte irreal se passa, na qual o que está em jogo é meu eu irreal. Ora, esse estado de transes, que não pode ser inteiramente realizado na leitura (e que além do mais prejudicaria a apreciação estética do livro), realiza-se justamente no sonho pessoal. Se, por uma vez, um eu irreal se pega no mundo fascinante do sonho, o mundo imaginário se fecha subitamente; já não é um *espetáculo* imaginário que, pelo próprio fato de eu o contemplar, permanecia *diante* de mim: agora estou representado nele, estou "em perigo" nele, tenho meu lugar nele, e ele se fecha sobre mim. Não é simplesmente representado a título irreal, também é irrealmente vivido, agido, sofrido. Ao mesmo tempo, sua relação com minha consciência se modifica, pois até então era uma relação de tipo unicamente representativo (quaisquer que fossem, por outro lado, as impressões afetivas suscitadas por esse mundo). A partir do momento em que o eu imaginário está "dentro", tudo muda: esse eu se apega à minha consciência por uma relação de *emanação*. Não vejo somente o escravo fugindo, mas *sinto-me* esse escravo. Não me sinto *ele* na intimidade de minha consciência, como posso me sentir, em estado de vigília, o mesmo que ontem etc. Não, *sinto-me* ele, fora, nele, é uma qualidade efetiva irreal (como o desespero de René, a maldade de Ménardier, a bondade de Jean Valjean) que apreendo nele. Ele é portanto, num sentido, transcendente e exterior, uma vez que ainda o vejo correr e, em outro, transcendente sem distância, uma vez que estou irrealmente presente nele. Mas, essa mudança que o escravo sofre, o mundo imaginário também sofre, uma vez que é para ele (que é eu) um mundo sofrido, odiado, temido etc. Ele permanece portanto, num sentido, mundo puramente representado e, em outro, mundo vivido imediatamente. Adquire uma espécie de presença surda e sem distância em relação à minha consciência. Estou preso. Naturalmente não modifico minha tese por isso, estou preso como me prendo a um jogo. Mas há jogos aos quais nos prendemos fortemente e, por outro lado, não posso romper o encantamento. Só posso fazer cessar uma aventura imaginária produzindo outra aventura imaginária, sou obrigado a viver até o fim o fascínio do irreal. Temos aí a representação perfeita e consumada do que seria uma consciência para a qual a categoria do real absolutamente não existisse.

Não se deve acreditar que, em seus sonhos pessoais, a pessoa que dorme começa sempre por se identificar com um personagem anteriormente existente num sonho impessoal. O sonho pode ser pessoal desde o início. Simplesmente é necessário que a imaginária de quem sonha produza um objeto qualquer que ele possa acreditar, seja imediatamente ou depois de um certo tempo, que é ele, qualquer que seja esse objeto. É de fato a única maneira que o adormecido tem de entrar nesse mundo que não existe: é preciso que ele se

Quarta parte – A vida imaginária

269

identifique como um dos objetos desse mundo; em outras palavras, é necessário que haja um substrato material para sua impressão de estar-no-mundo-irreal. Ele mesmo, de fato, como já observamos, não pode estar lá, mas pode ser invadido pela crença de que tal objeto imaginário, que já possui seu estar-no-mundo-irreal, é *ele*; e ele pode ao mesmo tempo produzir esse objeto e a crença de que esse objeto é ele. Daí resulta esse caráter curioso do sonho, ou seja, tudo é visto e sabido ao mesmo tempo de um ponto de vista superior, que é o do adormecido representando um mundo, e de um ponto de vista relativo e limitado, que é o do eu-imaginário mergulhado no mundo. Na verdade, o eu-imaginário não vê esse mundo e a pessoa que dorme não se põe *no lugar* desse ser particular para ver as coisas de seu ponto de vista: o adormecido sempre vê as coisas do ponto de vista *dele*, de seu ponto de vista de criador. Só que, no próprio momento em que as vê, ele as vê orientadas em relação a esse objeto-eu que as sofre e as vive. O cão raivoso que vai morder não se aproxima do adormecido, mas do objeto-eu, e o adormecido entende sua distância até o objeto-eu como um absoluto irreversível, exatamente como em vigília entendo a distância do cão-que--vai-me-morder até mim como orientada absolutamente do cão para mim. Há aqui aquele espaço cheio de vetores de tensões, de linhas de forças, que Lewin chama de espaço hodológico. Só que, em vez de cercar *eu*, ele cerca e pressiona um certo objeto que eu imagino no meio dos outros e que é o objeto-eu. O resultado é que um sonho não seria de modo algum representável no mundo da percepção. Aqui está, por exemplo, um sonho que tive no ano passado. Estava sendo perseguido por um falsário. Refugiava-me num recinto blindado, mas, do outro lado da parede, ele começava a derreter a blindagem com um maçarico oxídrico. Ora, eu *me* via, por um lado, transido dentro do recinto e esperando – acreditava que estava seguro – e, por outro lado, via-o do outro lado da parede fazendo seu trabalho de perfuração. Eu sabia, portanto, o que ia acontecer com o objeto-eu, que ainda o ignorava; entretanto, a espessura da parede que separava o falsário do objeto-eu era uma distância absoluta, orientada dele para o objeto-eu. Então, de repente, no momento em que o falsário ia terminar seu trabalho, o objeto-eu *soube* que ele ia perfurar a parede, ou seja, de repente imaginei-o sabendo, sem me preocupar por outro lado em justificar esse novo conhecimento, e o objeto-eu fugiu pela janela em cima da hora.

Essas observações nos permitirão compreender melhor a distinção que todos devem fazer obrigatoriamente entre os sentimentos imaginários e os sentimentos reais que experimentamos no sonho. Há sonhos em que o objeto-eu fica aterrorizado e, no entanto, não serão chamados de pesadelos, porque a pessoa adormecida fica muito tranquila. Ela se limitou, portanto, a dotar o objeto-eu dos sentimentos que ela deveria ter pela própria verossimilhança da situação. São sentimentos imaginários que não "pegam" o adormecido mais do que aquilo que costumamos chamar "abstrato emocional". É que o sonho nem sempre motiva emoções reais na pessoa que dorme; assim como um romance, mesmo que reproduza acontecimentos horríveis, nem sempre chega a nos emocionar. Posso assistir impassível às aventuras do objeto-eu. No entanto, é sempre com esse eu irreal que elas acontecem. Inversamente, o conteúdo de um pesadelo nem sempre é aterrorizante. É que a afetividade real do adormecido, por motivos que não nos cabe abordar aqui, às vezes precede o sonho e o sonho a "encena", de certo modo, no terreno do imaginário. Seguem-se às vezes aventuras terríveis, mas às vezes, também, não acontece nada de grave: simplesmente o que acontece é apreendido intencionalmente como sinistro porque o adormecido que produz essas imagens é realmente sinistro. Então é a *atmosfera* do mundo sonhado que é de pesadelo.

Do mesmo modo, podemos explicar agora a aparente anomalia que assinalávamos há pouco em nota: aconteceu-me frequentemente sonhar que estava passeando em Nova York e sentia um grande prazer. O despertar sempre era para mim não uma "decepção", como geralmente se diz, mas, antes, aquela espécie de desencanto que nos toma ao sairmos de um espetáculo. Também me ocorreu dizer em

Quarta parte – A vida imaginária

sonho: desta vez não estou sonhando. Parece que operei aqui um ato reflexivo e que esse ato reflexivo foi enganoso, o que questionaria o próprio valor da reflexão. Mas, na realidade, esse ato reflexivo não foi realmente efetuado: é um ato reflexivo *imaginário*, operado pelo eu-objeto e não por minha própria consciência. Esse eu que passeia entre os altos muros de Nova York, é *ele* que de repente diz a si mesmo: não estou sonhando, é nele que aparece a certeza de estar acordado, exatamente como um herói de romance pode esfregar os olhos e declarar de repente: "Estarei sonhando? Não, não estou sonhando". A consciência que sonha determinou-se de uma vez por todas a só produzir imaginário, e seus cuidados, suas preocupações, como vimos, são projetados diante dela sob uma forma simbólica e irreal. A preocupação em não sonhar, em não caminhar para o desencanto que acontece no fim da representação, não pode se expressar realmente sem que a pessoa acorde, assim como o espectador não pode pensar "eu desejaria que a vida fosse como essa peça de teatro" sem se desligar da encenação para se colocar no terreno da realidade (desejos *reais*, personalidade *real* etc.). Aqui o desejo de não sonhar, que é apenas um desejo, toma consciência de si mesmo *fora*, na transcendência do imaginário, e é nessa transcendência imaginária que ele encontra satisfação. Assim, *imagino* que o eu-objeto tem vontade de estar *de fato* em Nova York e imagino com meu próprio desejo de estar lá, e de fato o eu-objeto se acha – segundo os próprios termos da ficção – em carne e osso e não em sonho nas ruas de Nova York. Portanto, aqui não há de modo algum reflexão *real* e estamos longe do despertar. O mesmo ocorre, naturalmente, para todas as reflexões que o objeto-eu pode produzir, tais como "estou com medo", "estou humilhado" etc., reflexões que, aliás, por sua vez são muito raras.

Ao contrário, o único meio de que o adormecido dispõe para sair de um sonho é a constatação reflexiva: estou sonhando. E, para fazer essa constatação, não há necessidade de nada a não ser produzir essa consciência reflexiva. Só que é quase impossível que essa consciência reflexiva se produza, porque os tipos de motivações que a solicitam em geral são justamente aqueles que a consciência "encantada" da pessoa que dorme já não se permite conceber. A esse respeito, não há nada mais curioso do que os esforços desesperados que o adormecido faz, em certos pesadelos, para *se lembrar* de que uma consciência reflexiva é possível. Esforços vãos, quase sempre, porque ele é obrigado, pelo próprio "encantamento" de sua consciência, a produzir essas lembranças sob forma de ficção. Ele se debate, mas tudo desliza para a ficção. Tudo se transforma, a seu despeito, em imaginário. Afinal o sonho só pode se interromper por dois motivos. O primeiro é a irrupção de um real que se impõe, por exemplo, o medo real provocado pelo pesadelo se "prende" ao próprio pesadelo e acaba por se tornar tão forte que quebra o encantamento da consciência e motiva uma reflexão. Tomo consciência de que tenho medo e ao mesmo tempo de que estou sonhando. Ou um estímulo externo se impõe, seja porque surpreende e não pode ser apreendido imediatamente como um *analogon*, seja por causa de sua violência que determina uma emoção-choque real, que constitui subitamente objeto de uma reflexão, seja por causa da persistência de certas menções através do sono[161]. O segundo motivo que pode acarretar a interrupção do sonho encontra-se, com frequência, no próprio sonho: pode ser que, de fato, a história sonhada chegue a um acontecimento que, por si mesmo, se dê como um termo, ou seja, como algo cuja continuação é inconcebível. Por exemplo, sonho com frequência que vou ser guilhotinado e o sonho para justo no momento em que estou com o pescoço na luneta. Não é esse medo que motiva o despertar – pois, por mais paradoxal que possa parecer, esse sonho nem sempre se apresenta sob forma de pesadelo –, mas a impossibilidade de imaginar um *depois*. A consciência hesita, essa hesitação motiva uma reflexão, e é o despertar.

Podemos concluir: o sonho – ao contrário do que pensa Descartes – não se dá como a apreensão da realidade. Ao contrário, ele perderia todo o sentido, toda a natureza própria se pudesse, por um instante, colocar-se como real. É antes de

---

161. A persistência dessas menções poderia, por si só, constituir objeto de um longo estudo, mas não podemos abordá-lo nesta obra.

Quarta parte – A vida imaginária

tudo uma *história*, e temos por ele o tipo de interesse apaixonado que o leitor ingênuo tem pela leitura de um romance. Ele é vivido como ficção e é somente considerando-o como ficção que se dá como tal que podemos compreender o tipo de reações que ele provoca na pessoa que dorme. Só que é uma ficção "fascinante": a consciência – conforme mostramos em nosso capítulo sobre a imagem hipnagógica – se amarrou. E o que ela vive, ao mesmo tempo em que a ficção apreendida como ficção, é a impossibilidade de sair da ficção. Assim como o Rei Midas transformava em ouro tudo o que tocava, a consciência determinou-se a transformar em imaginário tudo o que ela apreende: daí o caráter fatal do sonho. É a apreensão dessa fatalidade como tal que foi frequentemente confundida com uma apreensão do mundo sonhado como realidade. De fato, o que constitui a natureza do sonho é que a realidade escapa por todos os lados da consciência que quer recuperá-la; todos os esforços da consciência redundam, a despeito dela, em produzir imaginário. O sonho não é a ficção tomada por realidade, é a odisseia de uma consciência destinada por ela mesma, e a despeito dela mesma, a constituir apenas um mundo irreal. O sonho é uma experiência privilegiada que pode nos ajudar a conceber o que seria uma consciência que tivesse perdido seu "estar-no-mundo" e que fosse, ao mesmo tempo, privada da categoria do real.

Conclusão

I – Consciência e imaginação

Podemos agora colocar a questão metafísica que foi lentamente desvendada por estes estudos de psicologia fenomenológica. Ela poderia ser formulada assim: Quais são as características que podem ser conferidas à consciência pelo fato de ela ser uma consciência que pode *imaginar*? Essa questão pode ser tomada no sentido de uma análise crítica sob a forma: o que deve ser a consciência em geral se é verdade que uma constituição de imagem deve sempre ser possível. E, sem dúvida, é sob essa forma que nossos espíritos, habituados a colocar as questões filosóficas em perspectivas kantianas, a compreenderão melhor. Mas, na verdade, o sentido mais profundo do problema só pode ser apreendido de um ponto de vista fenomenológico.

Depois da redução fenomenológica, encontramo-nos em presença da consciência transcendental que se revela a nossas descrições reflexivas. Podemos assim fixar por conceitos o resultado de nossa intuição eidética da essência "consciência". Ora, as descrições fenomenológicas podem descobrir, por exemplo, que a própria estrutura da consciência transcendental implica que ela seja constitutiva de *um* mundo. Mas é evidente que tais descrições não nos informarão que a consciência deve ser constitutiva de *um* determinado mundo, ou seja, precisamente aquele em que estamos, com sua terra, seus animais, seus homens e a história de seus homens. Estamos aqui em presença de um fato primeiro e irredutível que se dá como uma especificação contingente e irracional da essência noemática de *mundo*. E muitos fenomenólogos chamarão de "metafísica" a pesquisa que visa desvendar esse existente contingente em seu conjunto. Não é isso exatamente que chamaríamos de metafísica, mas neste caso pouco importa. O que nos ocupará é o seguinte: A função de imaginar é uma especificação contingente e metafísica da essência "consciência" ou, ao contrário, ela deve ser descrita como uma estrutura constitutiva dessa essência? Em outras palavras: É possível conceber uma consciência que não imagine nunca e que esteja inteiramente absorvida em suas intuições do real – nesse caso, a possibilidade de imaginar, que aparece como uma qualidade entre outras de *nossas* consciências, seria um enriquecimento contingente – ou, uma vez que se coloque uma consciência, deve-se colocá-la como sempre podendo imaginar? Deveria ser possível solucionar essa questão pela simples inspeção reflexiva da essência "consciência", e é assim que tentaríamos solucioná-la se não nos dirigíssemos a um público ainda pouco acostumado aos métodos fenomenológicos. Mas, como a ideia de intuição eidética ainda desagrada a muitos leitores franceses, utilizaremos um viés, ou seja, um método um pouco mais complexo. Partiremos da questão: O que deve ser uma consciência para poder imaginar? Tentaremos desenvolvê-la pelos procedimentos comuns da análise crítica, ou seja, por um método regressivo. Em seguida, compararemos os resultados obtidos com os que nos são dados pela intuição cartesiana da consciência realizada pelo *cogito* e veremos se as condições necessárias para realizar uma consciência imaginante são *as mesmas* que as condições de possibilidade de uma consciência em geral ou se são outras.

Na verdade, o problema assim colocado pode parecer inteiramente novo e mesmo ocioso aos psicólogos franceses. E, de fato, na medida em que somos vítimas da ilusão de imanência, não há problema geral da imaginação. Nessas teorias, as imagens são, de fato, providas de um tipo de existência rigorosamente idêntica ao das coisas. São sensações renascentes que podem diferir em grau, em coesão, em significação das sensações primitivas, mas que, como elas, pertencem à existência *intramundana*. A imagem é tão real

Conclusão

quanto qualquer outra que existe. O único problema que se coloca a seu respeito é o de sua relação com outros existentes, mas qualquer que seja essa relação, ela deixa intacta a própria existência da imagem. Do mesmo modo, seja o retrato do Rei Carlos VIII inexato ou parecido, esteja o rei morto ou vivo ou mesmo não tenha ele nunca existido, o retrato continua sendo uma coisa existente no mundo. Portanto, não há problema existencial da imagem.

Mas se, ao contrário, encaramos a imagem como tentamos fazer nesta obra, o problema existencial da imagem já não pode ser descartado. De fato, à existência de um objeto para a consciência corresponde noeticamente uma *tese* ou posição de existência. Ora, a tese da consciência imaginante é radicalmente diferente da tese de uma consciência realizante. Significa que o tipo de existência do objeto imaginado *enquanto imaginado* difere em natureza do tipo de existência do objeto apreendido como real. E, certamente, se formo presentemente a imagem de Pierre, minha consciência imaginante encerra uma certa posição de existência de Pierre enquanto ele está, neste momento, em Berlim ou em Londres. Mas, enquanto *me aparece em imagem*, esse Pierre, que agora está em Londres, *me aparece ausente*. Essa ausência de princípio, esse nada essencial do objeto imaginado, é suficiente para diferenciá-lo dos objetos da percepção. Portanto, o que deve ser uma consciência para que ela possa sucessivamente colocar objetos *reais* e objetos *imaginados*?

É necessário fazermos imediatamente uma observação essencial, que aliás o próprio leitor poderá ter feito se tiver estudado conosco o problema das relações da percepção e da imagem[162]. Para um objeto ou um elemento qualquer de um objeto há muita diferença entre *ser visado no vazio* e *ser dado-ausente*. Por ocasião de uma percepção qualquer, muitas intenções vazias se dirigem, a partir dos elementos do objeto dados no presente, para outras faces e outros elementos do objeto que ainda não se descobrem ou que já não se

---

162. Neste livro, segunda parte.

descobrem para nossa intuição. Por exemplo, os arabescos do tapete que estou considerando são dados à minha intuição apenas em parte. Os pés da poltrona colocada diante da janela dissimulam algumas curvas, alguns desenhos. No entanto, apreendo os arabescos escondidos como "existindo no presente, ainda que ocultos, e não como ausentes. E apreendo-os não por si mesmos, tentando presentificá-los por meio de um *analogon*, mas pela própria maneira como apreendo o que me é dado de sua continuação. *Percebo* o início e o fim dos arabescos escondidos (que me aparecem na frente e atrás dos pés da poltrona) como *continuando* sob os pés da poltrona. Portanto, é *na maneira pela qual apreendo o dado* que coloco como real o que não é dado. Real a mesmo título que o dado, como o que lhe confere sua significação e sua própria natureza. Igualmente, as notas que fluem de uma melodia são apreendidas por retenções apropriadas como o que faz da nota ouvida no presente exatamente o que ela é. Nesse sentido, perceber este ou aquele real dado é percebê-lo sobre o fundo da realidade total *como conjunto*. Essa realidade não constitui objeto de nenhum ato especial de minha atenção, mas está copresente como condição essencial de existência da realidade atualmente percebida. Vemos que o ato imaginante é o inverso do ato realizante. Se quero imaginar os arabescos escondidos, dirijo minha atenção para eles e os isolo, exatamente como isolo sobre um fundo de universo indiferenciado determinada coisa que percebo presentemente. Deixo de apreendê-los no vazio como constituindo o sentido da realidade percebida, *dou-os a mim*, em si mesmos. Mas como, justamente, deixo de visá-los a partir de um presente para apreendê-los em si mesmos, apreendo-os como *ausentes*, eles me aparecem como dados no vazio. Certamente eles existem realmente ali, embaixo da poltrona, e é ali que os viso, mas, como justamente os viso onde não me são dados, apreendo-os como um nada para mim. Assim, o ato imaginativo é ao mesmo tempo *constituinte, isolante* e *anulador*.

É isso que torna o problema da memória e o da antecipação dos problemas radicalmente diferentes do problema da

Conclusão 279

imaginação. Certamente a lembrança, em vários aspectos, parece muito próxima da imagem, e algumas vezes pudemos extrair nossos exemplos da memória para compreendermos melhor a natureza da imagem. No entanto, há uma diferença essencial entre a tese da lembrança e a da imagem. Se me lembro de um acontecimento de minha vida passada, não o imagino, *lembro-me* dele. Ou seja, não o coloco como *dado-ausente*, mas como *dado-presente* no *passado*. O aperto de mão que Pierre me deu ontem à noite ao se despedir não sofreu, ao se escoar para o passado, mudança de irrealidade: simplesmente sofreu uma *passagem para trás*; continua sendo real, mas *passado*. Ele existe *passado*, o que é um modo de existência real entre outros. E quando quero apreendê-lo de novo viso-o *onde ele está*, dirijo minha consciência para aquele objeto passado que é *ontem* e, no seio desse objeto, encontro o acontecimento que procuro, o aperto de mão de Pierre. Em suma, assim como se eu quiser *ver* realmente os arabescos escondidos debaixo da poltrona deverei procurá-los onde estão, ou seja, deslocar a poltrona, do mesmo modo, se eu lembrar *esta ou aquela lembrança*, não a evocarei, mas irei aonde ela está, dirigirei minha consciência para o passado onde ela me espera como acontecimento real que ficou para trás. Ao contrário, se represento Pierre tal como ele pode estar neste momento em Berlim – ou simplesmente Pierre tal como ele existe neste momento (e não como era ontem ao me deixar) –, apreendo um objeto que não me é dado de modo algum ou que me é dado justamente como estando fora de alcance. Também neste caso apreendo *nada*, ou seja, coloco o *nada*. Nesse sentido, como vemos, a consciência imaginante de Pierre em Berlim (o que ele está fazendo neste momento? Imagino que está passeando no *Kurfürstendamm* etc.) está muito mais próxima da consciência de centauro (do qual afirmo a total inexistência) do que da lembrança de Pierre como ele era no dia de sua partida. O que há de comum entre Pierre em imagem e o centauro em imagem é que eles são dois aspectos do Nada. E é também o que distingue o futuro vivido do futuro imaginado. De fato, há duas espécies de futuros: um é apenas o fundo temporal sobre o qual se desenvolve minha percepção presente, o outro é colocado por si, mas como o *que ainda não é*. Quando jogo tênis, vejo meu adversário bater na bola com a raquete e salto para a rede. Aqui, portanto, há participação, pois prevejo a trajetória da bola. Mas essa antecipação não coloca por si mesma a passagem da bola por este ou aquele ponto. Na realidade, neste caso o futuro não é mais que o desenvolvimento *real* de uma forma iniciada pelo gesto de meu adversário, e o gesto real desse adversário comunica sua realidade a toda a forma. Se preferirmos, a forma real com suas zonas de real-passado e de real-futuro realiza-se inteiramente através de seu gesto. *Quanto à minha previsão, ela ainda é realidade*, continuo a realizar a forma ao prevê-la, pois minha previsão é um gesto real no interior da forma. Assim, aos poucos, há todo um futuro real que se dá para o sentido de uma forma atual em desenvolvimento ou, se preferirmos, como a significação do universo. E, nesse sentido, é equivalente a apresentar os aspectos reais não percebidos dos objetos como um presente real e visado no vazio ou como um futuro real. Os arabescos escondidos pela poltrona são tanto o complemento real do gesto pelo qual desloco a poltrona como a existência presente e latente dissimulada pela poltrona. Toda existência real se dá com as estruturas presentes, passadas e futuras; portanto, o passado e o futuro enquanto estruturas essenciais do real são igualmente reais, ou seja, correlatos de uma tese realizante. Mas se, ao contrário, deitado em minha cama, deixo-me levar a prever o que poderá acontecer quando do meu amigo Pierre voltar de Berlim, desligo o futuro do presente cujo sentido ele constituía. Coloco-o por ele mesmo e dou-o para mim. Mas justamente dou-o a mim enquanto ele ainda não é, ou seja, como ausente ou, se preferirmos, como um nada. Assim, o mesmo futuro, posso vivê-lo real como fundo do presente (quando, p. ex., vou buscar Pierre na estação e todos os meus atos supõem como seu sentido real a chegada de Pierre às 19h35) ou, pelo contrário, isolá-lo e colocá-lo por si mesmo, mas cortando-o de toda realidade e anulando-o, *presentificando-o como nada*.

Conclusão

Compreendemos agora a condição para que uma consciência possa *imaginar*: é preciso que ela tenha a possibilidade de colocar uma tese de irrealidade. No entanto, é preciso esclarecer essa condição. Não se trata, para a consciência, de deixar de ser consciência *de* alguma coisa. Entra na própria natureza da consciência ser intencional, e uma consciência que deixasse de ser consciência de alguma coisa deixaria, por isso mesmo, de existir. Mas a consciência deve poder formar e colocar objetos afetados por um certo caráter de nada em relação à totalidade do real. Lembramos, de fato, que o objeto imaginário pode ser colocado como inexistente, ou como ausente, ou como ausente em outro lugar, ou não ser colocado como existente. Constatamos que o caráter comum a essas quatro teses é que todas envolvem a categoria de negação, embora em graus diferentes. Assim, o ato negativo é constitutivo da imagem. Já observamos, de fato, que a tese não se sobrepõe à imagem, mas é sua estrutura mais íntima. Porém, a negação se efetua em relação a quê? Para sabê-lo, basta considerar por um momento o que se produz quando apreendo o retrato de Carlos VIII *como* imagem de Carlos VIII. De repente, deixo de considerar o quadro como parte de um mundo real. Já não é possível que o objeto percebido *no* quadro seja suscetível de ser alterado pelas mudanças do meio que o cerca. Esse próprio quadro, como *coisa real*, pode ser mais iluminado ou menos iluminado, suas tintas podem se lascar, ele pode se queimar. É que ele possui – em falta de um "estar-no-mundo" que é reservado à consciência – um "estar-no-meio-do-mundo". Sua natureza objetiva depende da realidade apreendida como um conjunto espaço-temporal. Mas se, ao contrário, apreendo Carlos VIII em imagem no quadro, o objeto apreendido já não pode ser submetido, por exemplo, a mudanças de iluminação. Não é verdade que posso, por exemplo, iluminar menos ou mais a *bochecha* de Carlos VIII.

A iluminação dessa bochecha, de fato, foi resolvida de uma vez por todas no irreal, pelo pintor. É o sol irreal – ou a vela irreal que foi colocada pelo pintor a esta ou aquela distância do rosto pintado – que determina o grau de iluminação da bochecha. Tudo o que um projetor real pode fazer é iluminar a parte do quadro real que corresponde à bochecha de Carlos VIII. Igualmente, se o quadro queimar, não é Carlos VIII em imagem que vai queimar, mas simplesmente o objeto material que serve de *analogon* para a manifestação do objeto imaginado. Assim, o objeto irreal aparece como fora de alcance em relação à realidade. Vemos portanto que a consciência, para produzir o objeto em imagem "Carlos VIII", deve poder negar a realidade do quadro e ela só poderá negar essa realidade tomando distância em relação à realidade apreendida em sua totalidade. Colocar uma imagem é constituir um objeto à margem da totalidade do real; é, portanto, manter o real à distância, libertar-se dele, em suma, negá-lo. Ou, se preferirmos, negar que um objeto pertença ao real é negar o real enquanto se coloca o objeto; as duas negações são complementares e esta é condição daquela. Sabemos, além do mais, que a totalidade do real, enquanto apreendida pela consciência como uma *situação* sintética para essa consciência, é o mundo. A condição para que uma consciência possa imaginar, portanto, é dupla: é preciso que ela possa colocar o mundo em sua totalidade sintética e, ao mesmo tempo, que possa colocar o objeto imaginado como fora do alcance em relação a esse conjunto sintético, ou seja, colocar o mundo como um nada em relação à imagem. Segue-se daí, claramente, que toda criação de imaginário seria totalmente impossível para uma consciência cuja natureza fosse justamente "estar-no-meio-do-mundo". Se supomos, de fato, uma consciência colocada no seio do mundo como um existente entre outros, devemos concebê-la, por hipótese, como irremediavelmente submetida à ação de diversas realidades, sem que ela possa, por outro lado, ultrapassar os detalhes dessa realidade por uma intuição que abranja sua totalidade. Essa consciência, portanto, só poderia conter mudanças reais provocadas por ações reais e toda imaginação lhe seria proibida, justamente porque ela estaria atolada no real. Essa concepção de uma consciência atolada no mundo não nos é desconhecida, pois é justamente a do determinismo psicológico. Podemos afirmar sem temor que, se a consciência é

Conclusão

uma sucessão de fatos psíquicos determinados, é totalmente impossível que ela produza algo que não real. Para que uma consciência possa imaginar, é preciso que ela escape do mundo por sua própria natureza, é preciso que possa conseguir por si mesma uma posição de distância em relação ao mundo. Em suma, é preciso que ela seja livre. Assim, a tese de irrealidade nos revelou a possibilidade de negação como condição sua; ora, esta só é possível pela "nadificação" do mundo como totalidade, e essa nadificação revelou-se a nós como sendo o inverso da própria liberdade da consciência. Neste ponto, porém, impõem-se várias observações: em primeiro lugar, é preciso considerar que o ato de colocar o mundo como totalidade sintética e o ato de "tomar distância" em relação ao mundo são um só e mesmo ato. Se podemos usar uma comparação, é justamente tomando uma distância conveniente em relação a seu quadro que o pintor impressionista depreenderá o conjunto "floresta" ou "ninfeias" da infinidade de pequenas pinceladas que pôs na tela. Mas, reciprocamente, a possibilidade de constituir um conjunto é dada como a estrutura primeira do ato de distanciamento. Assim, basta poder colocar a realidade como um conjunto sintético para se colocar como livre em relação a ela, e essa ultrapassagem é a própria liberdade, pois não poderia se efetuar se a consciência não fosse livre. Assim, colocar o mundo como mundo ou o "nadificar" é uma só e mesma coisa. Nesse sentido, Heidegger pôde dizer que o nada é estrutura constitutiva do existente. Para poder imaginar, basta que a consciência possa ultrapassar o real constituindo-o como mundo, uma vez que a nadificação do real é sempre implicada por sua constituição como mundo. Mas essa ultrapassagem não pode ser operada de uma maneira qualquer e a liberdade da consciência não deve ser confundida com o arbitrário. Pois uma imagem não é pura e simplesmente *o mundo negado*, ela é sempre *o mundo negado de um certo ponto de vista*, justamente aquele que permite colocar a ausência ou a inexistência de determinado objeto que presentificaremos "em imagem". A posição arbitrária do real como mundo não faria aparecer ao mesmo tempo o centauro como objeto irreal. Para que o centauro surja como irreal é preciso justamente que o mundo seja apreendido como mundo-em-que-o-centauro-não-está, e isso só pode acontecer desde que diferentes motivações levem a consciência a apreender o mundo como sendo justamente tal que o centauro não tenha lugar nele. Do mesmo modo, para que meu amigo Pierre me seja dado como ausente, é preciso que eu tenha sido levado a apreender o mundo como um conjunto tal que Pierre não possa estar presente nele *atualmente e para mim*. (Ele pode estar atualmente presente para outras pessoas – em Berlim, p. ex.) O que motivará a aparição do irreal não será forçosamente, nem com maior frequência, a intuição *representativa* do mundo deste ou daquele ponto de vista. Há de fato, para a consciência, muitas outras maneiras de *ultrapassar o real para fazer dele um mundo*: a ultrapassagem pode se fazer e deve se fazer primeiro pela afetividade ou pela ação. Por exemplo, o aparecimento de um amigo morto como irreal se faz sobre o fundo de apreensão afetiva do real como *mundo vazio* desse ponto de vista.

Chamaremos de "situações" os diferentes modos imediatos de apreensão do real como mundo. Poderemos dizer então que a condição essencial para que uma consciência imagine é que ela esteja "em situação no mundo", ou, mais brevemente, que ela "esteja-no-mundo". É a situação-no-mundo, entendida como realidade concreta e individual da consciência, que é motivação para a constituição de um objeto irreal qualquer e a natureza desse objeto irreal é circunscrita por essa motivação. Assim, a *situação* da consciência não deve aparecer como pura e abstrata condição de possibilidade para todo imaginário mas como motivação concreta e precisa da aparição de determinado imaginário particular.

Desse ponto de vista, entendemos finalmente a ligação do irreal com o real. Em primeiro lugar, mesmo que nenhuma imagem seja produzida nesse instante, toda apreensão do real como mundo tende por si mesma a se completar pela produção de objetos irreais, uma vez que ela é sempre, num certo sentido, nadificação livre do mundo, e isso sempre *de um ponto de vista particular*. Assim, se a consciência é livre, o correlato noemático de sua liberdade deve ser o *mundo* que traz em si a possibilidade de negação, a cada instante e de cada ponto de vista, por uma imagem, ainda que cada imagem deva ser em seguida constituída por uma intenção particular da consciência. Mas, reciprocamente, sendo uma imagem a negação do mundo de um ponto de vista particular, ela nunca pode aparecer a não ser *sobre um fundo de mundo* e em ligação com o fundo. Naturalmente o aparecimento da imagem exige que as percepções particulares se diluam no conjunto sincrético *mundo* e que esse conjunto recue. Mas é justamente o recuo do conjunto que o constitui como fundo, o fundo sobre o qual a forma irreal deve se destacar. Assim, embora pela produção de irreal a consciência possa parecer momentaneamente liberada de seu "estar-no-mundo", é esse "estar-no-mundo", ao contrário, que é a condição necessária da imaginação.

Assim, a análise crítica das condições de possibilidade de toda imaginação nos levou às seguintes descobertas: para imaginar, a consciência deve estar livre em relação a toda realidade particular, e essa liberdade deve poder se definir por um "estar-no-mundo" que é ao mesmo tempo constituição e nadificação do mundo; a situação concreta da consciência no mundo deve, a cada instante, servir de motivação singular à constituição de irreal. Assim, o irreal – que é sempre duplo nada: nada de si mesmo em relação ao mundo, nada do mundo em relação a ele – deve sempre ser constituído sobre o fundo do mundo que ele nega, estando claro, por outro lado, que o mundo não se entrega apenas a uma intuição representativa e que esse fundo sintético requer apenas ser vivido como situação. Se essas são as condições para que a imaginação seja possível, corresponderão elas a uma especificação, a um enriquecimento contingente da essência "consciência", ou serão elas simplesmente a própria essência dessa consciência considerada de um ponto de vista particular? Parece que a resposta está na pergunta. Essa consciência livre, de fato, cuja natureza é ser consciência *de* alguma coisa, mas que, por isso mesmo, se constitui diante do real e que o ultrapassa a cada instante porque ela só pode ser "estando-no-mundo", ou seja, vivendo sua relação com o real como *situação*, o que é ela, de fato, senão simplesmente a consciência tal como se revela a si mesma no *cogito*?

Não é a dúvida a própria condição do *cogito*, ou seja, ao mesmo tempo a constituição do real como mundo e sua nadificação desse mesmo ponto de vista, e a compreensão reflexiva da dúvida como dúvida não coincide com a intuição apodítica da liberdade?

Portanto, nos é permitido concluir: a imaginação não é um poder empírico e superposto da consciência, é a consciência inteira uma vez que realiza sua liberdade; toda situação concreta e real da consciência no mundo é cheia de imaginário na medida em que se apresenta sempre como uma ultrapassagem do real. Disso não se segue que toda percepção de real deva inverter-se em imaginário, mas, como a consciência está sempre "em situação" porque é sempre livre, para ela há sempre e a cada instante uma possibilidade concreta de produzir irreal. São as diferentes motivações que decidem a cada momento se a consciência será apenas realizante ou se vai imaginar. O irreal é produzido fora do mundo por uma consciência que *permanece no mundo* e o homem imagina porque é transcendentalmente livre. Mas, por sua vez, a imaginação transformada em função psicológica e empírica é a condição necessária da liberdade do homem empírico no meio do mundo. Pois, se a função nadificadora própria da consciência – que Heidegger chama ultrapassagem – é o que possibilita o ato de imaginação, seria preciso acrescentar reciprocamente que essa função só pode se manifestar num ato imaginante. Não pode haver uma intuição do nada, justamente porque o nada é nada e toda consciência – intuitiva ou não – é consciência de alguma coisa. O nada só pode se dar como uma infraestrutura de alguma coisa. A experiência do nada não é uma experiência indireta propriamente dita, é uma experiência que, por princípio, é dada "com" e "em". Neste caso, as análises de Bergson continuam válidas: uma tentativa de conceber diretamente a morte ou o nada de ser está fadada ao fracasso.

Conclusão

O deslizar do mundo para o seio do nada e a emergência da realidade humana nesse mesmo nada só podem se fazer pela posição de *alguma coisa* que é nada em relação ao mundo e em relação à qual o mundo é nada. Definimos assim, evidentemente, a constituição do imaginário. É o aparecimento do imaginário diante da consciência que permite apreender a nadificação do mundo como sua condição essencial e como sua estrutura primeira. Se fosse possível conceber por um instante uma consciência que não imaginasse, seria preciso concebê-la como totalmente colada ao existente e sem possibilidade de captar outra coisa que não o existente. No entanto, justamente é isso que não é nem pode ser: todo existente, assim que se coloca, é ultrapassado por isso mesmo. Mas é preciso ainda que ele seja ultrapassado *em direção a alguma coisa*. O imaginário é em todos os casos o "alguma coisa" concreto em direção ao qual o existente é ultrapassado. Quando o imaginário não é colocado de fato, a ultrapassagem e a nadificação se enredam no existente, a ultrapassagem e a liberdade *estão* ali mas não se descobrem, o homem é esmagado no mundo, trespassado pelo real, ele é o mais próximo da coisa. No entanto, uma vez que apreende de um modo ou de outro (a maioria das vezes sem representação) o conjunto como *situação*, ele o ultrapassa em direção àquilo em relação a que ele é uma *falta, um vazio* etc. Em suma, a própria motivação concreta da consciência imaginante pressupõe a estrutura imaginante da consciência; a consciência realizante envolve sempre uma ultrapassagem em direção a uma consciência imaginante particular, que é como o inverso da situação e é em relação a que a situação se define. Por exemplo, se tenho vontade de ver meu amigo Pierre, que agora não está aqui, a situação se define como um "estar no mundo" tal que Pierre não esteja dado agora e Pierre seja aquilo em relação a que a totalidade do real é ultrapassada para fazer um mundo. Mas não o Pierre real que, ao contrário, se fosse dado como presente ou como visado a partir do real por intenções vazias e presentificantes (p. ex., se o ouço andar atrás da porta), faria parte da situação: esse

Pierre em relação ao qual a situação se define é justamente o Pierre *ausente*.

Assim, o imaginário representa a cada instante o sentido implícito do real. O ato imaginante propriamente dito consiste em colocar o imaginário por si, ou seja, em explicitar esse sentido – como quando Pierre em imagem surge de repente diante de mim –, mas essa posição específica do imaginário será acompanhada por um desmoronamento do mundo que então já não é mais que o fundo nadificado do irreal. E, se a negação é o princípio incondicionado de toda imaginação, reciprocamente ela nunca pode se realizar a não ser em e por um ato de imaginação. É preciso que imaginemos o que negamos. De fato, o que constitui objeto de uma negação não pode ser um *real*, pois então seria afirmar o que negamos, mas também não pode ser um *nada* total, pois justamente negamos *alguma coisa*. Assim, o objeto de uma negação deve ser colocado como imaginário. E isso é verdade tanto para as formas lógicas da negação (a dúvida, a restrição etc.) como para suas formas ativas e afetivas (a defesa, a consciência de impotência, de falta etc.).

Estamos agora em condições de compreender o sentido e o valor do imaginário. Todo imaginário aparece "sobre o fundo do mundo", mas reciprocamente toda apreensão do real como mundo implica uma ultrapassagem oculta em direção ao imaginário. Toda consciência imaginante mantém o mundo como fundo nadificado do imaginário e, reciprocamente, toda consciência do mundo invoca e motiva uma consciência imaginante como apreendida do *sentido* particular da situação. A apreensão do nada não pode se fazer por um desvendamento imediato; ela se realiza na e pela livre-sucessão das consciências, o nada é a matéria da ultrapassagem do mundo em direção ao imaginário. É enquanto tal que ele é *vivido*, sem nunca ser colocado por si. Não pode haver consciência realizante sem consciência imaginante, e reciprocamente. Assim, a imaginação, longe de aparecer como uma característica *de* fato da consciência, revelou-se como uma condição essencial e transcendental da consciência. É tão absurdo

Conclusão

conceber uma consciência que não imagine quanto conceber uma consciência que não possa efetuar o *cogito*.

II – A obra de arte

Não queremos abordar aqui o problema da obra de arte em seu conjunto. Embora ele dependa intimamente da questão do Imaginário, para tratar dele seria preciso escrever uma obra especial. No entanto, parece estar na hora de tirar algumas conclusões dos longos estudos em que tomamos como exemplo uma estátua ou o retrato de Carlos VIII ou um romance. As observações que se seguem dizem respeito essencialmente ao tipo existencial da obra de arte. E podemos desde já formular a primeira: a obra de arte é um irreal.

Isso nos apareceu claramente já quando consideramos, por exemplo, com intenção bem diferente, o retrato de Carlos VIII. Compreendemos primeiro que aquele Carlos VIII era um objeto. Mas não é, claro, o mesmo objeto que o quadro, a tela, as camadas reais de tinta. Enquanto considerarmos a tela e o quadro em si mesmos, o objeto estético "Carlos VIII" não aparecerá. Não é que ele seja escondido pelo quadro, é que ele não se pode dar a uma consciência realizante. Ele aparecerá no momento em que a consciência, operando uma conversão radical que supõe a nadificação do mundo, constituir a si mesma como imaginante. Ocorre aqui como no caso daqueles cubos que podemos ver, à nossa vontade, cinco ou seis. Não conviria dizer que quando vemos cinco *mascaramos para nós* o aspecto do desenho em que apareceriam seis. Mas, antes, não podemos vê-los ao *mesmo tempo* cinco e seis. O ato intencional que os apreende como sendo cinco basta a si mesmo, ele é completo e *excludente* do ato que os apreendia como seis. Assim é também quanto à apreensão do Carlos VIII em imagem figurado no quadro. Esse Carlos VIII figurado é necessariamente correlato do ato intencional de uma consciência imaginante. E, como esse Carlos VIII, que é um *irreal*, enquanto apreendido *na* tela, é justamente o objeto de nossas apreciações estéticas (é dele que diremos que é "emocionante", "pintado com inteligência, com força, com graça" etc.), somos levados a reconhecer que, num quadro, o objeto estético é um *irreal*. Isso é de grande importância se pensarmos na confusão que geralmente se faz entre o real e o imaginário na obra de arte. É frequente, de fato, ouvirmos dizer que o artista tem primeiro uma ideia em imagem que, em seguida, ele *realiza* na tela. O erro, neste caso, está em que o pintor pode, de fato, partir de uma imagem mental que é, como tal, incomunicável e, no final de seu trabalho, ele entrega ao público um objeto que todos podem contemplar. Pensamos, então, que houve passagem do imaginário para o real. Mas não é verdade. O que é real, nunca é demais afirmar, são os resultados das pinceladas, o empastamento da tela, seu grão, o verniz passado sobre as tintas. Mas justamente tudo isso não constitui o objeto de apreciações estéticas. O que é "belo", ao contrário, é um ser que não se pode dar à percepção e que, em sua própria natureza, é isolado do universo. Mostrávamos há pouco, justamente, que não se pode *iluminá-lo*, por exemplo, projetando na tela um pincel luminoso: é a tela que iluminamos e não ele mesmo. De fato, o pintor não *realizou* sua imagem mental: ele simplesmente constituiu um *analogon* material tal que todos possam apreender a imagem se apenas for considerado o *analogon*. Mas a imagem assim provida de um *analogon* exterior continua sendo imagem. Não há realização do imaginário, no máximo poderíamos falar em sua *objetivação*. Cada pincelada não foi dada *por ela mesma* nem para constituir um conjunto *real* coerente (no sentido em que poderíamos dizer que determinada alavanca em uma máquina foi concebida pelo conjunto e não por ela mesma). A pincelada foi dada em ligação com um conjunto sintético irreal e o objetivo do artista era constituir um conjunto de tons *reais* que permitissem ao irreal se manifestar. Assim, o quadro deve ser concebido como uma coisa material *visitada* de tempos em tempos (cada vez que o espectador toma a atitude imaginante) por um irreal que é justamente o *objeto pintado*. O que engana aqui é o prazer real e sensual dado por certas cores reais da tela. Certos

Conclusão

vermelhos de Matisse, por exemplo, provocam um gozo sensual em quem os vê. Mas é preciso que nos entendam: esse gozo sensual, se considerado isoladamente – por exemplo, se é provocado por um vermelho dado de fato na natureza – nada tem de estético. É pura e simplesmente um prazer dos sentidos. Quando, ao contrário, apreendemos o vermelho no quadro, nós o apreendemos a despeito de tudo, como fazendo parte de um conjunto irreal, e é nesse conjunto que ele é belo. Por exemplo, é o vermelho de um tapete perto de uma mesa. Ele nunca é, aliás, cor pura. O artista, mesmo que se preocupe unicamente com as relações sensíveis entre as formas e as cores, escolheu justamente um tapete para multiplicar o valor sensual daquele vermelho: elementos tácteis, por exemplo, devem ser intencionados através desse vermelho, é um vermelho *lanoso*, porque o tapete é de determinada matéria lanosa. Sem esse caráter "lanoso" da cor, alguma coisa se perderia. E certamente o tapete está pintado ali *pelo vermelho* que ele justifica, e não o vermelho pelo tapete. Contudo, se Matisse escolheu justamente um tapete e não uma folha de papel seco e gelado, foi por causa do amálgama voluptuoso constituído pela cor, pela densidade e pelas qualidades tácteis da lã. Consequentemente, só podemos desfrutar verdadeiramente do vermelho entendendo-o como *vermelho de tapete*, portanto, como um irreal. E o que haverá de mais poderoso em seu contraste com o verde da parede estaria perdido se esse verde não fosse justamente rígido e frio, porque é o verde de um papel de parede. Portanto, é no irreal que as relações de cores e de formas adquirem seu verdadeiro sentido. E, mesmo quando os objetos figurados veem seu sentido usual reduzido ao mínimo, como nos quadros cubistas, pelo menos o quadro não é *raso*. As formas que apreendemos, certamente, não são assimiláveis a um tapete, a uma mesa nem a nada do que comumente apreendemos no mundo. No entanto, elas têm uma densidade, uma matéria, uma profundidade, elas mantêm relações de perspectiva umas com as outras. São *coisas*. E, justamente na medida em que são coisas, elas são irreais. A partir do cubismo, costuma-se declarar que o quadro não deve *representar* ou *imitar* o real, mas deve constituir por si mesmo um objeto. Essa doutrina, enquanto programa estético, é perfeitamente defensável e devemos a ela muitas obras-primas. Contudo, é preciso entendê-la bem. Se quisermos dizer que o quadro, por mais que seja desprovido de significação, apresenta-se em si mesmo como *objeto real*, estamos cometendo um erro grave. Decerto ele já não remete à Natureza. O objeto real já não funciona como *analogon* de um buquê de flores ou de uma clareira. Mas, apesar disso, quando o "contemplo" não estou em atitude realizante. Esse quadro ainda funciona como um *analogon*. Simplesmente, o que se manifesta através dele é um conjunto irreal de *coisas novas*, de objetos que nunca vi nem verei, mas que nem por isso deixam de ser objetos que não existem *no quadro* nem em lugar nenhum do mundo, que, no entanto, se manifestam através da tela e se apoderaram dela por uma espécie de posse. E é o conjunto desses objetos irreais que eu qualificaria como *belo*. Quanto ao gozo estético, ele é real mas não é entendido por si mesmo, enquanto produzido por uma cor real: é apenas uma maneira de apreender o objeto irreal e, longe de se dirigir para o quadro real, serve para constituir através da tela real o objeto imaginário. Eis de onde vem o famoso desinteresse da visão estética. Eis por que Kant permitiu-se dizer que é indiferente que o objeto belo, entendido como belo, seja provido ou não de existência; eis por que Schopenhauer permitiu-se falar de uma espécie de suspensão da Vontade de Poder. Isso não provém de alguma misteriosa maneira de apreender o real que às vezes nos seria permitido utilizar. Mas, simplesmente, o objeto estético é constituído e apreendido por uma consciência imaginante que o coloca como irreal.

O que acabamos de mostrar a propósito da pintura seria muito fácil mostrar também a propósito da arte do romance, da poesia e da arte dramática. É óbvio que o romancista, o poeta, o dramaturgo constituem através dos *analoga* verbais um objeto irreal; também é óbvio que o ator que interpreta Hamlet serve-se de si mesmo, de seu corpo inteiro como *analogon* desse personagem imaginário. É até o que

Conclusão

permitiria, enfim, resolver a famosa discussão a respeito do paradoxo do ator. Sabe-se, de fato, que certos autores insistem em que o ator *não crê* em seu personagem. Outros, ao contrário, apoiando-se em muitos depoimentos, mostram-nos o ator tomado pela representação, de certo modo vítima do herói que ele representa. Parece-nos que essas duas teses não são excludentes uma da outra: se entendermos por "crença" tese realizante, é evidente que o ator não coloca que ele *é* Hamlet. Porém, isso não significa que ele não se "mobilize" inteiro para produzi-lo. Utiliza todos os seus sentimentos, todas as suas forças, todos os seus gestos como *analoga* dos sentimentos e dos comportamentos de Hamlet. Mas por isso mesmo ele os irrealiza. *Vive inteiro num mundo irreal.* E pouco importa que ele chore *realmente*, no arrebatamento da interpretação. Essas lágrimas, cuja origem explicamos anteriormente[163], ele apreende, e o público também, como lágrimas de Hamlet, ou seja, como *analoga* de lágrimas irreais. Ocorre aqui uma transformação semelhante à que mencionamos no sonho: o ator é colhido, inteiramente inspirado pelo irreal. Não é o personagem que *se realiza* no ator, é o ator que se *irrealiza* em seu personagem[164].

Mas não há artes cujos objetos parecem escapar, por sua própria natureza, da irrealidade? Uma ária de música, por exemplo, não remete a nada a não ser a si mesma. Uma catedral acaso não é simplesmente aquela massa de pedra *irreal* que domina os telhados dos arredores? Porém, vamos examinar mais de perto. Ouço, por exemplo, uma orquestra sinfônica interpretando a *7ª Sinfonia* de Beethoven. Vamos descartar os casos excepcionais – e aliás à margem da contemplação estética –, em que vou "ouvir Toscanini" em sua maneira de interpretar Beethoven. Via de regra, o que me atrai

---

163. Cf. terceira parte, seção II.

164. É nesse sentido que uma principiante em teatro permite-se dizer que seu nervosismo lhe serviu para representar a timidez de Ofélia. Se lhe serviu, é porque ela a irrealizou subitamente, ou seja, deixou de apreendê-la por si mesma e a apreendeu como *analogon*.

no concerto é o desejo "de ouvir a *7ª Sinfonia*". Certamente me desagradará ouvir uma orquestra de amadores, terei preferências por este ou aquele regente. Mas isso se deve a meu interesse em ouvir a *7ª Sinfonia* "perfeitamente executada", justamente porque me parece que então ela será *perfeitamente ela mesma*. Os erros de uma má orquestra que "toca rápido demais" ou "devagar demais", "fora do andamento" etc., me parecem velar, "trair" a obra que está interpretando. Na melhor das hipóteses, a orquestra se apagará diante da obra que está interpretando e, se tenho razões para confiar nos executantes e em seu maestro, vou me entender como *diante* da *7ª Sinfonia*, *ela própria*, *em pessoa*. Nisso todo mundo vai concordar comigo. Mas, agora, o que é a *7ª Sinfonia* "em pessoa"? É evidentemente uma *coisa*, ou seja, algo que está diante de mim, que resiste, que perdura. Naturalmente já não é preciso provar que essa coisa é um todo sintético, que não existe por notas, mas por grandes conjuntos temáticos. Mas essa "coisa" é real ou irreal? Consideremos primeiro que estou ouvindo a *7ª Sinfonia*. Para mim, essa "*7ª Sinfonia*" não existe no tempo, não a entendo como um acontecimento datado, como uma manifestação artística que se desenrola na sala do Châtelet em 17 de novembro de 1938. Se amanhã, se daqui a oito dias, eu ouvir Furtwaengler dirigir outra orquestra interpretando essa sinfonia, estarei novamente em presença *da mesma sinfonia*. Simplesmente ela será mais bem executada ou menos. Examinemos agora *como* eu ouço essa sinfonia: certas pessoas fecham os olhos. Nesse caso, elas estão desinteressadas no acontecimento *visual* e datado que é a interpretação; abandonam-se apenas aos puros sons. Outras fixam os olhos na orquestra ou nas costas do regente. Mas não veem o que estão olhando. É o que Revault d'Allonnes chama de reflexão com fascinação auxiliar. De fato, a sala, o regente e a própria orquestra desapareceram. Estou então diante da *7ª Sinfonia*, mas sob a condição expressa de não a ouvir *em lugar nenhum*, de parar de pensar que o acontecimento é atual e datado, sob a condição de interpretar a sucessão dos temas como uma sucessão absoluta e não como uma sucessão real que se desenvolvesse, por exemplo, no tempo em que

Conclusão

Pierre, simultaneamente, faz uma visita a este ou aquele de seus amigos. Na medida em que a apreendo, a sinfonia já *não está ali*, entre aquelas paredes, na ponta daqueles arcos. Ela também não "passou", como se eu pensasse: essa é a obra que germinou em tal data no espírito de Beethoven. Está inteiramente fora do real. Tem seu tempo próprio, ou seja, ela tem um tempo interno, que flui da primeira nota do alegro à última nota do final, mas esse tempo não se segue a outro tempo que ele continue e que venha "antes" do ataque do alegro; também não é seguido de um outro tempo que venha "depois" do final. A *7ª Sinfonia* não está de modo algum *no tempo*. Portanto, ela escapa inteiramente do real. Dá-se *em pessoa*, mas como ausente, como estando fora de alcance. Seria impossível, para mim, agir sobre ela, mudar uma nota dela ou desacelerar seu movimento. No entanto, em sua aparição, ela depende do real: se o regente tiver uma síncope, se um início de incêndio se declarar na sala, a orquestra vai parar subitamente de tocar. Não se conclua daí que então entenderemos a *7ª Sinfonia* como interrompida. Não, pensaremos que *a execução* da sinfonia sofreu uma interrupção. Não está claro que a execução da *7ª Sinfonia* é seu *analogon*? Esta só pode se manifestar por *analoga* que são datados e que se desenrolam no nosso tempo. Mas para apreender *nesses analoga* é preciso operar a redução imaginante, ou seja, apreender justamente os sons reais como *analoga*. Ela se dá, portanto, como um perpétuo em outro lugar, uma perpétua ausência. Não se deve achar (como Spandrell em *Contraponto*, de Huxley, como tantos platônicos) que ela existe num outro mundo, num céu inteligível. Ela não está simplesmente – como as essências, por exemplo – fora do tempo e do espaço: está fora do *real*, fora da existência. Não a ouço realmente, ouço-a no imaginário. Isso explica a dificuldade considerável que sempre temos para passar do "mundo" do teatro ou da música ao de nossas preocupações cotidianas. Na verdade, não há passagem de um mundo para outro; há passagem da atitude imaginante para a atitude realizante. A contemplação estética é um sonho provocado e a passagem para o real é um autêntico despertar. Fala-se com frequência na "decepção" que acompanha a volta à realidade.

Mas isso não explicaria que esse mal-estar exista, por exemplo, depois da audição de uma peça realista e cruel; nesse caso, de fato, a realidade deveria ser apreendida como tranquilizadora. Na verdade, esse mal-estar é simplesmente o da pessoa que está dormindo e acorda: uma consciência fascinada, bloqueada no imaginário, é subitamente libertada pela interrupção brusca da peça, da sinfonia, e de repente retoma contato com a existência. Não é preciso mais para provocar a repulsa nauseante que caracteriza a consciência realizante.

Dessas observações já se pode concluir que o real nunca é belo. A beleza é um valor que só se pode aplicar ao imaginário e que comporta a nadificação do mundo em sua estrutura essencial. Por isso é estupidez confundir moral e estética. Os valores do Bem supõem o estar-no-mundo, visam os comportamentos no real e estão submetidos em primeiro lugar ao absurdo essencial da existência. Dizer que "tomamos" diante da vida uma atitude estética é confundir constantemente o real e o imaginário. Acontece, contudo, de tomarmos a atitude de contemplação estética diante de acontecimentos ou de objetos reais. Nesse caso, cada um pode constatar em si uma espécie de distanciamento em relação ao objeto contemplado que desliza para o nada. É que, a partir desse momento, ele já não é *percebido*; funciona como *analogon* de si mesmo, ou seja, uma imagem irreal do que ele é manifesta-se para nós através de sua presença atual. Essa imagem pode ser pura e simplesmente o "próprio" objeto neutralizado, nadificado, como quando contemplo uma mulher bonita ou a morte numa tourada; pode ser também a aparição imperfeita e embaralhada do *que ele poderia ser* através do que ele é, como quando o pintor apreende a harmonia de duas cores mais violentas, mais vivas, *através* das manchas reais que encontra numa parede. Ao mesmo tempo o objeto, dando-se como *atrás* de si mesmo, torna-se *intocável*, está fora do nosso alcance; daí uma espécie de desinteresse doloroso em relação a ele. É nesse sentido que podemos dizer: a extrema beleza de uma mulher mata o desejo que temos dela. De fato, não podemos ao mesmo tempo nos colocar no plano estético em que aparece esse "ela mesma" irreal que admiramos e

Conclusão

no plano realizante da posse física. Para desejá-la será preciso esquecer que ela é bonita, pois o desejo é um mergulho no âmago da existência no que ela tem de mais contingente e de mais absurdo. A contemplação estética dos objetos *reais* tem a mesma estrutura que a paramnésia, na qual o objeto real funciona como *analogon* dele mesmo no passado. Mas em um dos casos há nadificação e, no outro, passadificação. A paramnésia difere da atitude estética como a memória difere da imaginação.

Índice dos nomes citados

Abramowski, E. 60, 149

Alain 74, 76, 87, 146s., 153, 258

Baillarger, J.-G. 82

Baudelaire, C. 108, 161, 165, 174

Beauvoir, S. 10

Beethoven, L. 293, 295

Bergson, H. 11, 15, 29, 57, 105-107, 109, 147, 286

Berkeley, G. 40s., 202

Binet, A. 15, 110s., 114, 159, 172s., 179

Bismarck, O. (príncipe de) 177

Boret, A. 231

Brentano, F. 117

Broca, P. 26

Brunschvicg, L. 182

Bühler, K. 26, 102, 105, 113

Burloud, A. 40, 104s., 138

Charcot, J.-M. 15

Chevalier, M. 47, 54, 56-60, 93

Claparède, E. 241, 266

Clérambault, G. 243

Condillac 10

Conrad, J. 76

Cuvillier 9, 11

Dauber 148

Delacroix, H. 111

Delage, Y. 77

Descartes, R. 9, 12s., 23, 65, 167, 237, 249-251, 272

Dumas, G. 10, 48, 117, 214, 234

Durer, A. 46, 53, 90

Dwelshauvers, G. 95, 116s., 125, 127, 129, 131

Fichte, J.-G. 175

Flach, A. 26, 108, 132, 158-160, 162s., 165s., 168, 171-175, 183, 186, 188

Flournoy, T. 174

Franconnay 54, 56, 58s., 93

Freud, S. 15s., 108, 262

Furtwaengler, W. 294

Galton, F. 181

Gellé 78

Gide, A. 184

Goethe, J.-W. 183, 210

Goncourt 73

Gorphe, F. 149

Guillaume, P. 125

Halbwachs, M. 262

Hals, F. 64

Heidegger, M. 17, 213, 283, 286

Hesnard, A. 122

Hume, D. 10, 14, 25, 40, 48

Husserl, E. 12-14, 53, 60, 103, 117, 127, 191s., 233

Huxley, A. 295

Huysmans, J.-K. 108, 161

Jaensch, E.R. 32

James, W. 50, 54, 117s., 139

Janet, P. 16, 117, 198, 234s., 238, 240s., 256

Jouve, P.-J. 231

Kant, E. 113, 212, 292

Koffka, K. 191

Köhler, W. 62, 71, 191

Ladd, G.-T. 77

Lagache, D. 17, 234s., 237s., 244

La Rochefoucauld, F. 119

Lawrence, D.H. 120

Lebrun, A. 103

Leroy, B. 72-75, 77-80, 82, 85, 88, 108, 151, 256, 258

Índice dos nomes citados

Lewin, K. 269

Lhermitte, J. 77, 80s.

Matisse, H. 291

Messer, A. 40, 102, 104, 110, 163, 171

Meyerson, I. 48, 139

Michelangelo 175-177

Mourgue, R. 139

Moutier, F. 26, 153

Müller-Lyer (ilusão de) 66

Nahlowski 117

Pascal, B. 118

Philippe, J. 236

Piéron, H. 125, 214, 216

Platão 295

Proust, M. 118, 228, 256

Revault d'Allonnes, G. 294

Reverchon-Jouve, B. 231

Ribot, T. 117, 122

Ricoeur, P. 13

Robin, G. 231

Scheler, M. 117

Schopenhauer, A. 182, 292

Schraub 95

Schwiete 104

Séglas, J. 243

Silberer, H. 172

Sócrates 178

Spaier, A. 26, 109, 117, 200

Spinoza, B. 36, 254

Stendhal 124

Stuart Mill 10

Taine, H. 10, 142, 144, 232

Titchener, E.B. 23, 95

Toscanini, A. 293

Van Bogaert, L. 81

Wallon, H. 117

Watt, H.J. 40

Wertheimer, M. 62, 191

Wilde, O. 108, 161

Wolff, C. (barão de) 198

Zola, E. 115

Coleção Textos Filosóficos

- *O ser e o nada*
  Jean-Paul Sartre
- *Sobre a potencialidade da alma*
  Santo Agostinho
- *No fundo das aparências*
  Michel Maffesoli
- *Elogio da razão sensível*
  Michel Maffesoli
- *Entre nós – Ensaios sobre a alteridade*
  Emmanuel Lévinas
- *O ente e a essência*
  Santo Tomás de Aquino
- *Immanuel Kant – Textos seletos*
  Immanuel Kant
- *Seis estudos sobre "Ser e tempo"*
  Ernildo Stein
- *Humanismo do outro homem*
  Emmanuel Lévinas
- *Que é isto – A filosofia? – Identidade e diferença*
  Martin Heidegger
- *A essência do cristianismo*
  Ludwig Feuerbach
- *Ensaios de Francis Bacon*
  Francis Bacon
- *Metafísica de Aristóteles θ1-3*
  Martin Heidegger
- *Oposicionalidade*
  Günter Figal
- *Assim falava Zaratustra*
  Friedrich Nietzsche
- *Hermenêutica em retrospectiva – Vol. I*
  Hans-Georg Gadamer
- *Hermenêutica em retrospectiva – Vol. II*
  Hans-Georg Gadamer
- *Hermenêutica em retrospectiva – Vol. IV*
  Hans-Georg Gadamer
- *Hermenêutica em retrospectiva – Vol. V*
  Hans-Georg Gadamer
- *Aurora*
  Friedrich Nietzsche
- *Migalhas filosóficas ou um bocadinho de filosofia de João Clímacus*
  Søren Aabye Kierkegaard
- *Sobre a reprodução*
  Louis Althusser
- *De Deus que vem à ideia*
  Emmanuel Lévinas
- *Discurso sobre o método*
  René Descartes
- *Estudos de moral moderna*
  Karl-Otto Apel
- *Hermenêutica e ideologias*
  Paul Ricoeur
- *Outramente*
  Paul Ricoeur
- *Marcas do caminho*
  Martin Heidegger
- *Lições sobre ética*
  Ernst Tugendhat
- *Além do bem e do mal*
  Friedrich Nietzsche

- *Hermenêutica em retrospectiva – Volume único*
  Hans-Georg Gadamer
- *Na escola da fenomenologia*
  Paul Ricoeur
- *Preleções sobre a essência da religião*
  Ludwig Feuerbach
- *História da filosofia de Tomás de Aquino a Kant*
  Martin Heidegger
- *A genealogia da moral*
  Friedrich Nietzsche
- *Meditação*
  Martin Heidegger
- *O existencialismo é um humanismo*
  Jean-Paul Sartre
- *Matéria, espírito e criação*
  Hans Jonas
- *Vontade de potência*
  Friedrich Nietzsche
- *Escritos políticos de Santo Tomás de Aquino*
  Santo Tomás de Aquino
- *Interpretações fenomenológicas sobre Aristóteles*
  Martin Heidegger
- *Hegel – Husserl – Heidegger*
  Hans-Georg Gadamer
- *Os problemas fundamentais da fenomenologia*
  Martin Heidegger
- *Ontologia (Hermenêutica da faticidade)*
  Martin Heidegger
- *A transcendência do ego*
  Jean-Paul Sartre
- *Sobre a vida feliz*
  Santo Agostinho
- *Contra os acadêmicos*
  Santo Agostinho
- *Crepúsculo dos ídolos ou Como se filosofa com o martelo*
  Friedrich Nietzsche
- *Nietzsche – Seminários de 1937 e 1944*
  Martin Heidegger
- *A essência da filosofia*
  Wilhelm Dilthey
- *Que é a literatura?*
  Jean-Paul Sartre
- *Sobre a essência da linguagem*
  Martin Heidegger
- *Adeus à verdade*
  Gianni Vattimo
- *O sujeito e a máscara – Nietzsche e o problema da libertação*
  Gianni Vattimo
- *Da realidade – finalidades da filosofia*
  Gianni Vattimo
- *O imaginário – psicologia fenomenológica da imaginação*
  Jean-Paul Sartre
- *A ideia da fenomenologia – cinco lições*
  Edmund Husserl
- *O Anticristo – maldição ao cristianismo*
  Friedrich Nietzsche

CULTURAL
Administração
Antropologia
Biografias
Comunicação
Dinâmicas e Jogos
Ecologia e Meio Ambiente
Educação e Pedagogia
Filosofia
História
Letras e Literatura
Obras de referência
Política
Psicologia
Saúde e Nutrição
Serviço Social e Trabalho
Sociologia

CATEQUÉTICO PASTORAL
Catequese
Geral
Crisma
Primeira Eucaristia

Pastoral
Geral
Sacramental
Familiar
Social
Ensino Religioso Escolar

TEOLÓGICO ESPIRITUAL
Biografias
Devocionários
Espiritualidade e Mística
Espiritualidade Mariana
Franciscanismo
Autoconhecimento
Liturgia
Obras de referência
Sagrada Escritura e Livros Apócrifos

Teologia
Bíblica
Histórica
Prática
Sistemática

REVISTAS
Concilium
Estudos Bíblicos
Grande Sinal
REB (Revista Eclesiástica Brasileira)

VOZES NOBILIS
Uma linha editorial especial, com importantes autores, alto valor agregado e qualidade superior.

PRODUTOS SAZONAIS
Folhinha do Sagrado Coração de Jesus
Calendário de mesa do Sagrado Coração de Jesus
Agenda do Sagrado Coração de Jesus
Almanaque Santo Antônio
Agendinha
Diário Vozes
Meditações para o dia a dia
Encontro diário com Deus
Guia Litúrgico

VOZES DE BOLSO
Obras clássicas de Ciências Humanas em formato de bolso.

CADASTRE-SE
www.vozes.com.br

EDITORA VOZES LTDA.
Rua Frei Luís, 100 – Centro – Cep 25689-900 – Petrópolis, RJ
Tel.: (24) 2233-9000 – Fax: (24) 2231-4676 – E-mail: vendas@vozes.com.br

UNIDADES NO BRASIL: Belo Horizonte, MG – Brasília, DF – Campinas, SP – Cuiabá, MT
Curitiba, PR – Fortaleza, CE – Goiânia, GO – Juiz de Fora, MG
Manaus, AM – Petrópolis, RJ – Porto Alegre, RS – Recife, PE – Rio de Janeiro, RJ
Salvador, BA – São Paulo, SP